Das große Buch der COLLAGEN

Maria Rivans

MIDAS

Das große Buch der Collagen

Midas Collection
Ein Imprint der Midas Verlag AG
ISBN 978-3-03876-198-3

8. Auflage

Übersetzung: Claudia Koch
Lektorat/Korrektorat: Friederike Römhild
Layout: Ulrich Borstelmann
Cover: Agentur 21

Midas Verlag AG
Dunantstrasse 3, CH-8044 Zürich
E-Mail: kontakt@midas.ch
www.midas.ch

Englische Originalausgabe:
Laurence King Publishing Ltd, London

Die deutsche Nationalbibliothek verzeichnet diese Publikation in der Deutschen Nationalbibliografie; detaillierte bibliografische Daten sind im Internet unter www.dnb.de abrufbar.

Inhalt

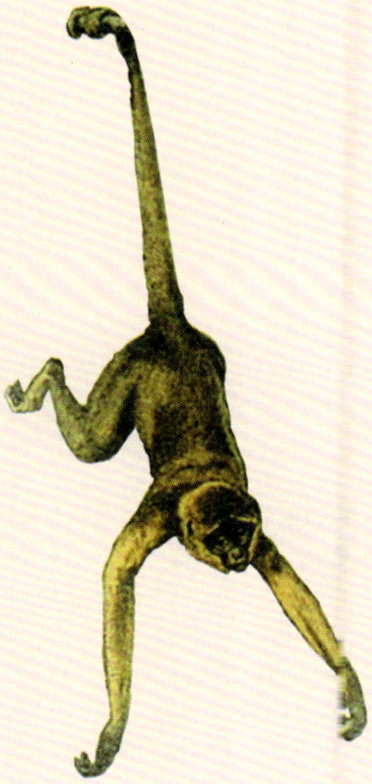

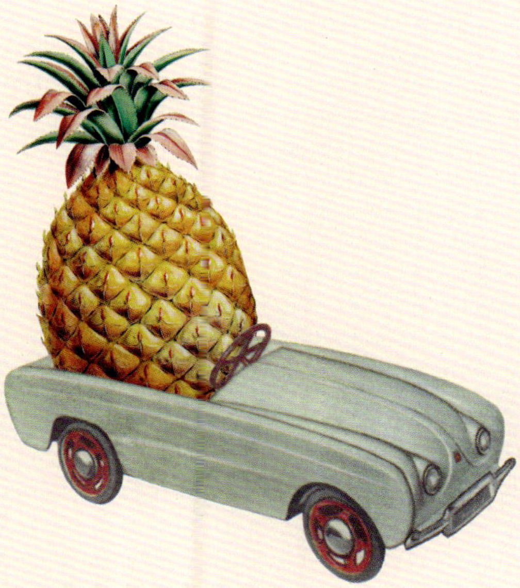

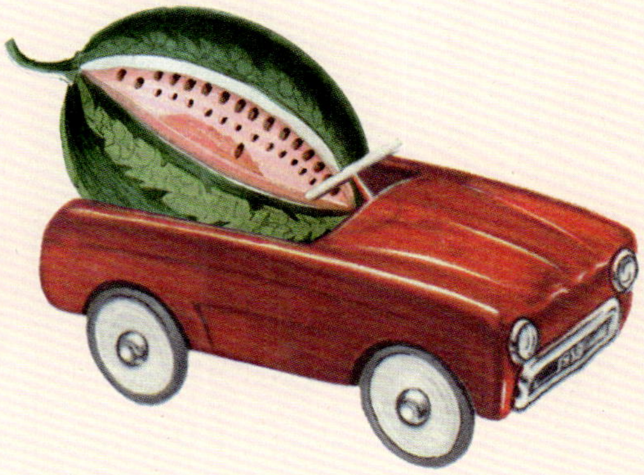

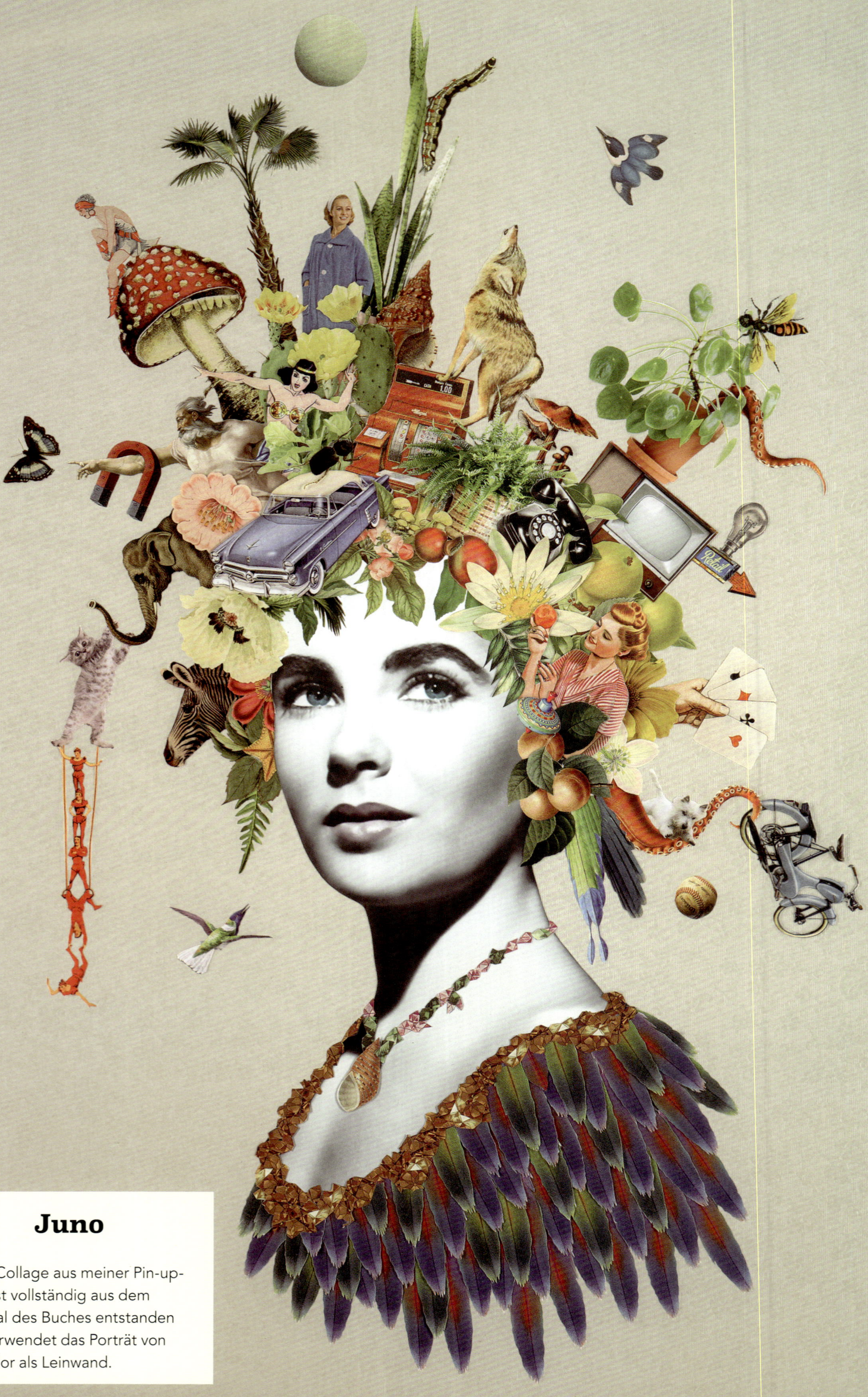

Juno

Diese Collage aus meiner Pin-up-Serie ist vollständig aus dem Material des Buches entstanden und verwendet das Porträt von Liz Taylor als Leinwand.

Zu Beginn

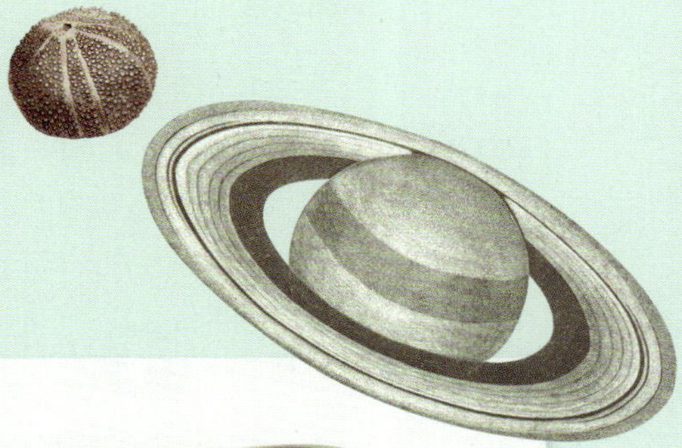

Seit ich mich erinnern kann, haben mich Collagen fasziniert. Von klein auf bewahrte ich Scrapbooks mit Erinnerungsstücken aus den Familienferien auf und sammelte unzählige Bilder meiner Lieblingsfilmidole und Popstars. Irgendwann reichten die Bücher nicht mehr aus und diese Schnippeleien fanden ihren Weg an die Wände meines Zimmers, bis die Tapete kaum noch zu sehen war. Mein Zimmer war zu einem Sammelalbum aus Backstein und Gips geworden, eine wuchernde Collage auf einer Leinwand von epischen Ausmaßen.

Diese frühen Schlafzimmer-Collagen waren das Ergebnis eines reichhaltigen und abwechslungsreichen Konsums von Film, Fernsehen und Musik. Durch sie verarbeitete ich die Reize, die mich umgaben. Danach studierte ich 3D-Design an der Universität von Brighton, bevor ich mich dem Schmuckdesign zuwandte und meine eigene Werkstatt gründete. Doch die bildende Kunst war meine wahre Berufung. Meine erste Collage als Künstlerin löste eine Art Besessenheit aus und die Collage wurde zu meinem Medium.

Meine Arbeit ist für ihre Ästhetik im Scrapbook-Stil bekannt, und meine Collagen sind ein Mix aus Surrealismus und Pop Art; ein Raum für Traumwelten des Imaginären. Durch die Verflechtung verschiedener Film- und Fernsehgenres – vom alten Hollywood bis zum Sci-Fi der 1970er-Jahre, von

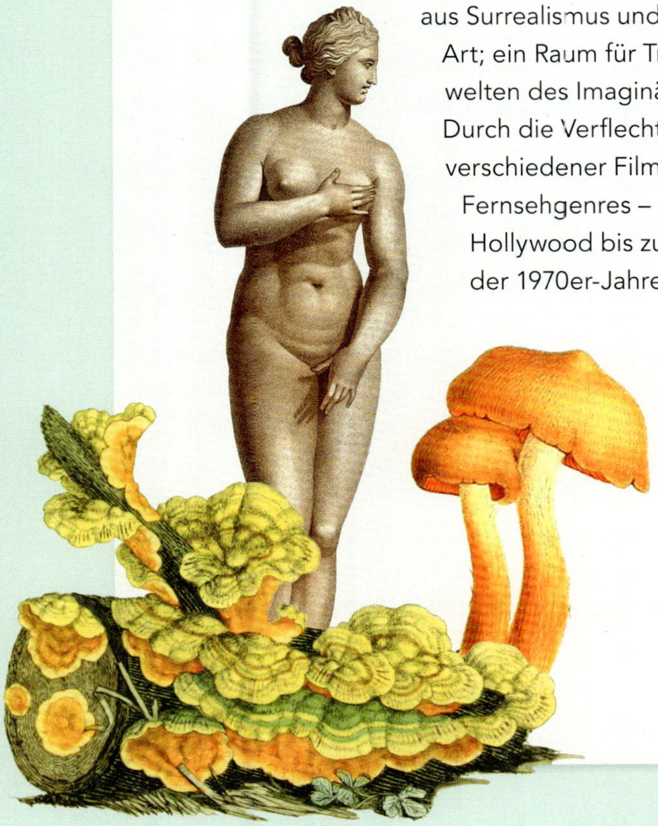

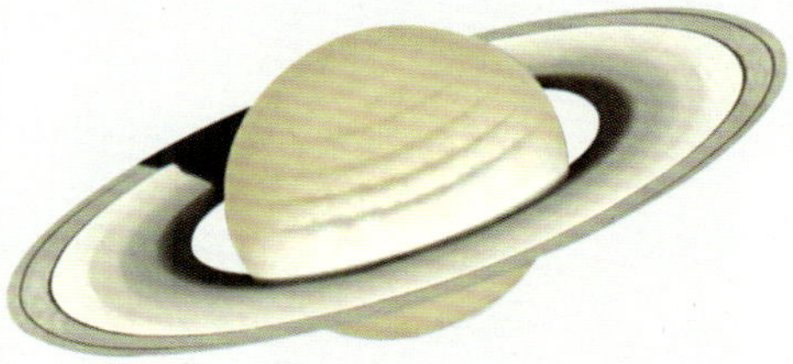

B-Movies bis zum Trash-TV – steht mein Ansatz im ständigen Dialog mit den Kulturen der Vergangenheit. Meine Arbeit beginnt mit meiner umfangreichen Sammlung alter Schnipsel aus gefundenen Büchern und Retro-Magazinen. Ich bin immer auf der Suche nach dem perfekten »Etwas« in Secondhand-Läden und auf Flohmärkten. Wie beim Zusammensetzen eines widerspenstigen Puzzles fange ich an, die ausgeschnittenen Fragmente und Fetzen anzuordnen, bis die Collage Gestalt annimmt. Jedes Werk ist das Ergebnis monatelanger, sorgfältiger Überlegungen und Entscheidungen.

Das Zeitaufwendigste bei Collagen ist zweifellos die Suche nach den Bildern: Manchmal kann es Wochen dauern, bis das richtige Bild gefunden ist. Ich habe Jahre damit verbracht, alte Kammern und Garagenverkäufe zu durchforsten, in alten Zeitschriften und Büchern zu blättern, um eine breite Sammlung aufzubauen – und genau da kommt dieses Buch ins Spiel. Es bietet dem angehenden Collagisten eine Fülle von Bildern, mit denen er sofort mit eigenen Kompositionen beginnen kann.

Aber Vorsicht: Sobald Sie sich diesem Buch mit einer Schere nähern, werden Sie feststellen, dass Collagen süchtig machen! Seien Sie darauf vorbereitet, stundenlang abzutauchen und selbst zum Teil dieser vielfältigen und spannenden experimentellen Kunstform zu werden. Ihre Collage erwartet Sie …

Maria Rivans

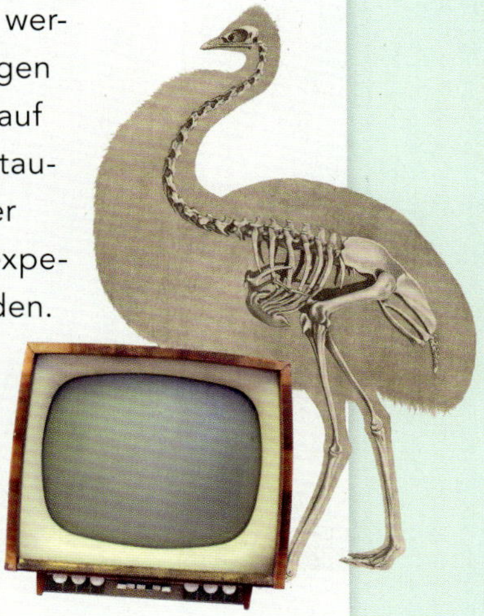

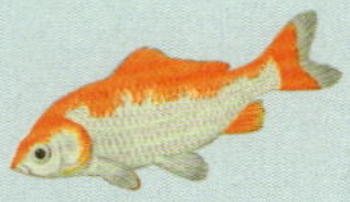

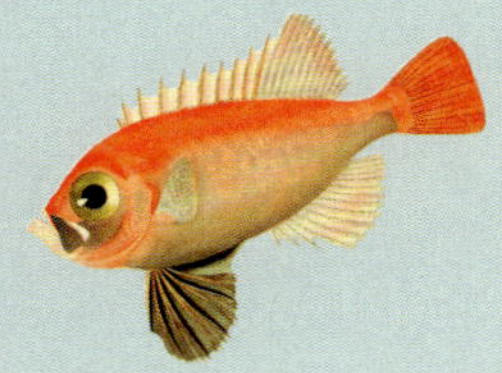

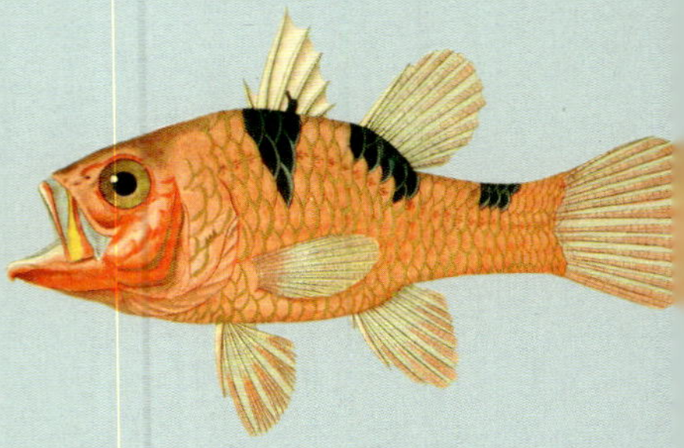

Inspiration

Der Collageprozess kann komplex und herausfordernd sein. Sie gehen auf eine lange, verwunschene Reise und brauchen dabei ebenso viel Zeit wie Klebstoff. Doch bei all der kreativen Arbeit bieten sich auch viel Spaß und sogar ein gewisses meditatives Element. Reißen Sie grobe Schnipsel, und Sie können in fünf Minuten eine rohe, energische Collage erstellen; durchkämmen Sie Märkte und antike Bücher nach eklektischen Ephemera, die jeweils mit detaillierter Präzision geschnitten sind, und eine komplizierte Komposition könnte Monate dauern. Wenn Sie eine Fülle von Bildern zur Hand haben, sind die Möglichkeiten unendlich; beginnen Sie mit einer Idee, und eine einzige zufällige Entdeckung kann Ihr Werk in eine völlig neue Richtung lenken.

Die Collage wurde in der gesamten Kunstgeschichte immer wieder verwendet. Die ersten modernistischen Collagen wurden von den kubistischen Malern Georges Braque und Pablo Picasso geschaffen, die den Begriff »Collage« vom französischen Wort coller (kleben) ableiteten. Nach ihren frühen, innovativen Kompositionen inspirierten sie und andere Pioniere einige der berühmtesten Künstler des 20. Jahrhunderts und beeinflussen auch heute noch den Boom der Collagekunst.

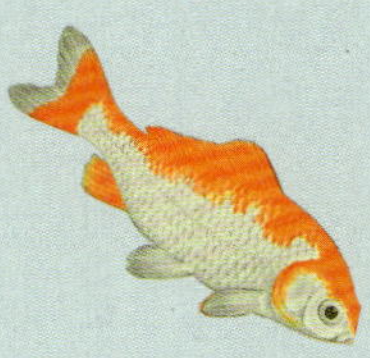

Auch meine Arbeit wurde von vielen großartigen Künstlern inspiriert. Auf den folgenden Seiten finden Sie eine Auswahl von Werken von mir und einigen meiner Lieblingskünstler, die verschiedene Stile, Techniken und Ausgangspunkte zeigen, um Ihre eigenen Collagen zu inspirieren.

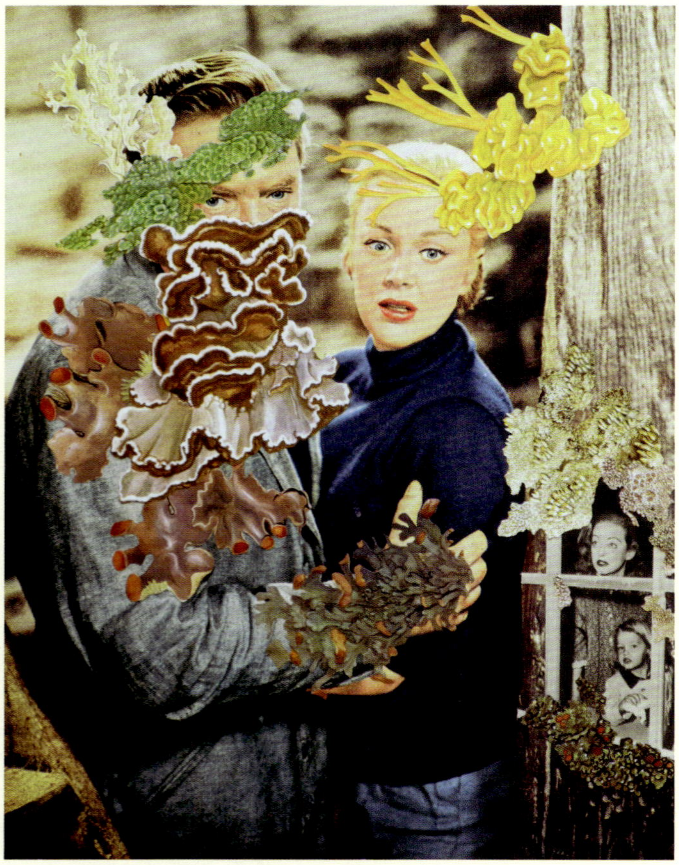

Standbilder aus Filmen

Maria Rivans,
Bette Davis Lives in a Tree

Diese Collage stammt aus meiner Serie »Film Stills«, in der ich Aufnahmen aus alten Hollywood-Filmen mit unerwarteten Elementen kombiniere, um neue, oft surreale Bildergeschichten zu schaffen. Dieses Bild war ursprünglich eine Seite in einem Hollywood-Album aus den 1940er Jahren. Die Vintage-Farben inspirierten mich zu einer visuellen Erzählung über die Beziehung der beiden Hauptdarsteller Bette Davis (die, wenn man genau hinsieht, tatsächlich im Baum lebt!). Ich begann, mir den Grund für die entsetzten Ausdrücke auf den Gesichtern des Paares neu vorzustellen. Mein neues Skript läuft in etwa so ab: Wütend darüber, dass sie in ihrem Versteck von einem neugierigen, jungen Paar gestört wird, zaubert ihnen Davis Pilze auf den Leib. Dahinter stehen Ideen des Misstrauens, eine ungesunde Furcht vor den eigenen Nachbarn und – natürlich – ein Sinn für satirischen und selbstironischen Humor!

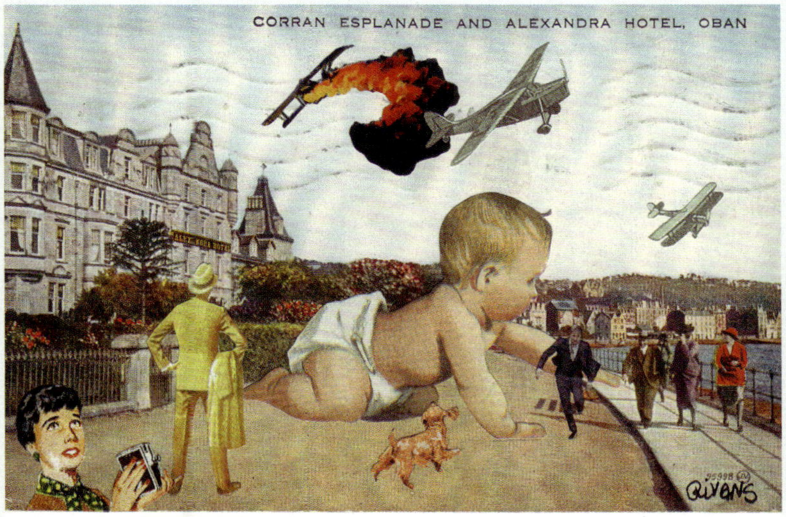

Szenen ergänzen

Maria Rivans, *Baby Boom*

Diese Collage stammt aus meiner Postkarten-Serie, bei der alte Postkarten die Grundlage bilden. Die ursprüngliche Szene bestand aus dem Hotel der leeren Straße und den drei Figuren auf der rechten Seite. Was mir auffiel, waren die wackeligen Linien im Himmel durch den Poststempel. Mich erinnerten sie an Flugzeugrauch, also fügte ich ein paar alte Bomber hinzu. Ich spielte mit dem Maßstab und setzte das übergroße Baby ein und stellte mir vor, dass die Spielzeuge des kolossalen Säuglings menschliche Wesen sein könnten. Als letztes Detail fügte ich eine Frau hinzu, die diese Szene mit ihrer Filmkamera festhält – kein Instagram oder YouTube in dieser Vintage-Dystopie!

Nur ein paar Zutaten

Joe Webb, *Stirring up a Storm*

Joe Webb schafft einfache handgemachte Collagen, inspiriert von Retro-Visionen einer Weltraum-Zukunft. Er arbeitet gern innerhalb der Grenzen der traditionellen Collage, mit Fundbildern und einer Schere – ohne Photoshop, um die Größe zu ändern, die Farben anzupassen oder etwas rückgängig zu machen. Er verwendet jeweils nur zwei oder drei Bilder, mit denen er eine ursprüngliche Szene neu erfindet, um eine neue Idee zu vermitteln. Mit einfachen und prägnanten Bearbeitungen schafft er Kunstwerke, die zum Nachdenken anregen und sich mit Themen wie Umwelt, Krieg und Ungleichheit beschäftigen. Webb spielt wunderbar mit dem Maßstab und versetzt uns in Verwirrung und Ehrfurcht zugleich.

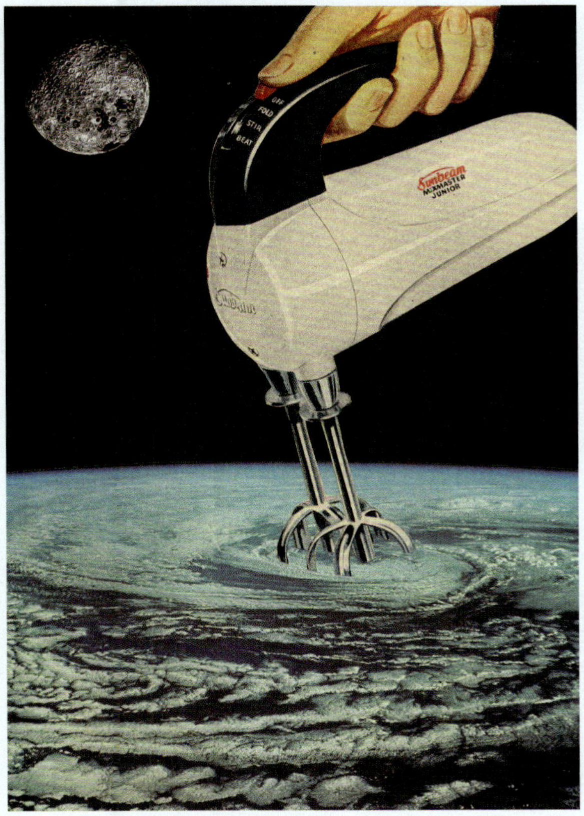

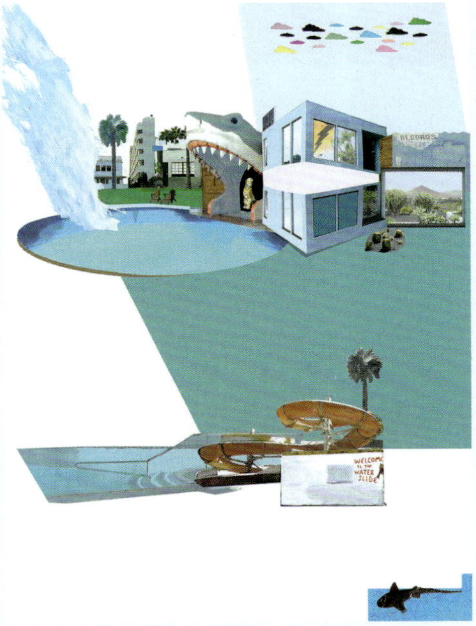

Mixed media

Bonnie and Clyde, *Welcome Home*

Bonnie and Clyde ist eine zeitgenössische britische Künstlerin, deren Mixed-Media-Collagen imaginäre, urbane Szenen darstellen. Sie verwendet Ebenen aus Fotomontage, Collage und Farbe, in denen reale Elemente mit Textur, Worten und Farbe verschmolzen werden, um abstrakte Szenen zu schaffen. Sie reist gern, macht Straßenfotografie und Bilder von der Architektur und dem Meer. Die fertigen Arbeiten kombinieren monochrome und stark gesättigte Farbflächen und verwenden sowohl digitale als auch taktile Prozesse durch ein Spiel mit Materialschichten. Jedes Werk ist mit leeren, farbigen Formen aufgeteilt, die natürlich miteinander verschmelzen und einen reichhaltigen Hintergrund bieten, auf dem sie ihre ausgeschnittenen Bilder platziert und die schöne, chaotische und lebendige Natur des Lebens in der Stadt darstellt.

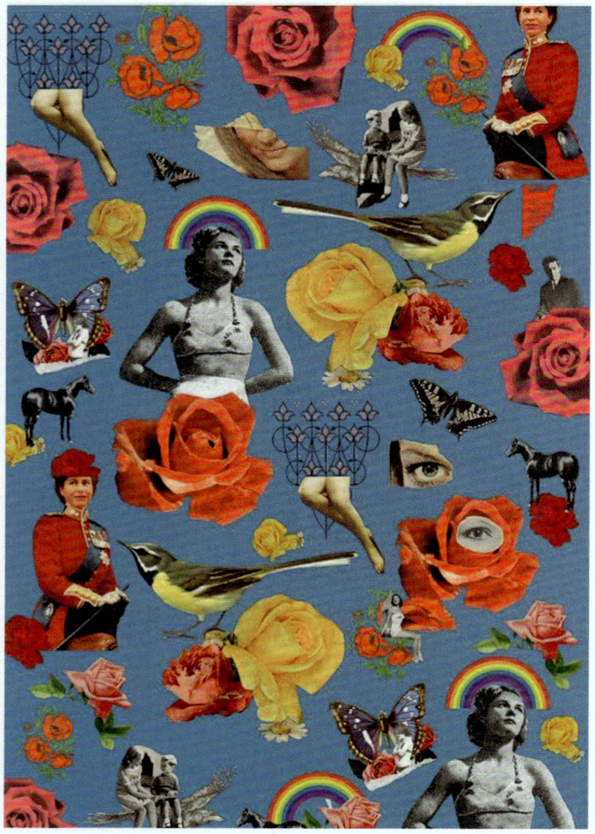

Freiform-Collage

Michelle Thompson, *Rainbow*

Michelle Thompson ist eine britische Künstlerin, deren Werk gefundene Materialien mit gemalten, gezeichneten und gedruckten Elementen kombiniert. Ihre Collagekunst spielt auf Erinnerungen an, indem sie Bilder aus der jüngeren Geschichte zerschneidet und neu zusammensetzt, um aktuelle Themen aus der Populärkultur zu reflektieren. Sie arbeitet mit einem Freiform-Collage-Stil, bei dem sie grob ausgeschnittene oder zerrissene Bilder für einen unbändigen und grenzenlosen, aber durchdachten ästhetischen Ausdruck verwendet.

Nahtlose Illustrationen

Max Ernst, *Une Semaine de Bonté*

Max Ernst war eine Schlüsselfigur der Dada-Bewegung des frühen 20. Jahrhunderts. Neben seinen surrealistischen Gemälden war er auch für seine experimentellen Romane bekannt, die er mit Hilfe von Collagen wunderschön gestaltete. Seine visuellen Szenen entstehen nahtlos, jeder Ausschnitt ist so präzise gearbeitet, dass die aufgeklebten Linien nur schwer zu erkennen sind. Die Werke wirken wie originale Illustrationen. Seine Vorliebe für die Verschmelzung des Menschlichen mit dem Nicht-Menschlichen bleibt dunkel-komisch, brillant-unheilvoll und fesselnd.

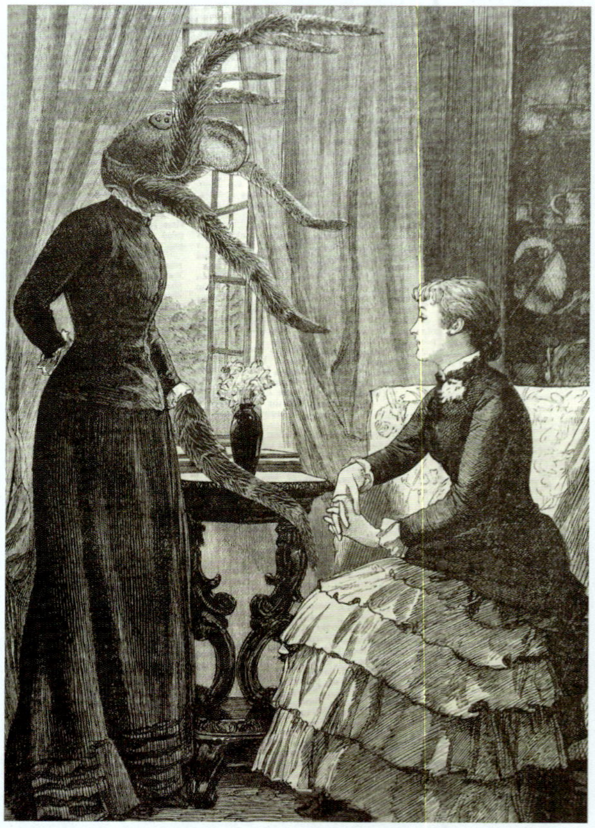

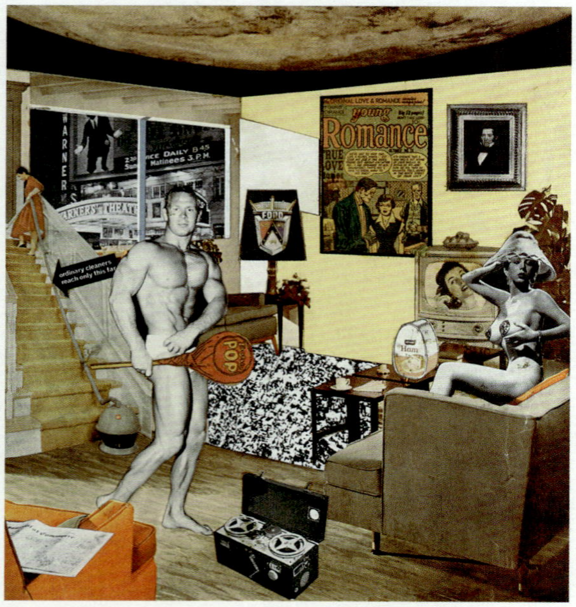

Ein Narrativ aufbauen

Richard Hamilton, *Just What is it That Makes Today's Homes so Different, so Appealing?*

Richard Hamilton war ein Pionier der britischen Pop Art in der Mitte des 20. Jahrhunderts – eine Bewegung, die die Collage neben dem Siebdruck als eine ihrer Hauptpraktiken beanspruchte. Hier hat er sich eine Anzeige aus dem *Ladies' Home Journal* neu angelegt, um die Konsumkultur zu kritisieren. Er überlagerte die Originalanzeige mit ausgeschnittenen Bildern, um eine ironische, augenzwinkernde Ästhetik zu erzeugen. Hamilton entfernte die Decke, sodass wir in den Weltraum starren, um unseren eigenen Planeten Erde zu sehen. Dabei nutzt er geschickt den Maßstab, um unsere Erwartungen an den vertrauten, häuslichen Raum zu durchkreuzen und ein subtiles Gefühl des Unbehagens zu erzeugen.

Pop Art Assemblage

Peter Blake, *Piccadilly Circus: The Convention of Comic Book Characters*

Peter Blake wird oft als der „Godfather of British Pop Art" betitelt. Berühmt für die Gestaltung des ikonischen Beatles-Covers »Sergeant Pepper's Lonely Hearts Club Band« von 1967, entnimmt Blake Bilder aus der Populärkultur und vermischt zeitgenössische Berühmtheiten mit alten Jugendstücken, um ein starkes Gefühl von Nostalgie zu erzeugen. Er vermischt Farbe mit Schwarz-Weiß und mischt Postkarten, gefundene Fotos und Buchillustrationen, um fantastische, fesselnde Szenen zu schaffen.

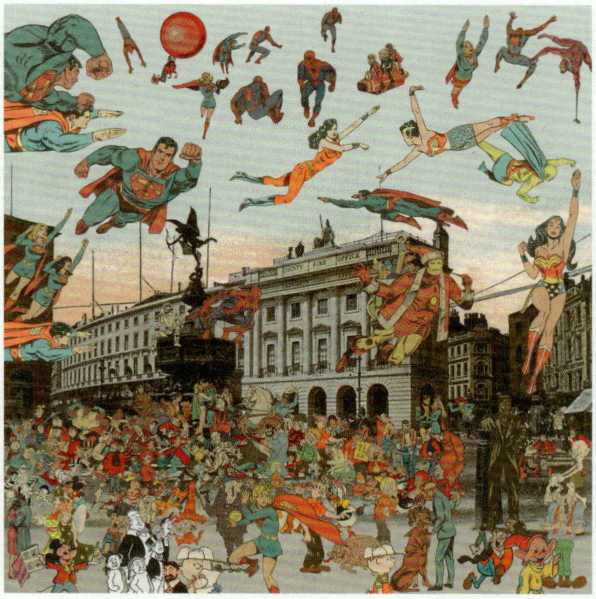

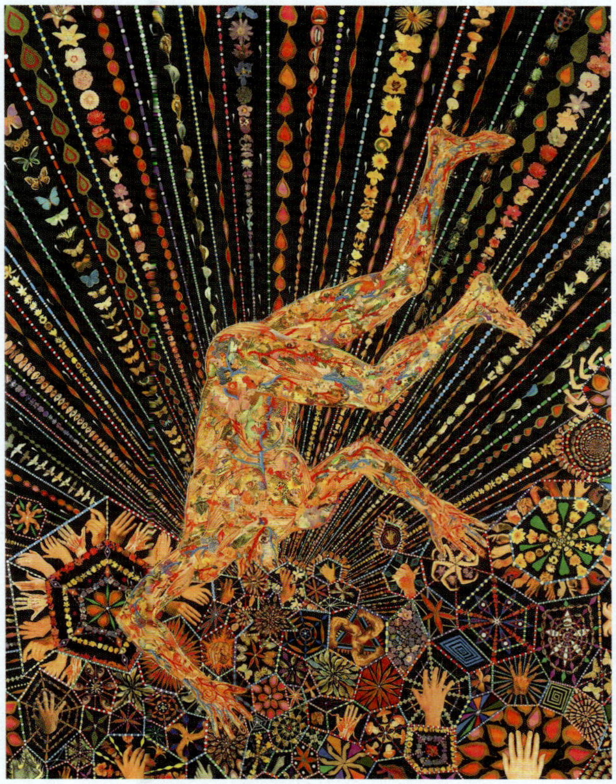

Farbe und Collage

Fred Tomaselli, *Organism*

Fred Tomasellis Arbeiten sind sehr detailliert, man kann völlig in sie eintauchen. Er verwendet eine Kombination aus Farbe und collagierten, ausgeschnittenen Bildern aus Büchern und Magazinen sowie auch Pflanzen, Pillen und Kräuter. In *Organism* ist die menschliche Figur aus Hunderten von Bildern von Körperteilen, Flora und Fauna zusammengesetzt. Die restliche Leinwand wird wie ein Kaleidoskop behandelt, gefüllt mit Schmetterlingen, Blumen, Augen und Händen. Es ist eine Vision von erstaunlichen Mustern, die sich über eine schwarze Leinwand schlängeln, wobei das Schwarz die Farben betont.

Fotomontage

Hannah Höch, *Cut With the Dada Kitchen Knife*

Hannah Höch ist eine prominente Künstlerin aus dem Dadaismus, die als eine der Begründerinnen der Fotomontage gilt. Sie nutzte dieses Verfahren, um die Schrecken des Krieges zu darzustellen; verzerrte und fragmentierte menschliche Körper erinnern an die Grausamkeiten des Kampfes, während zerlegte Zeitungsausschnitte Momentaufnahmen politischer Unruhen schaffen. Höchs Politik endete hier nicht. Neben ihren Antikriegsarbeiten gilt sie als Pionierin und Protofeministin, die durch ihre radikale Überarbeitung des traditionellen Collageverfahrens Fragen der Geschlechterungleichheit thematisierte.

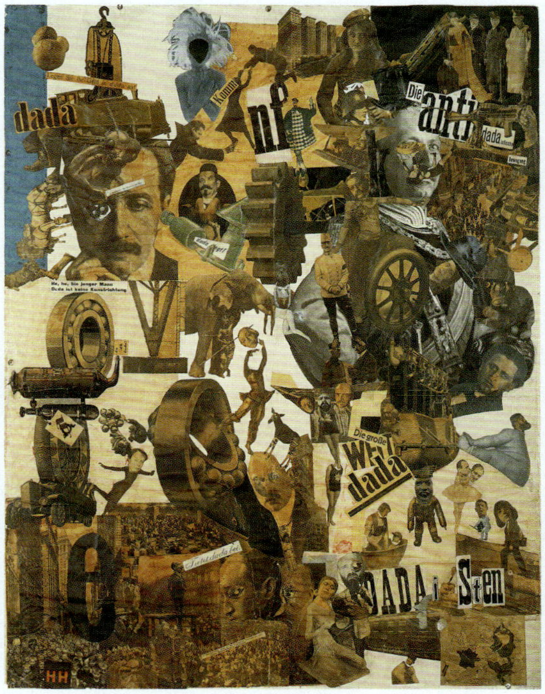

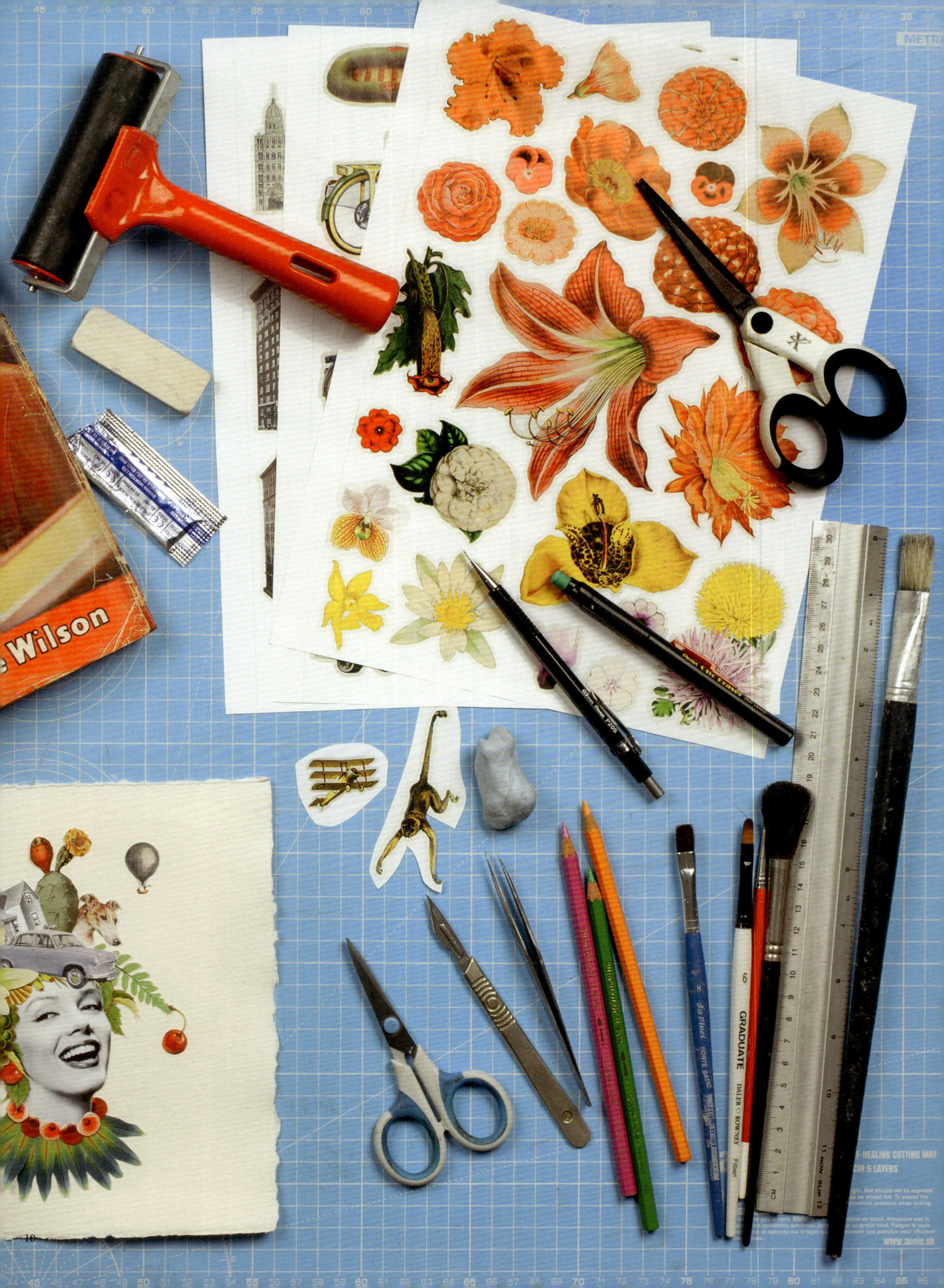

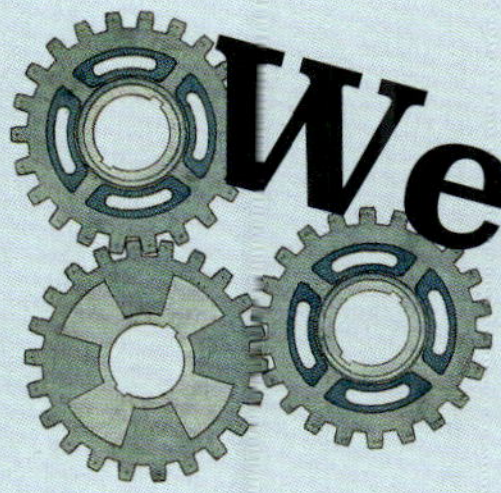
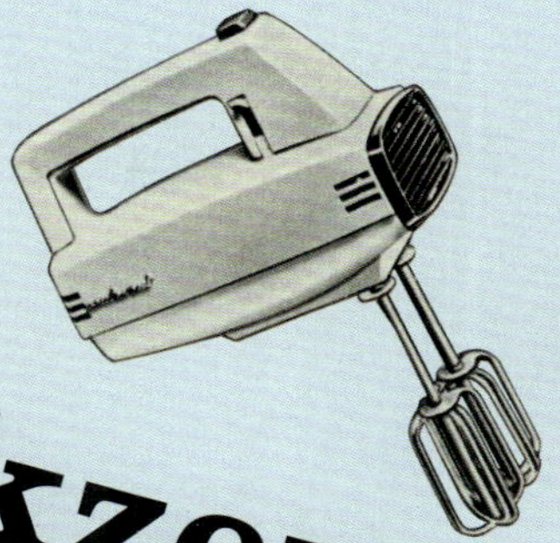
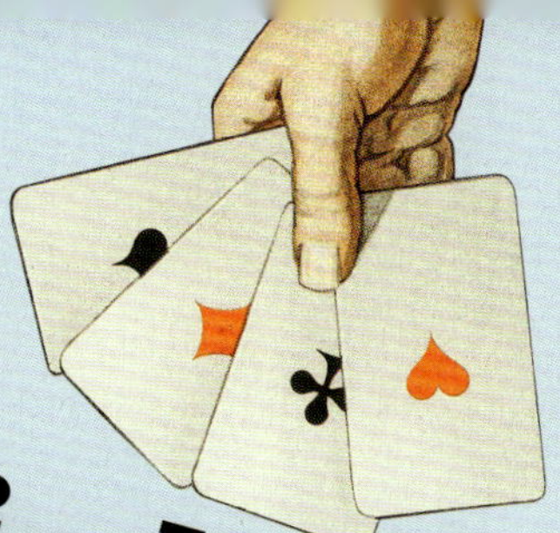

Werkzeuge und Materialien

Das Wunderbare an der Collage ist, dass Sie keine teure Ausrüstung benötigen. Die Werkzeuge sind einfach, billig und leicht verfügbar, und vielleicht haben Sie sie sogar schon. Ich liebe es, nach gedruckten Materialien zu suchen. Wenn Sie also neben diesem Buch noch weitere Bilder verwenden möchten, haben Sie viel Spaß beim Stöbern in Second-Hand-Läden und auf Märkten. Das Internet ist eine weitere gute Quelle, um alte Bücher, Zeitschriften oder Postkarten zu kaufen; versuchen Sie Websites wie eBay oder Etsy. Ich kann Ihnen gar nicht sagen, wie aufregend es ist, wenn Sie auf fabelhafte Bilder für Collagen stoßen!

Schere: Sie muss scharf sein und gut in die Hand passen. Kleine Scheren gleiten und bewegen sich leicht um mittelgroße oder kleine Bilder, und große Scheren schneiden leicht um größere Bilder herum. Ich verwende eine 4,5-Zoll-Micro-Craft-Schere mit einem weichen und antihaftbeschichteten Griff, da sie gut in meine Hände passt.

Bastelmesser: Diese können in Geschäften für Kunstzubehör oder online gekauft werden und sind perfekt für den erfahreneren Bastler zum Ausschneiden feiner detaillierter Formen und kniffliger Innenbereiche. Es gibt viele Arten von Messern, Klingenformen und -größen, also experimentieren Sie damit, was für Sie funktioniert. Bei der Verwendung dieser Messer und der Entsorgung ihrer Klingen ist große Vorsicht geboten, und sie sind nicht für Kinder geeignet.

Schneidematte: Diese sind in einer Vielzahl von Farben und Größen erhältlich. Sie schützen Tische und Arbeitsflächen und sind hervorragend bei der Verwendung eines Bastelmessers.

Kleber: Gele eignen sich hervorragend als Kleber für Collagen. Sie trocknen schnell, sind permanent, bleiben jahrelang flexibel und blättern nicht ab, bröckeln nicht und verfärben sich nicht mit der Zeit. Es gibt sie in verschiedenen Stärken und mit mattem oder glänzendem Finish. Ich mag die superstarke Variante in matt, da sie mit Wasser verdünnt werden kann und völlig klar trocknet. Es ist sinnvoll, den Kleber in einen kleineren Topf umzufüllen, um ihn vor dem Austrocknen zu bewahren. Es ist auch ein großartiges Medium, das Sie verwenden können, wenn Sie Ihre Arbeit lackieren möchten, um sie zu schützen. Normalerweise rahme ich meine kleineren Arbeiten, so dass ich keinen Lack auftragen muss, aber als ich den Auftrag bekam, eine Collage direkt auf einer Hotelwand zu erstellen, habe ich zum Schluss eine Schicht Mattierung über das fertige Werk gestrichen, um es zu schützen. PVA funktioniert genauso gut, ist aber nur in einer Stärke und Ausführung erhältlich. Wenn es schnell gehen soll, verwenden Sie einen Klebestift, aber diese haften nicht lange.

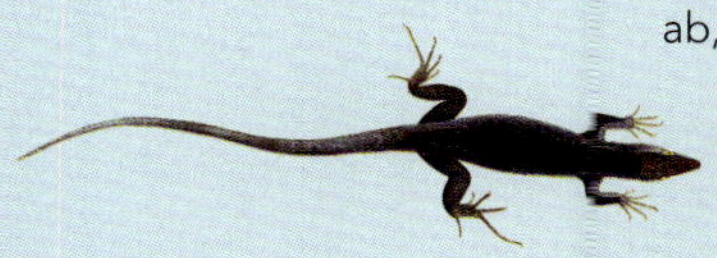

Rolle: Diese sind gut geeignet, um Ihr Bild nach dem Verkleben zu glätten, aber eine saubere Hand kann genauso gut funktionieren.

Lineal: hilfreich, um entlang gerader Kanten eines Bildes mit dem Cuttermesser zu schneiden oder zum Reißen für natürliche Reißkanten.

Pinzette: für die präzise Platzierung Ihrer Bilder, und wenn Sie ein winziges Bild zu schneiden haben, können Sie das Material so besser halten.

Pinsel: zum Aufpinseln von Kleber auf der Rückseite von Bildern oder zum Lackieren. Es müssen keine teuren Pinsel sein, ich verwende Schulpinsel und experimentiere mit Größen und Typen.

Klebespachtel: um die ausgeschnittenen Bilder an Ort uns Stelle zu halten.

Bleistift und Radiergummi: ein guter Radiergummi ist für das Ausradieren Ihrer Ankermarken wichtig. Sauber muss er sein und keine Spuren hinterlässt. Radierer zum Herausschieben eignen sich gut für komplizierte Bereiche.

Buntstifte: sinnvoll, um Bereiche Ihrer Collage auszubessern z. B. Kratzer oder weiße Ränder.

Lupe: sehr nützlich zum Ausschneiden kleiner Bildteile.

Schweres Papier: Ich verwende säurefreies Künstlerpapier, damit es weder verblasst noch vergilbt. Wenn Sie Ihr Werk rahmen wollen, sehen diese Papiere durch ihre natürliche Schönheit besonders wertvoll aus.

Leinwand oder Tafel: fertig bespannte, acrylgrundierte Leinwandplatten, die mit Acryl- oder Ölfarben bemalt werden können, um Ihre eigene Farbe und Textur als Hintergrund für Ihre Collage zu schaffen.

Holz: wie z. B. MDF- oder Hartfaserplatten: Diese können Sie bestellen und zuschneiden. Malen Sie einen Hintergrund, auf dem Sie arbeiten können, oder legen Sie einfach eine Collage darüber.

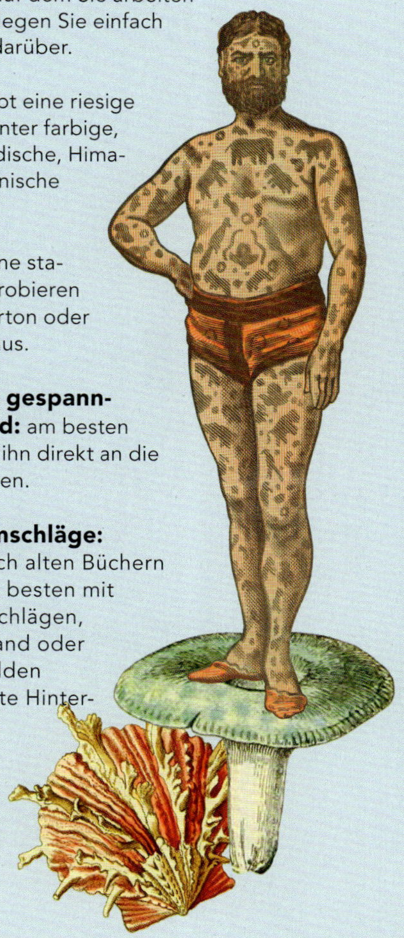

Papier: Es gibt eine riesige Auswahl, darunter farbige, dekorative, indische, Himalaya- und japanische Papiere.

Pappe: für eine stabilere Basis, probieren Sie bunten Karton oder Bastelpappe aus.

Rahmen mit gespannter Leinwand: am besten grundiert, um ihn direkt an die Wand zu hängen.

Alte Buchumschläge: Halten Sie nach alten Büchern Ausschau, am besten mit farbigen Umschlägen, mit Stoffeinband oder Leder – sie bilden ausgezeichnete Hintergründe.

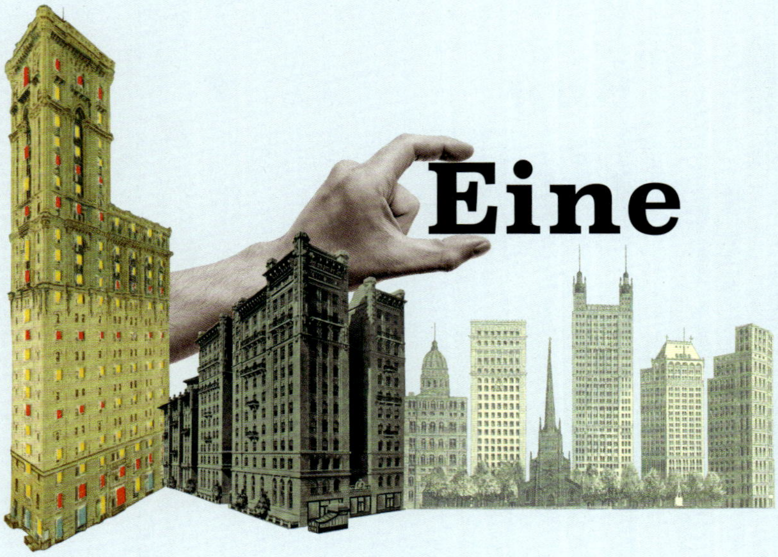

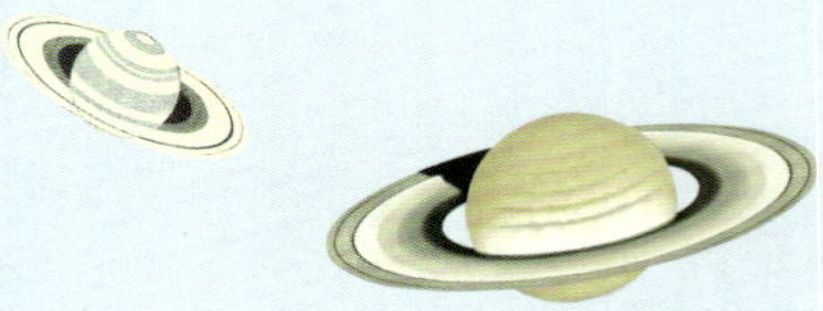

Eine Collage aufbauen

Ich habe *Handy City* ausschließlich mit Bildern aus diesem Buch gestaltet. Zuerst blätterte ich die Seiten durch und war sofort von dem Bild einer großen ausgestreckten Hand gefesselt. Ich fragte mich: »Was könnte diese Hand in ihrer offenen Handfläche halten?« Ich wollte, dass das fertige Werk zart, niedlich, surreal und lustig ist und eine persönliche Botschaft vermittelt. Ich machte mich an eine kleine Stadtszene, die sich in die ausgestreckte Hand schmiegt, um meine Liebe zu meiner Stadt Brighton einzufangen, ein Ort, der mich zu halten und zu nähren scheint, genau wie eine sanfte und fürsorgliche Hand.

Bauen Sie diese Collage ruhig Stück für Stück nach, oder vielleicht möchten Sie auch Ihre eigene Szene auf der Handfläche gestalten.

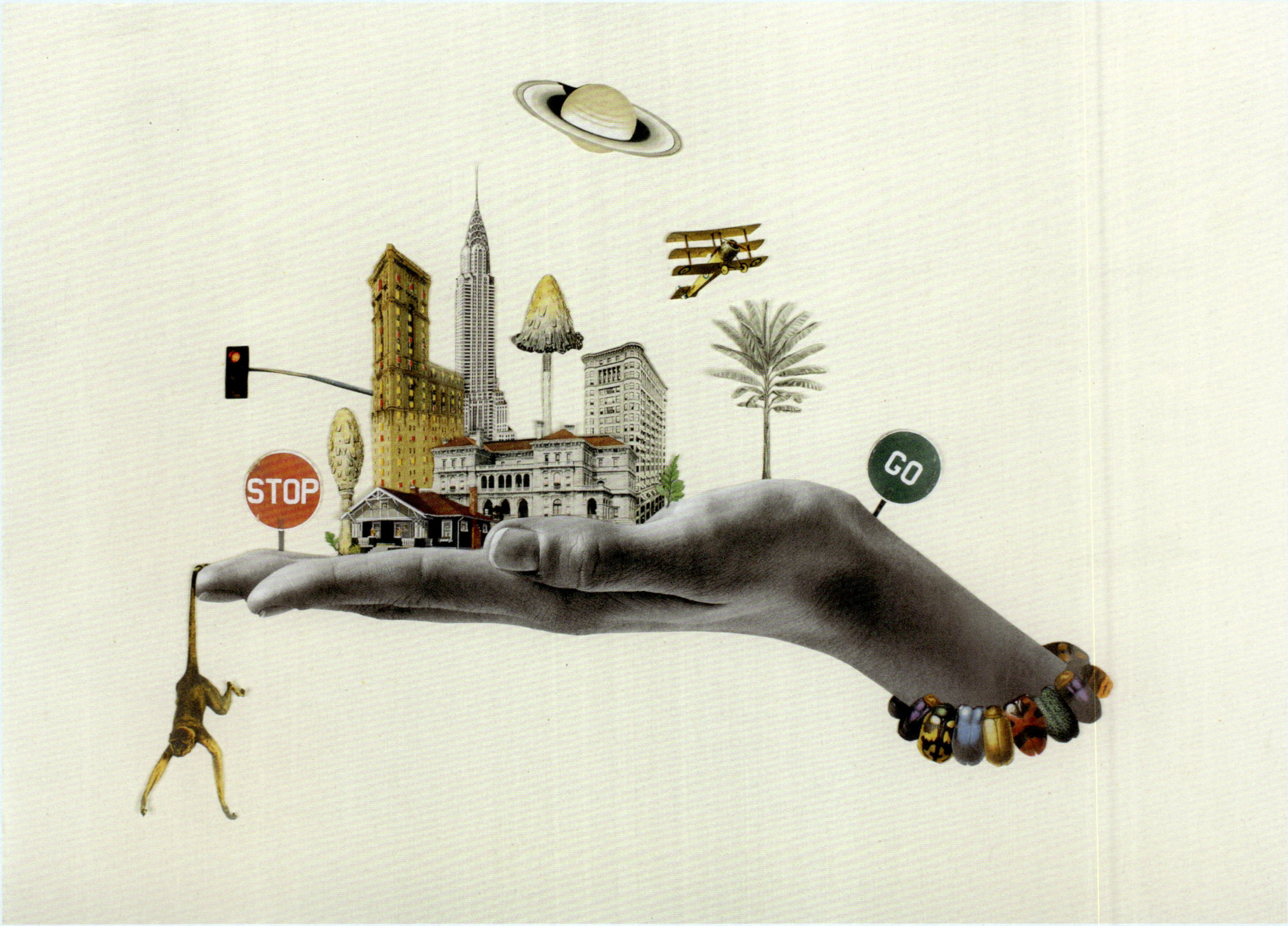

***Handy City*, Schritt für Schritt**

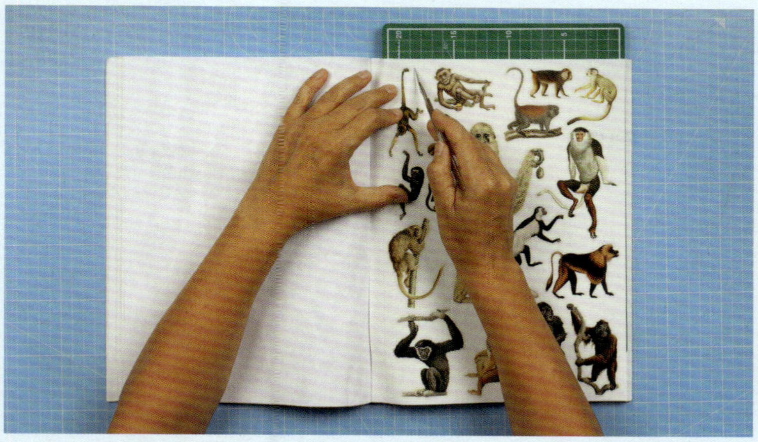

1. Beginnen Sie mit der Auswahl der Bilder, die Ihrer Meinung nach zu Ihrer Szene passen. Legen Sie Ihre Schneidematte in die Buchseiten hinter das Bild, das Sie ausschneiden möchten. Schneiden Sie mit Ihrem Cutter grob um das Bild herum, um es aus der Seite zu entnehmen. Nun können Sie mit Ihrer Schere oder Ihrem Cuttermesser das Bild präzise ausschneiden.

Wenn es Ihnen lieber ist, schneiden Sie entlang der gestrichelten Linie die ganze Seite aus dem Buch, um mit dem Schneiden zu beginnen.

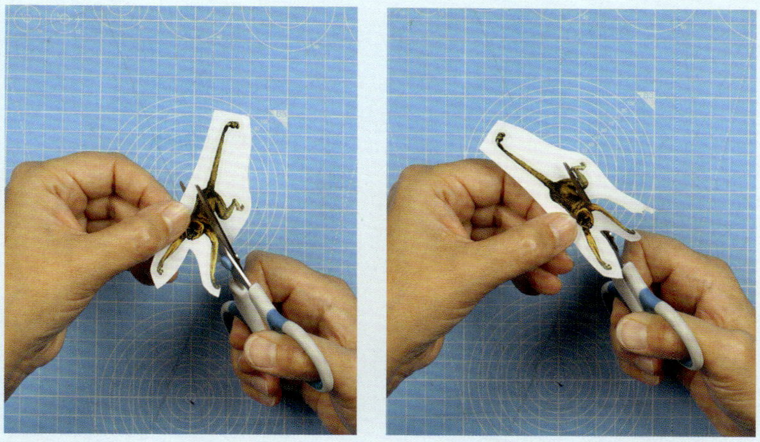

2. Versuchen Sie beim Schneiden mit der Schere, das Objekt zu bewegen, anstatt der Schnittlinie durch Bewegen der Schere zu folgen. Halten Sie das Objekt in einer Hand, die Schere in der anderen, und beginnen Sie langsam, die Klingen zu schließen, während Sie gleichzeitig Ihr Objekt drehen.

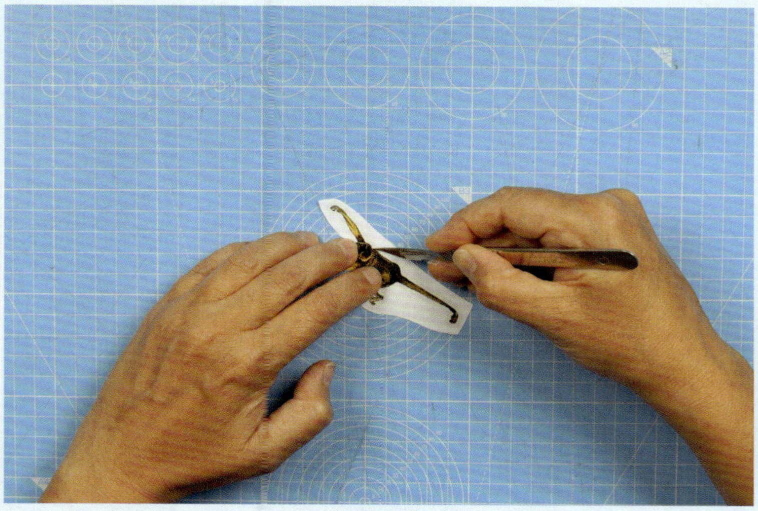

3. Für besonders knifflige oder detaillierte Bereiche verwenden Sie Ihr Bastelmesser. Achten Sie darauf, dass Sie Ihre Hand ruhig halten und sich Zeit lassen. Schneiden Sie immer von den Fingern weg, die das Objekt halten.

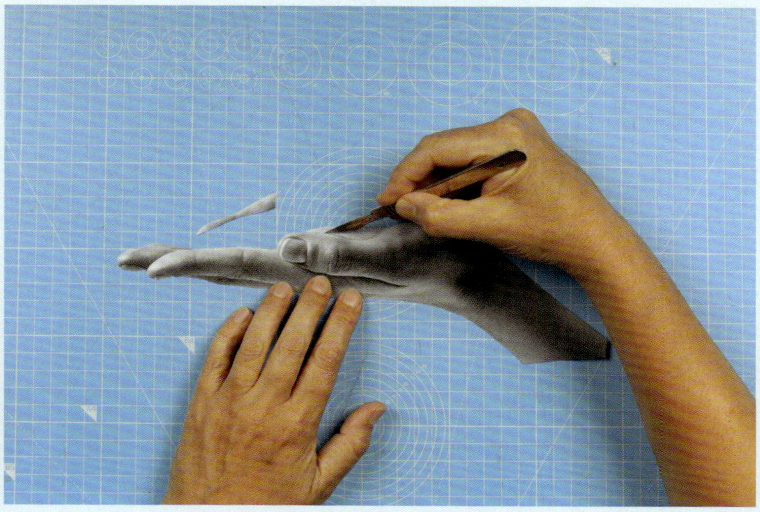

4. Schneiden Sie die Hand aus und verwenden Sie Ihr Bastelmesser, um einen Einschnitt entlang eines Teils des Zeigefingers und des Daumens zu machen; hier werden Ihre Gebäude sitzen. Durch diesen Einschnitt können die Gebäude darunter geschoben werden, sodass sie sich nahtlos in die Komposition einfügen. Dies wird als Schnittlinientechnik bezeichnet.

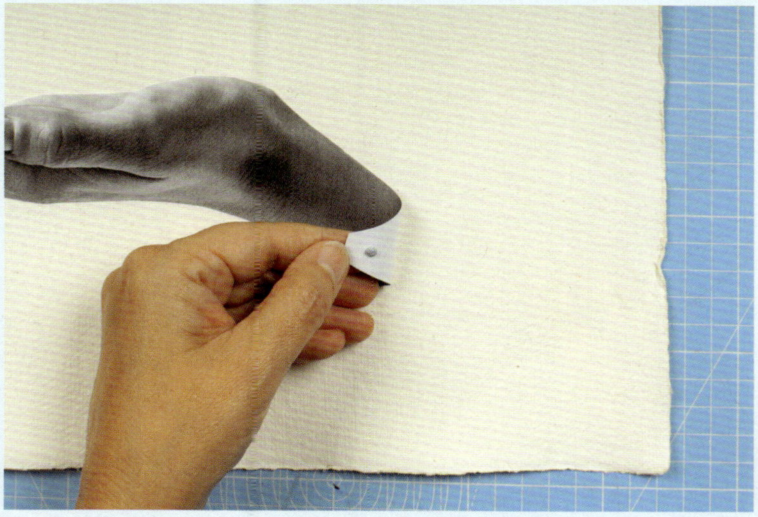

5. Als Nächstes wählen Sie Ihre Leinwand. Ich habe mich für Khadi-Papier entschieden, weil es schwer und strukturiert ist. Entscheiden Sie, wo Sie die Hand auf Ihrer Leinwand positionieren möchten. Während Sie Ihre Collage erstellen, verwenden Sie Klebespachtel, um Ihre Bilder an Ort und Stelle zu halten. So wird Ihr Kunstwerk nicht durch einen plötzlichen Windstoß oder durch Ihre Katze zerstört, die es als ihr neues Kissen beansprucht.

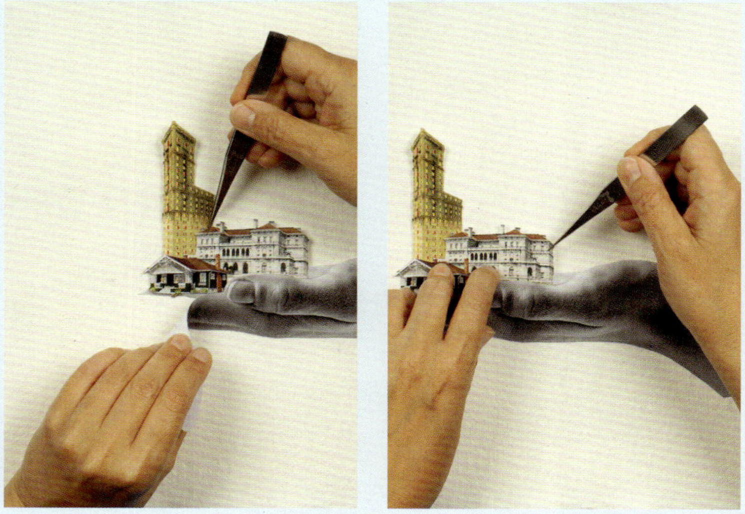

6. Beginnen Sie, Ihre Stadt zu bauen. Hier habe ich eine Auswahl von Gebäuden verwendet und alle ausgeschnitten, bevor ich sie in meiner Komposition platziert habe. Ich verwende nicht unbedingt jedes Bild, das ich ausschneide, aber ich mag eine große Auswahl. Ich benutze meine Hände oder, für mehr Präzision, eine Pinzette, um die Gebäude zu platzieren oder zu entfernen.

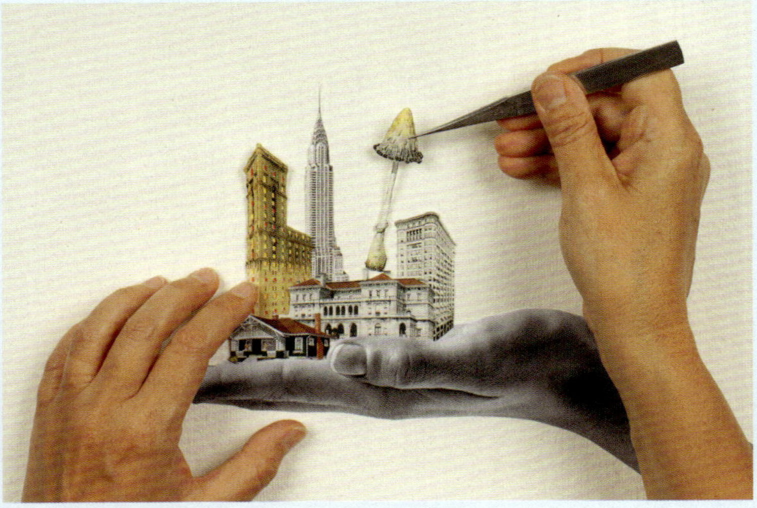

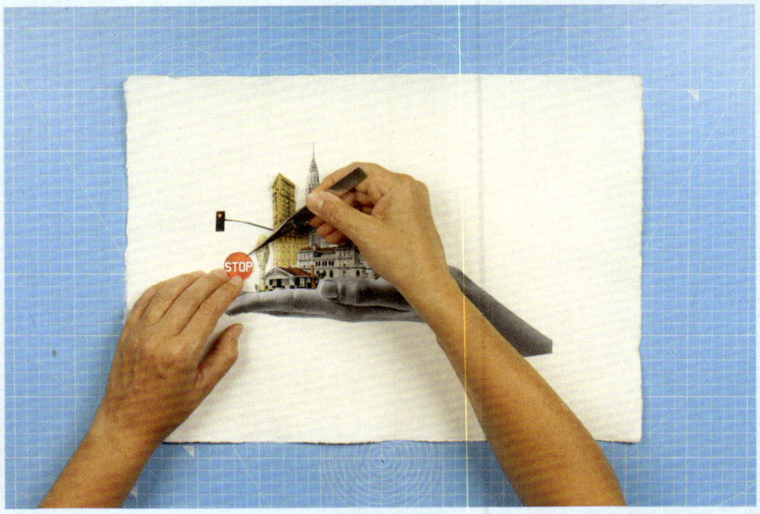

7. Fügen Sie den Pilz hinzu. Indem man mit dem Maßstab spielt und die Pilze so groß wie ein Wohnblock macht, beginnt die Collage einen surrealen Charakter anzunehmen, der das Vertraute infrage stellt und eine fantastische Stadtlandschaft entstehen lässt.

8. Fügen Sie einige Ampeln und ein Stoppschild für die wichtigen kleinen Details hinzu. Denken Sie an die Kompositionsregel des Goldenen Dreiecks; Die Methode dient dazu, das Auge bequem durch Ihr fertiges Kunstwerk zu führen, indem die Elemente in einer dreieckigen Komposition angeordnet werden, um das Bild dynamisch und harmonisch erscheinen zu lassen.

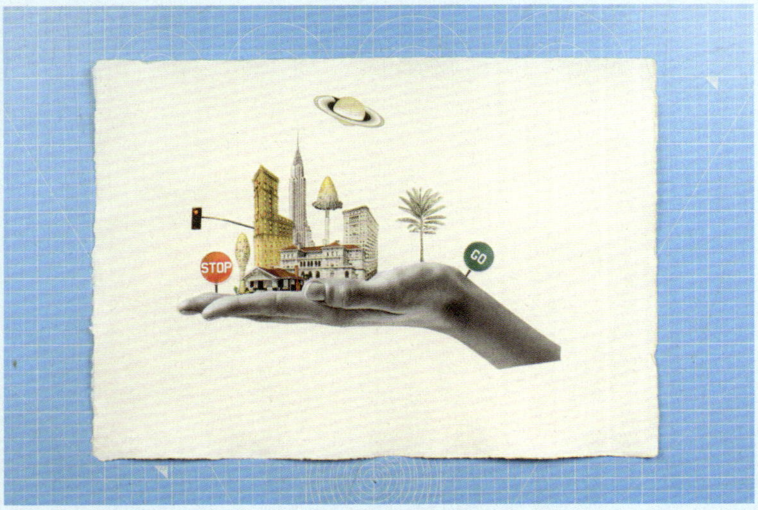

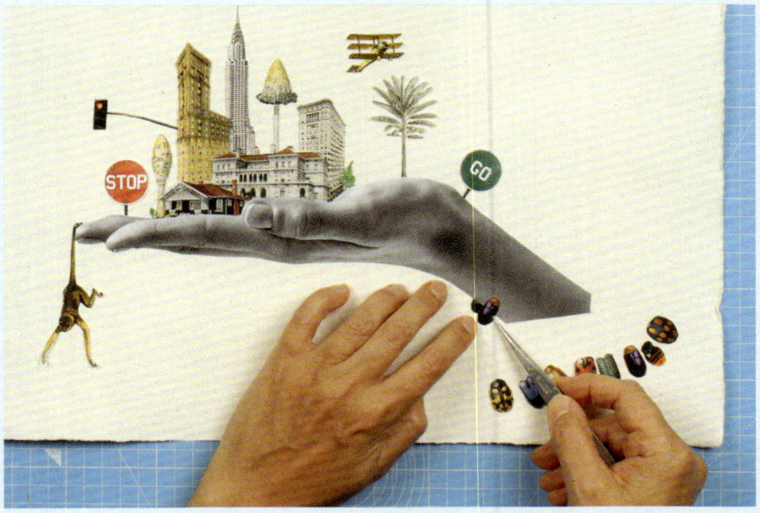

9. Hier wird das Goldene Dreieck zwischen der Harmonie von Himmel, Fingerspitze und Handballen erreicht. Um die Illusion des Himmels zu erzeugen, habe ich den Saturn über die Stadtlandschaft gehängt; um den Blick nach rechts über das Handgelenk zu führen, steht dort das Go-Zeichen; und das Auge nach links führend sehen wir das Stop-Zeichen an der Spitze der Finger.

10. Die offene Handfläche steht hier im Mittelpunkt, aber auch das Handgelenk sollte nicht übersehen werden. Wie kann man diese grobe, scharfe Kante abrunden? Natürlich mit einem Armband aus Käfern! Platzieren Sie je einen Käfer seitlich des Handgelenks, sodass er hinter dem Bild hervorschaut. Fügen Sie die restlichen Käfer in einer leichten Kurve hinzu, damit das Armband sich um das Handgelenk zu wickeln scheint.

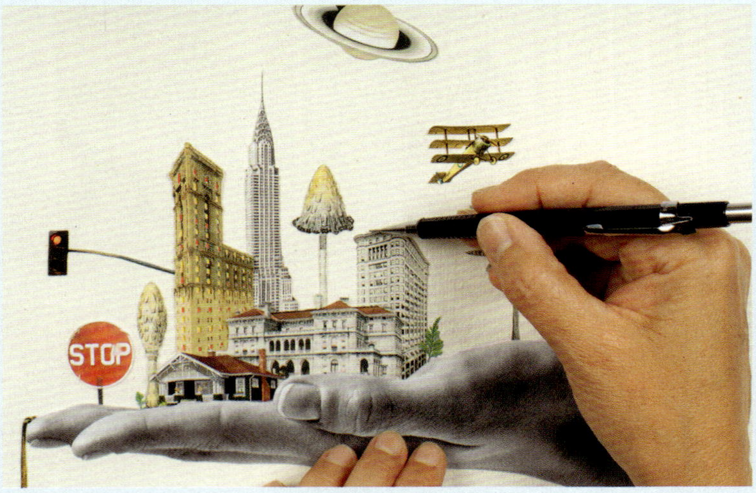

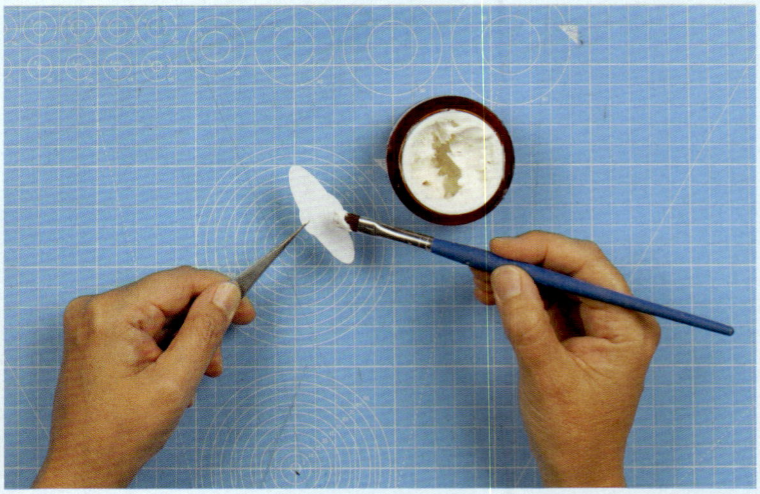

11. Nun, da Ihre Komposition arrangiert und leicht fixiert ist, können Sie mit dem Kleben beginnen! Vorher sollten Sie ein Foto der Komposition als praktische Referenz machen. Es ist auch hilfreich, mit ein paar leichten Bleistiftstrichen um jedes Bild herum zu zeichnen, bevor Sie es abheben, um den Kleber aufzutragen, als nützliche Orientierung für die endgültige Platzierung.

12. Entfernen Sie den Saturn und tragen Sie den Kleber mit einem Pinsel auf dessen Rückseite auf. Stellen Sie sicher, dass die gesamte Fläche bis zu den Rändern bedeckt ist. Es ist wichtig, genau die richtige Menge Kleber zu verwenden, zu wenig und er wird austrocknen und nicht haften, zu viel und er wird aus den Rändern herausquetschen. Legen Sie Ihr Bild mit der Vorderseite nach unten auf ein Blatt Papier und bestreichen Sie es leicht mit dem Kleber.

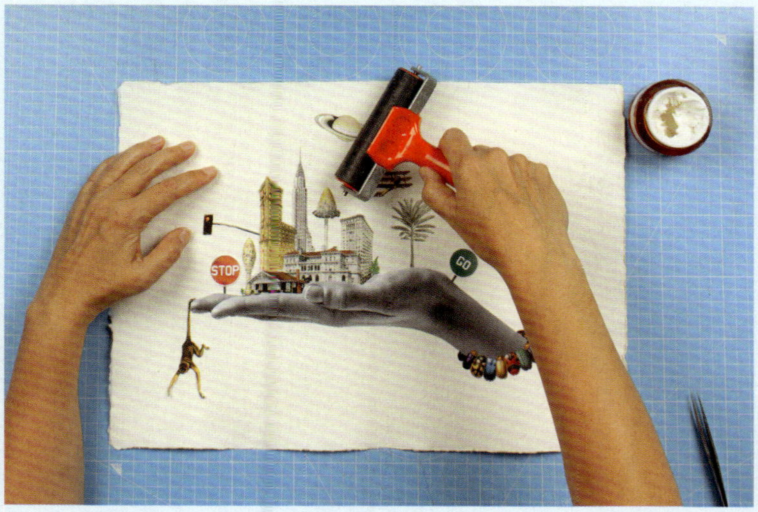

13. Suchen Sie Ihre Bleistiftmarkierungen und platzieren Sie das aufgeklebte Bild mit einer Pinzette oder Ihrer Hand auf der Leinwand. Drücken Sie es mit den Fingern oder der Handfläche in einer glättenden Bewegung fest an, oder verwenden Sie eine Rolle.

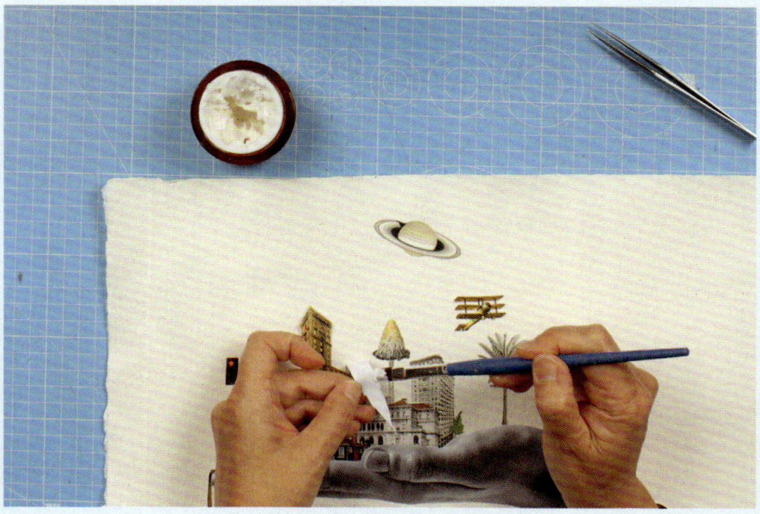

14. Sie können auch einzelne Elemente nach der provisorischen Befestigung ankleben, statt alle zu entfernen und die Collage neu aufzubauen. Halten Sie das Bild fest und kleben Sie nach und nach Teile des Bildes. Hier wird das Chrysler-Gebäude geklebt; biegen Sie zunächst die obere Hälfte des Gebäudes leicht zurück, tragen Sie Kleber auf und drücken Sie es an seinen Platz.

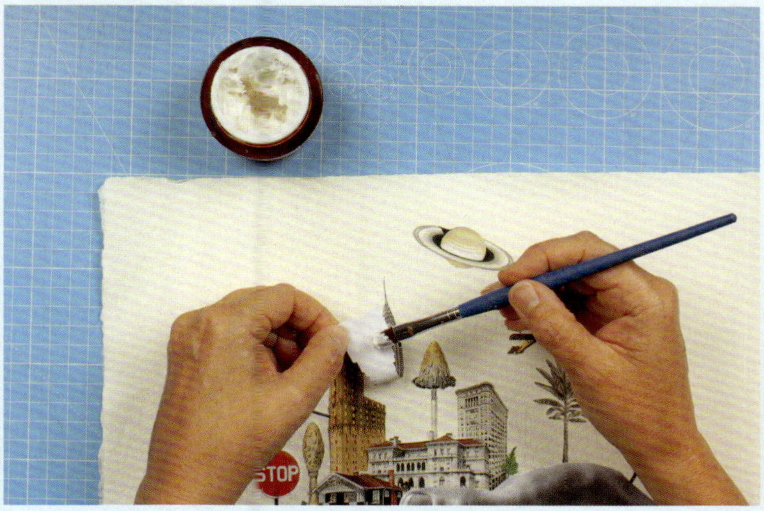

15. Sobald die obere Hälfte festgeklebt ist, heben Sie die untere Hälfte von den umliegenden Gebäuden ab und tragen den Kleber auf.

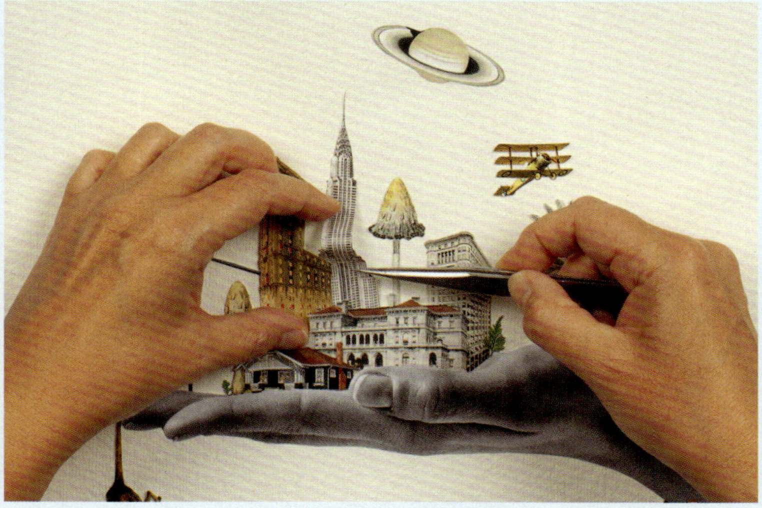

16. Stecken Sie die Unterseite des Gebäudes vorsichtig hinter die umliegenden Gebäude zurück.

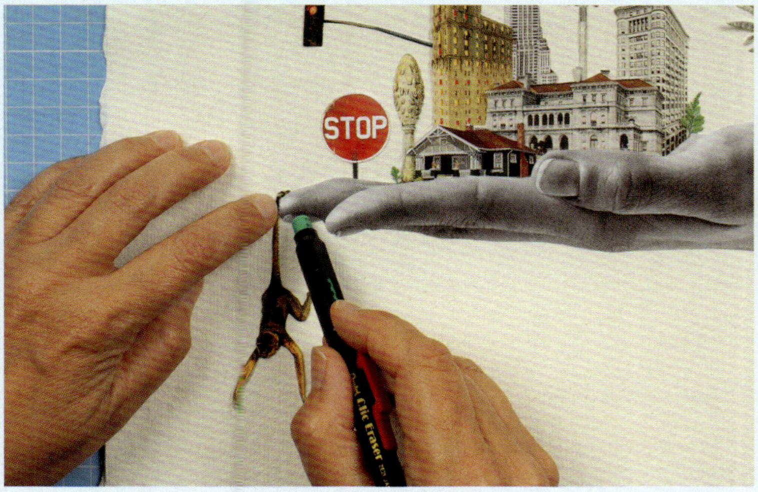

17. Wenn alle Bilder aufgeklebt sind, radieren Sie alle Bleistiftmarkierungen vorsichtig aus.

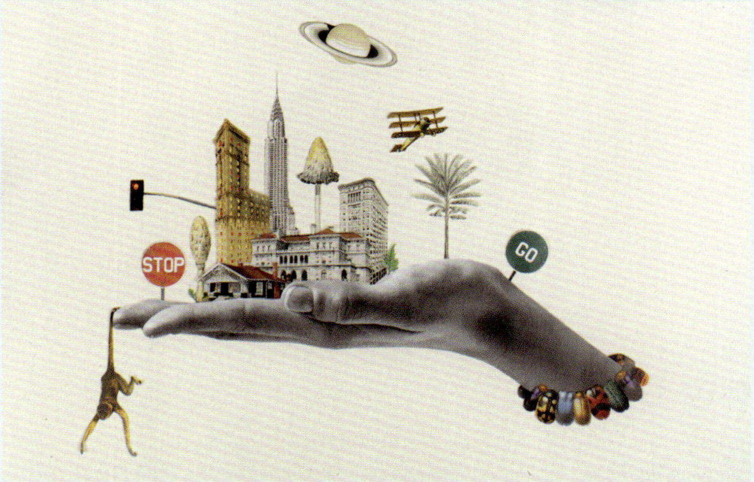

18. Und da haben Sie sie, eine »Handy City«! Um Ihre eigene personalisierte Version zu erstellen, könnten Sie Bilder aus dem Buch mit Fotos Ihrer Heimatstadt ergänzen.

Außergewöhnlich kreative COLLAGEN!

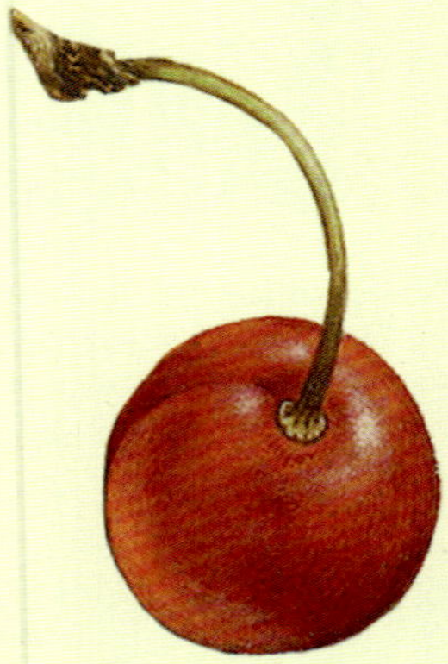

Die folgenden Collagen habe ich mit Material aus diesem Buch erstellt. Sie sollen zeigen, wie Sie eine Vielzahl verschiedener Elemente in Ihren Collagen verwenden können, und einige heben besonders nützliche Tricks hervor, die Sie vielleicht in Ihre Arbeit einbauen möchten. Viel Spaß beim Aufspüren der genauen Teile, die verwendet wurden, um die Collagen exakt nachzubilden, oder verwenden Sie sie einfach als Inspiration für Ihre eigenen einzigartigen Kunstwerke.

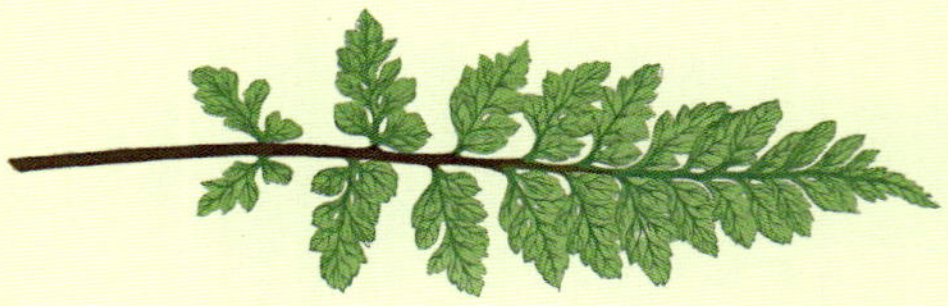

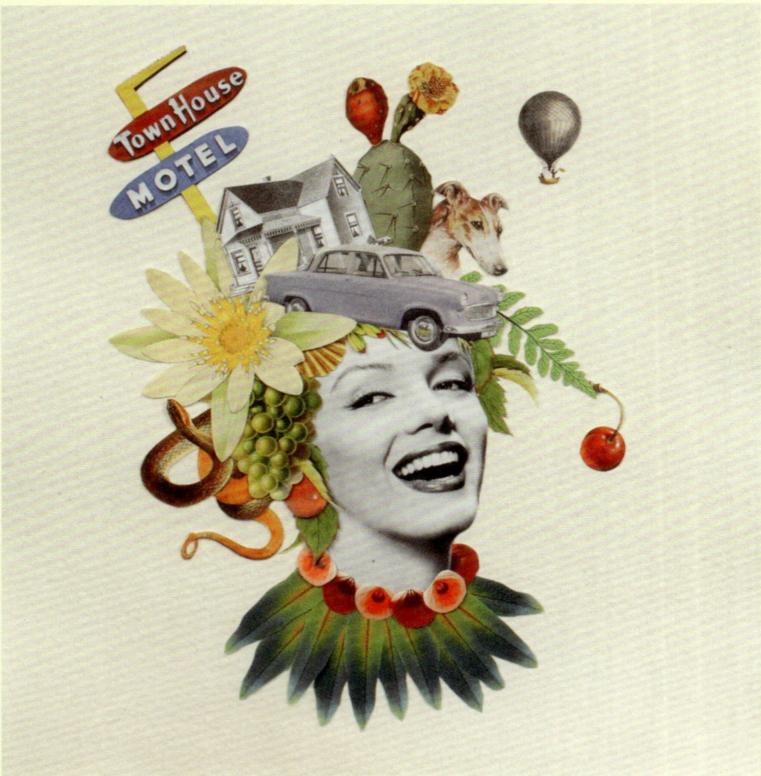

Rose

Diese stammt aus meiner Pin-up-Serie mit Marilyn Monroe in der Hauptrolle. Nachdem ich das Porträt ausgeschnitten hatte, legte ich es auf ein Blatt Khadi-Papier und begann, den Kopfschmuck zu bauen. Der Kragen ist aus Blütenblättern von den Seiten der Blütenreihen und Federn gemacht. Sie müssen nicht immer mit dem ganzen Bild arbeiten – versuchen Sie, ein Bild in verschiedene Teile zu zerlegen, wie ich es hier getan habe, indem ich jedes Blütenblatt abgetrennt habe. Versuchen Sie, eine harmonische Farbpalette zu verwenden; wenn Sie ein leuchtendes Rot einführen, wiederholen Sie diese Farbe an einigen Stellen in Ihrer Komposition. Dies sorgt für eine gewisse Einheitlichkeit in der gesamten Collage.

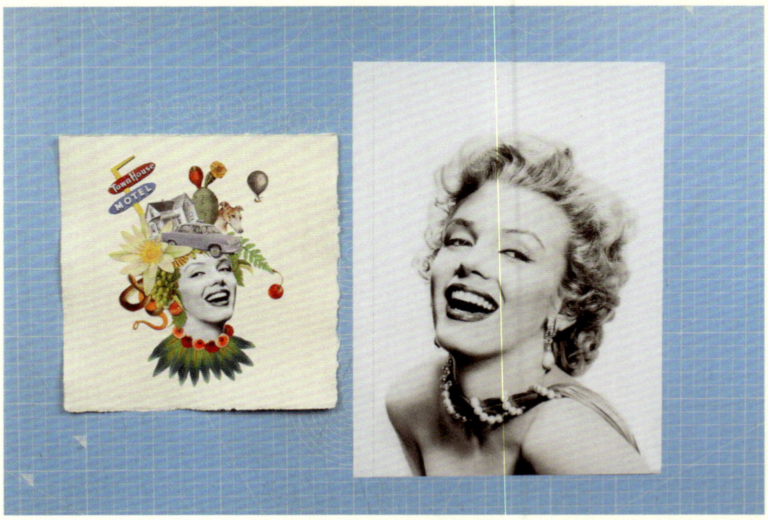

Bilder verändern

Ich verwendete hier das Bild von Marilyn von der Rückseite des Buches, habe ihr Porträt jedoch auf dem Fotokopierer um etwa 60 % verkleinert. Gleichzeitig habe ich das Bild gespiegelt, sodass sie in die entgegengesetzte Richtung schaut. Es macht Spaß, mit einem Fotokopierer zu experimentieren, Bilder zu wiederholen, sie zu vergrößern oder zu verkleinern, den Farbton oder die Sättigung der Farbe zu verändern und so weiter.

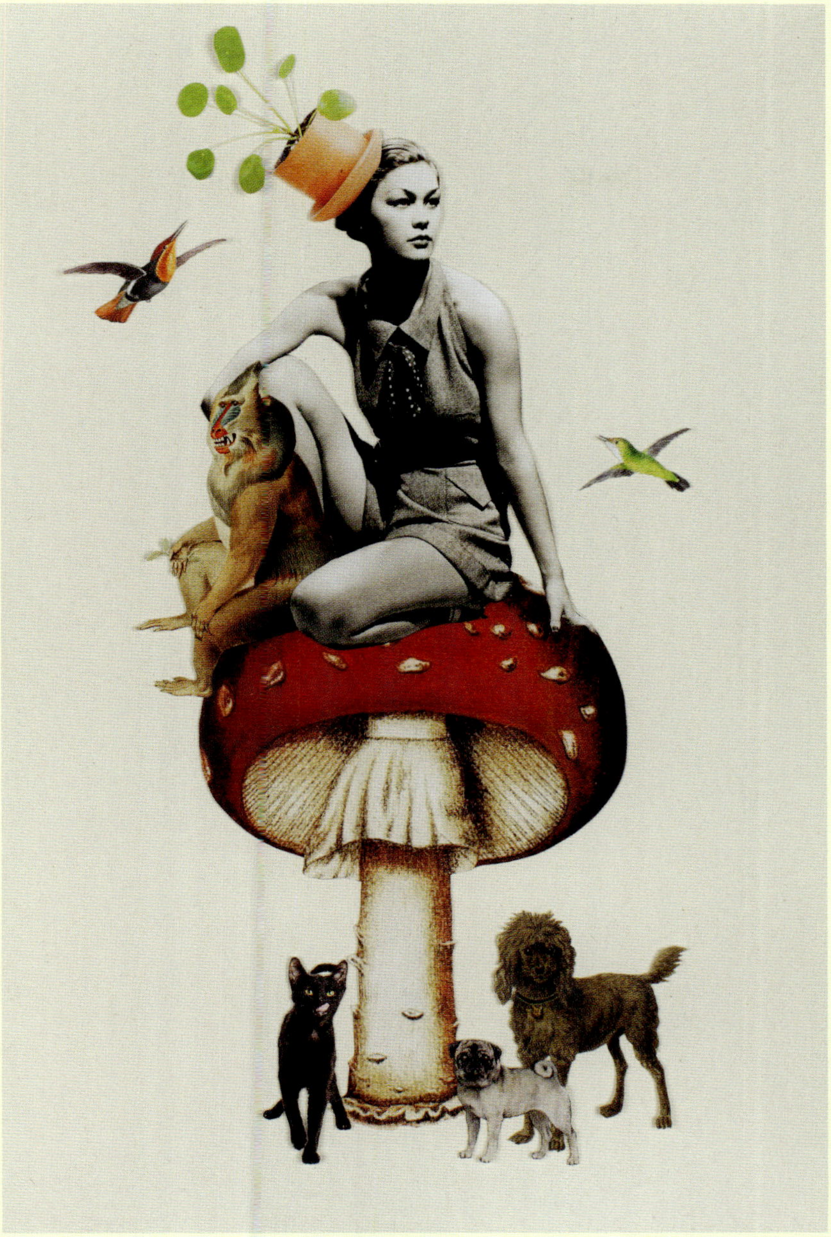

My Mushroom and Other Animals

Dies ist eine schöne, einfache Collage, aber sie strahlt eine besondere Stimmung und Atmosphäre aus; ein Gefühl von Gelassenheit, gemischt mit Verspieltheit, irgendwie launig. Ich habe die Schnittlinientechnik entlang des Oberschenkels des Modells verwendet, um einen Schlitz zu schaffen, in den der Pavian gesteckt werden kann, und habe ihn bequem auf dem Pilz positioniert, als ob er das Haustier des Modells wäre. Überlegen Sie, wie Sie auf ähnliche Weise subtile Erzählungen schaffen oder Verbindungen zwischen Figuren in Ihren Collagen andeuten können.

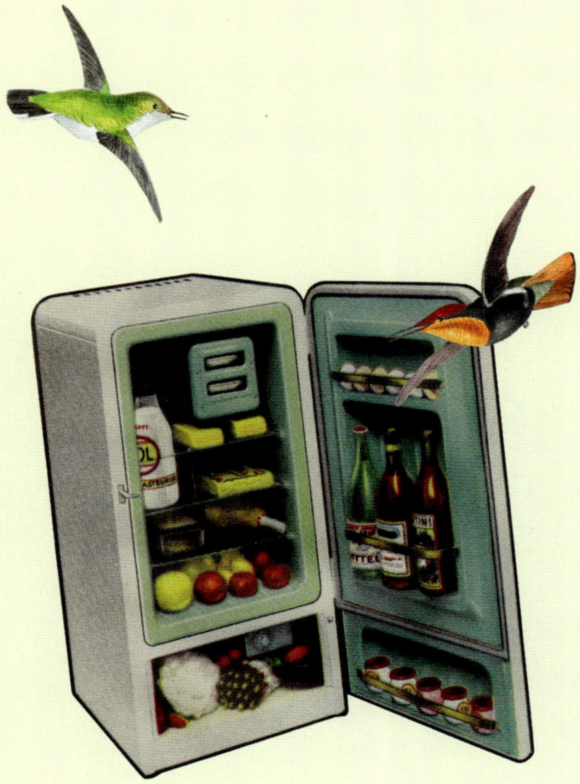

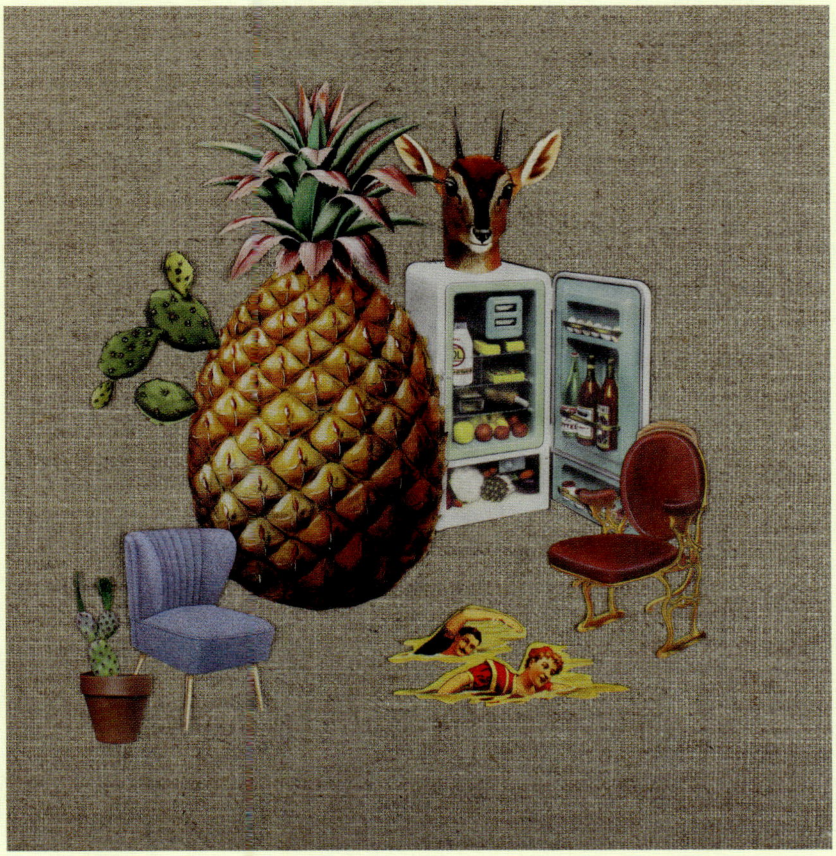

Fridge Friday

Für den Hintergrund dieser Collage entschied ich mich für eine mit Leinen bezogene und grundierte Tafel, die es mir ermöglichte, auf einem festen und soliden, aber dennoch strukturierten Hintergrund zu arbeiten. *Fridge Friday* ist minimalistisch aus nur wenigen Bildern komponiert. In ihrer sorgfältig durchdachten Anordnung scheinen diese sieben Objekte plötzlich ein surreales Wohnzimmer zu eröffnen, durch das eine Truppe von Schwimmern gleitet. Es gibt nur drei Hauptfarben, die sich überall wiederholen: ein goldenes Braun in der Ananas, dem Hirschkopf, dem Wasser der Schwimmer, den Stuhlbeinen und dem Blumentopf; Grün in den Kakteen und dem Ananasbüschel; und Blau im Kühlschrank und dem Stuhl. Diese einfache Farbpalette erzeugt ein harmonisches Gefühl, indem sie das Auge bequem durch die Komposition führt.

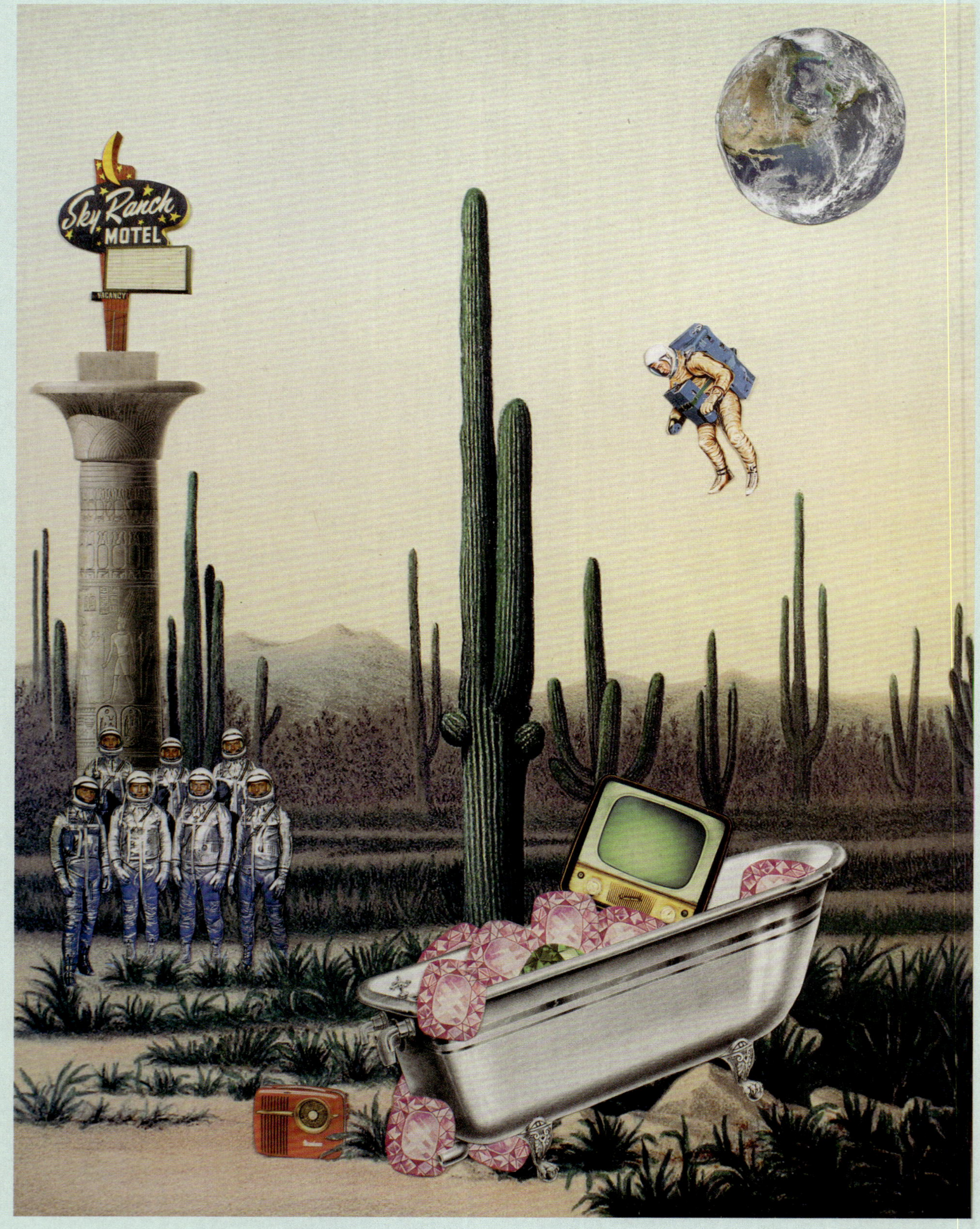

Sky Ranch Motel

Sie können eine Collage mit einer vorhandenen Landschaft erstellen, indem Sie einfach neue Elemente hinzufügen. Überlegen Sie, wie Sie eine der in diesem Buch vorgestellten Landschaften verändern wollen. Lassen Sie sich etwas einfallen; vielleicht ist Sci-Fi humorvoll, romantisch, unheimlich oder weihnachtlich? Wenn Ihnen nichts einfällt, wählen Sie einige Ihrer Lieblingsbilder, schneiden Sie sie aus und beginnen Sie, sie auf der Landschaft zu platzieren. Spielen Sie mit diesen Bildern herum.

Für meine Szene habe ich ein surreales Sci-Fi-Thema gewählt. Ich wollte meine Liebe zur Ära des Space-Race vermitteln. Die Edelsteine und der alte Fernseher in der Badewanne stehen für die Träume und Belohnungen, die man sich in den 1960er Jahren von einem Ausflug ins All erhoffte.

Denken Sie immer an Farbe und Layout. Wenn Sie eine überwältigend dunkle Szene erstellen – z. B. einen Nachthimmel –, wählen Sie hellere Objekte für einen starken Kontrast. Wenn Ihr Motiv überwiegend hell ist, entscheiden Sie sich für dunklere Objekte, die wirklich hervorstechen. Oder versuchen Sie, Farbbilder mit Schwarz-Weiß-Bildern zu mischen, um magische Töne zu erzeugen (denken Sie an Dorothy, die aus dem schwarzweißen Kansas in das kribbelbunte Oz stürzt!)

Damit Objekte gut in den kompositorischen Rahmen passen und integriert erscheinen, sollten Sie die Perspektive berücksichtigen – Objekte im Vordergrund werden größer erscheinen als die im Hintergrund.

In ein Bild einbetten

Die Astronauten wurden sehr clever in die Landschaft eingebettet, ihre Beine sind hinter den Zweigen versteckt. Dazu wurden kleine Schnitte um die Blätter gesetzt, um die Bilder hinter die Blätter zu stecken und dann anzukleben. Alternativ könnten Sie auch ähnliche Blätter ausschneiden und über die Beine der Astronauten kleben, um sie besser ins Bild einzubinden

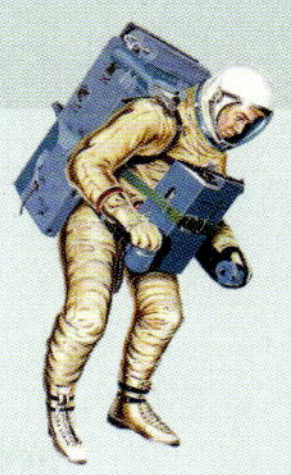

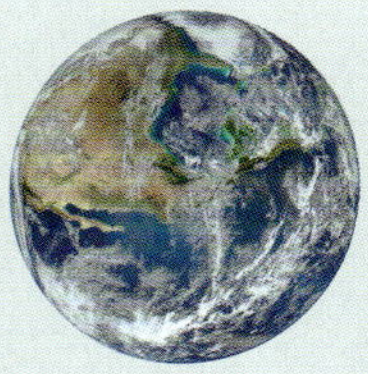

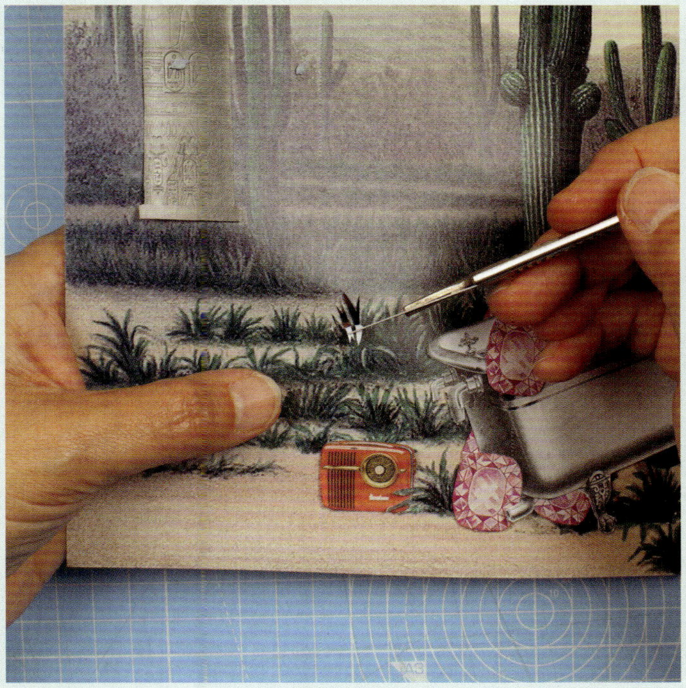

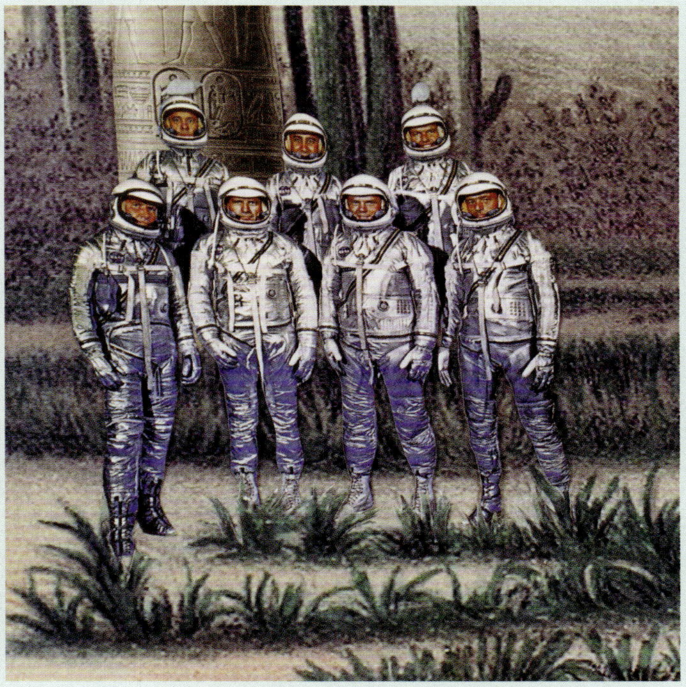

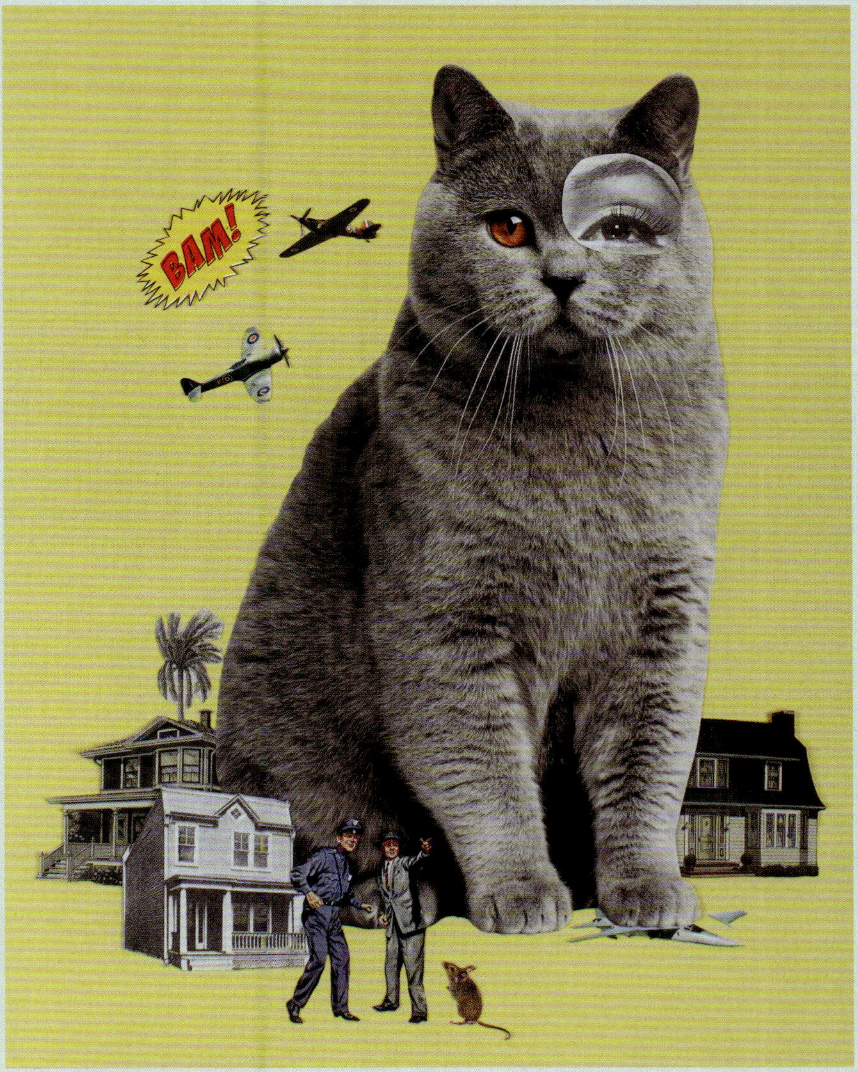

Catzilla!

Diese Collage wurde von der Fernsehkultur inspiriert, mit der ich aufgewachsen bin. Ich habe die britische Fernsehserie »The Goodies« aus den 1970er-Jahren geliebt. In meiner Lieblingsepisode »Kitten Kong« wächst die Hauskatze der Goodies, Twinkle, zu enormen Ausmaßen heran und richtet in ganz London Verwüstungen an! In dieser Hommage an die Serie habe ich ein paar verspielte Details für eine surreale Ästhetik hinzugefügt: Winzige Häuser verleihen ein Gefühl von Tiefe und Perspektive; ein menschliches Auge bringt eine ganz neue Dimension in das Mammut-Kätzchen; und was versteckt sich da unter der verspielten Pfote der Katze? Es macht Spaß, ein paar versteckte Juwelen hinzuzufügen, die der Betrachter nicht auf den ersten Blick entdeckt!

Babylon

Diese Arbeit zeigt, wie man in der Collagekunst Landschaften aufbauen kann. Babylon besteht fast vollständig aus Bildern aus dem Buch, aber ich habe diese mit ein oder zwei gefundenen Fragmenten ergänzt, wie z. B. der Postkarte mit Palmen, dem viktorianischen Stich eines Landsitzes und dem alten Schwarz-Weiß-Bild von Island, die ich in der gesamten Collage wiederholt habe. Dies zeigt, wie Sie damit beginnen können, Elemente von außerhalb des Buches einzubeziehen, wodurch Ihre Kompositionen immer einzigartiger und experimenteller werden können.

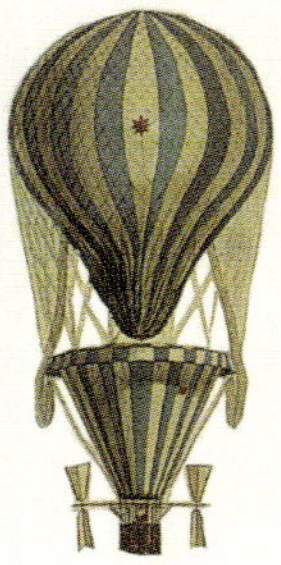

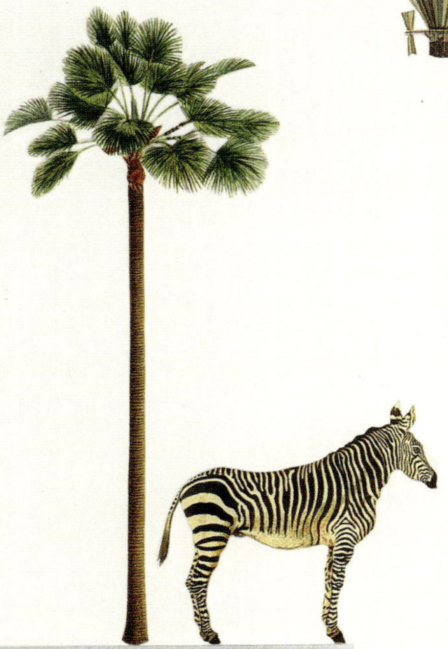

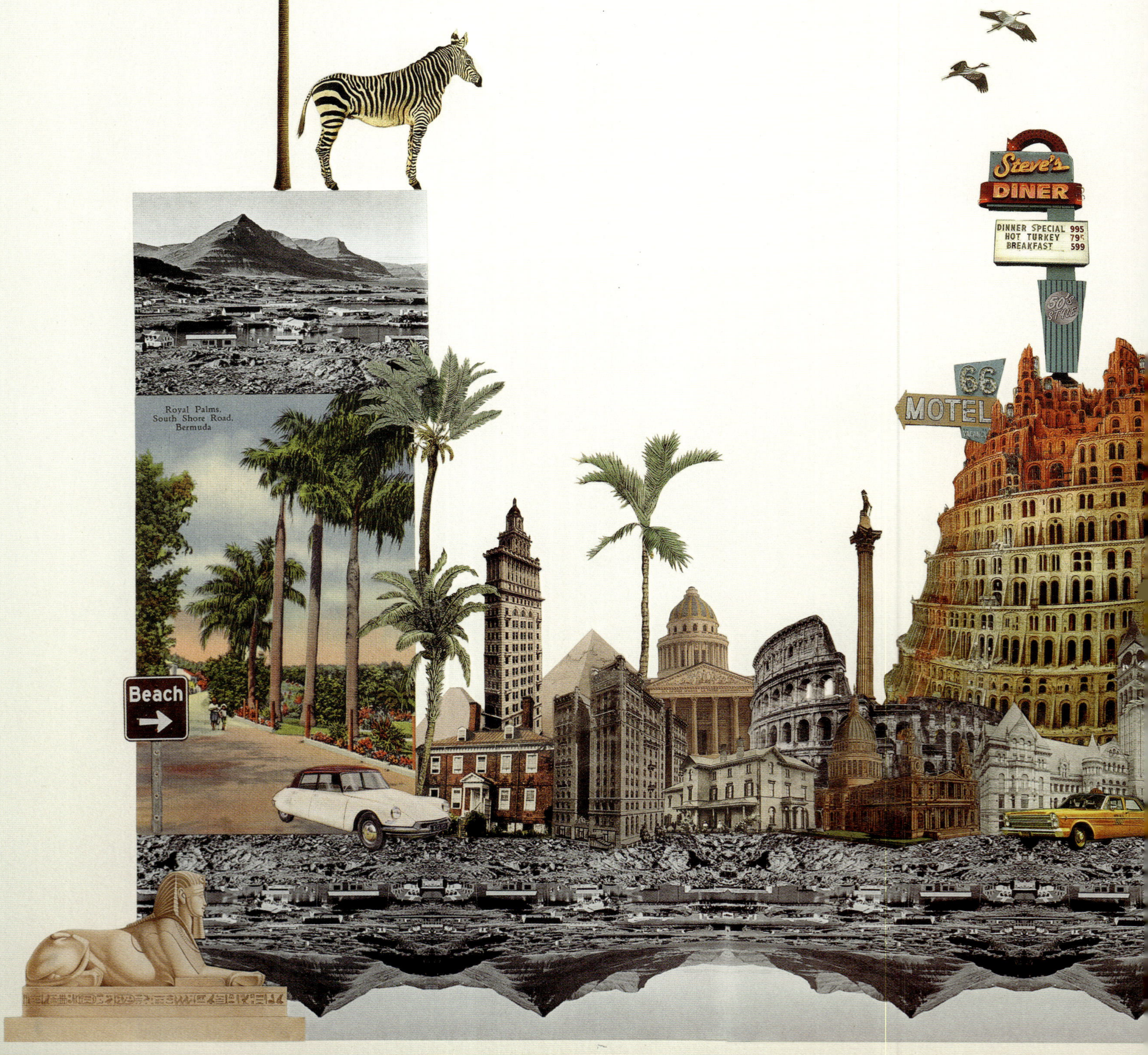

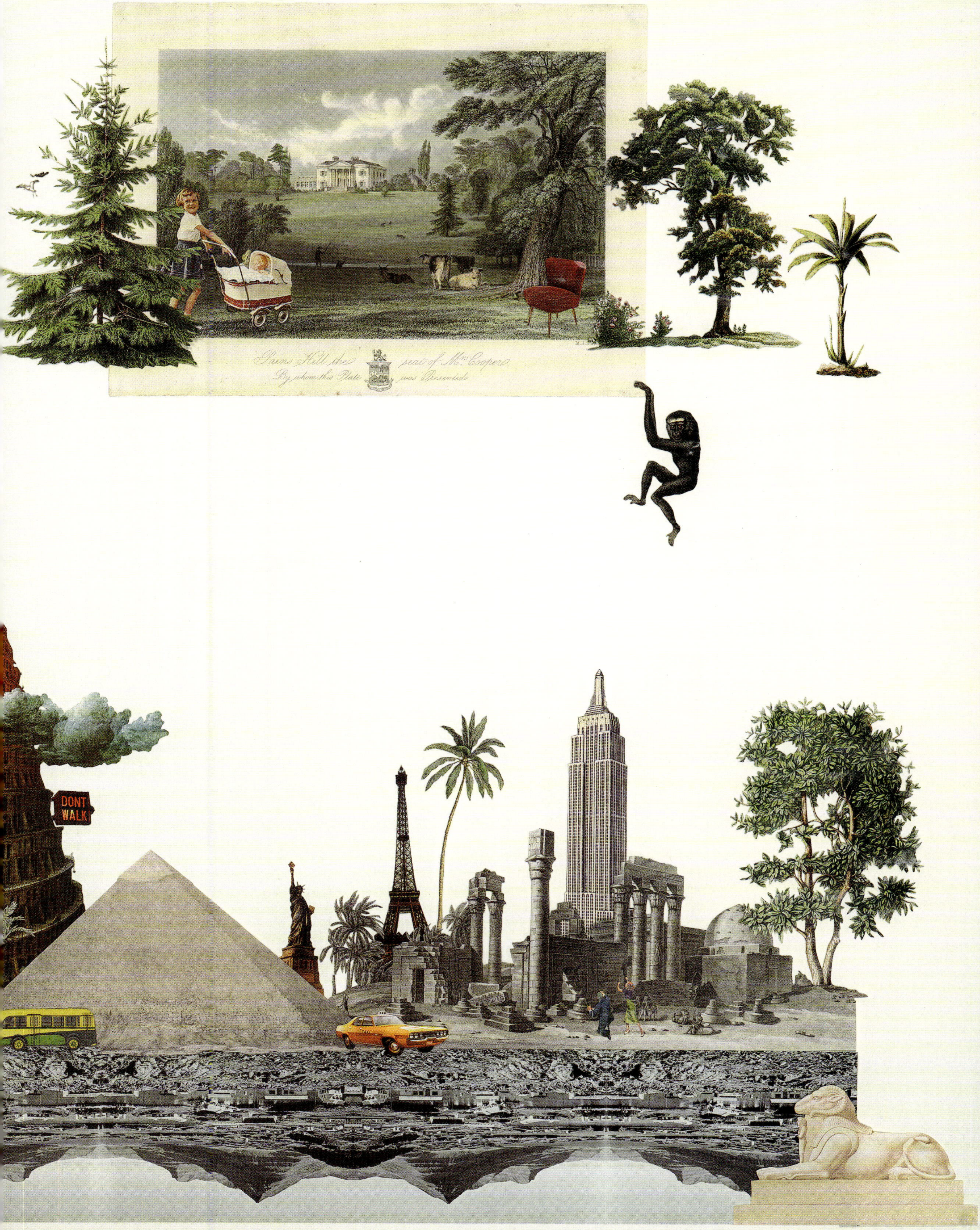
Pains Hill the seat of Mrs Cooper.
By whom this Plate was Presented.
DONT WALK

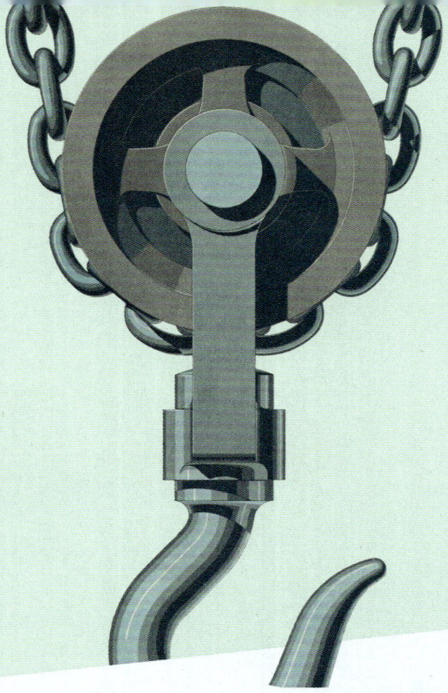

Album der einzigartigen Dinge

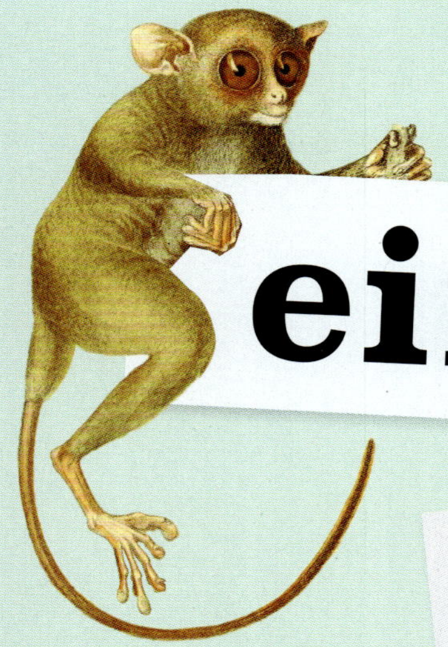

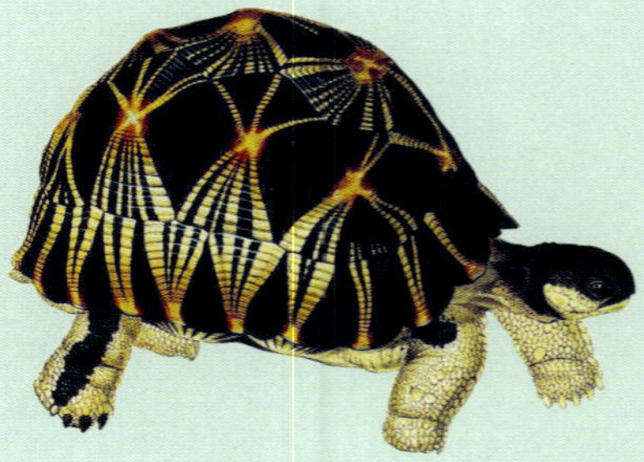

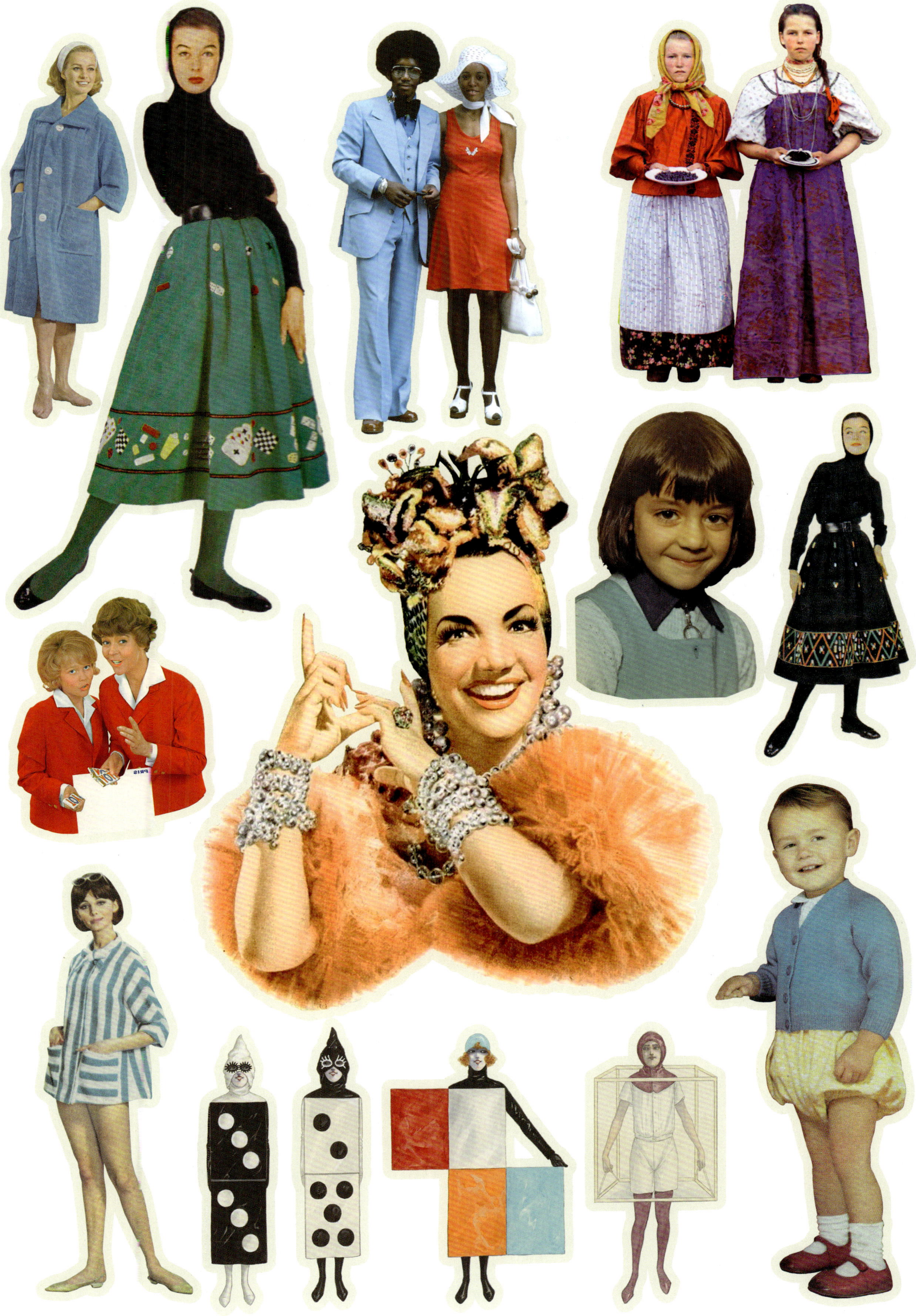

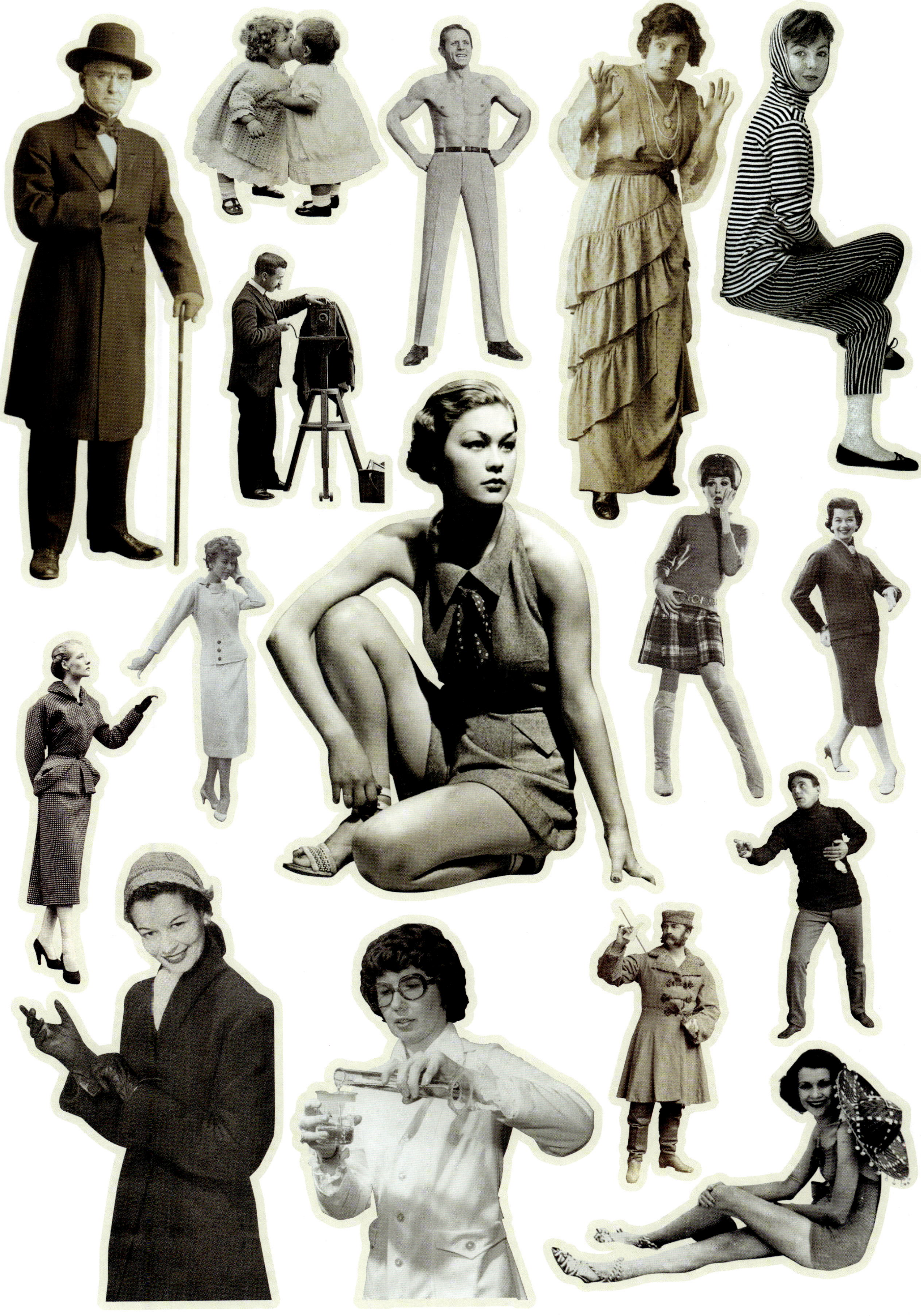

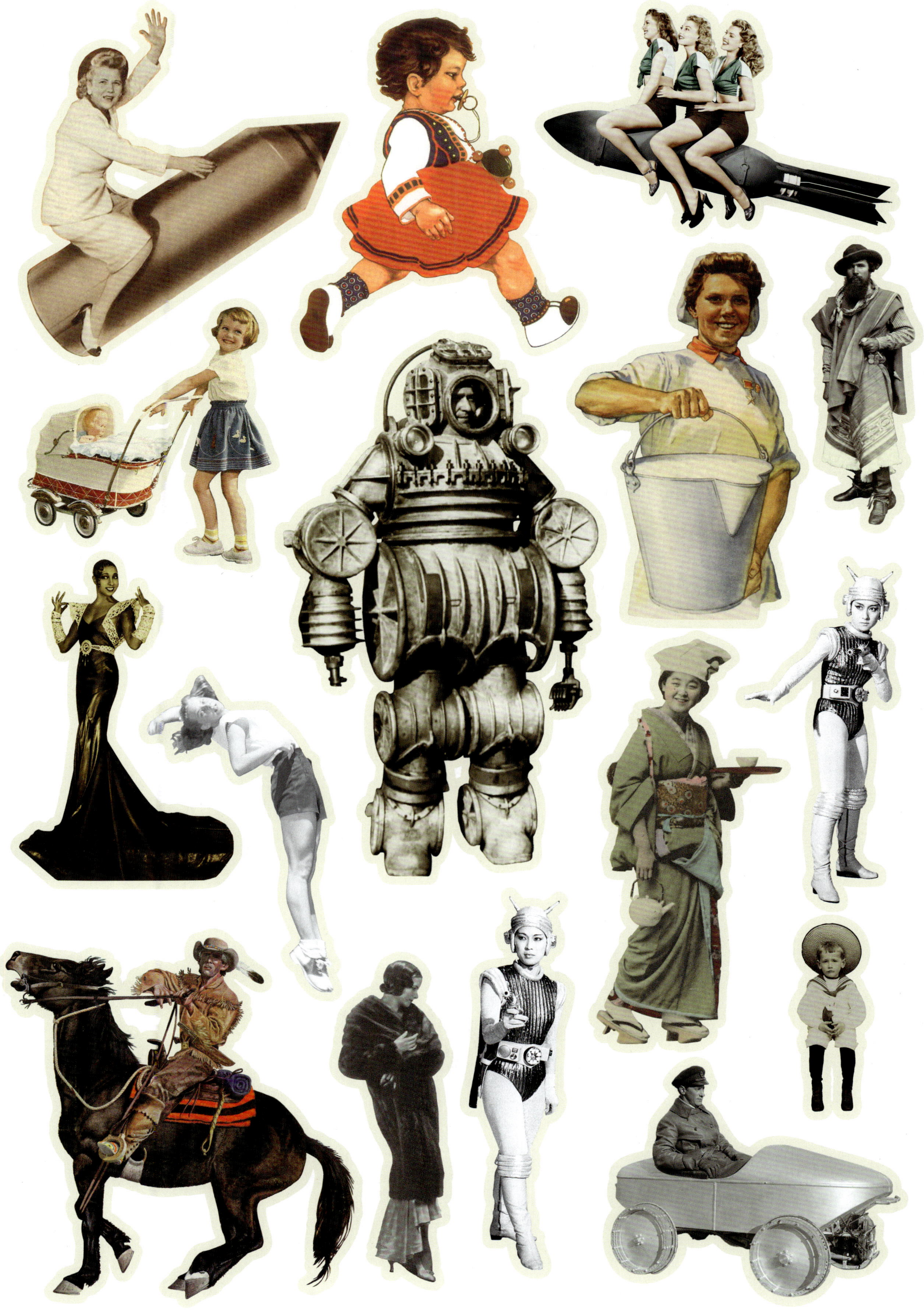

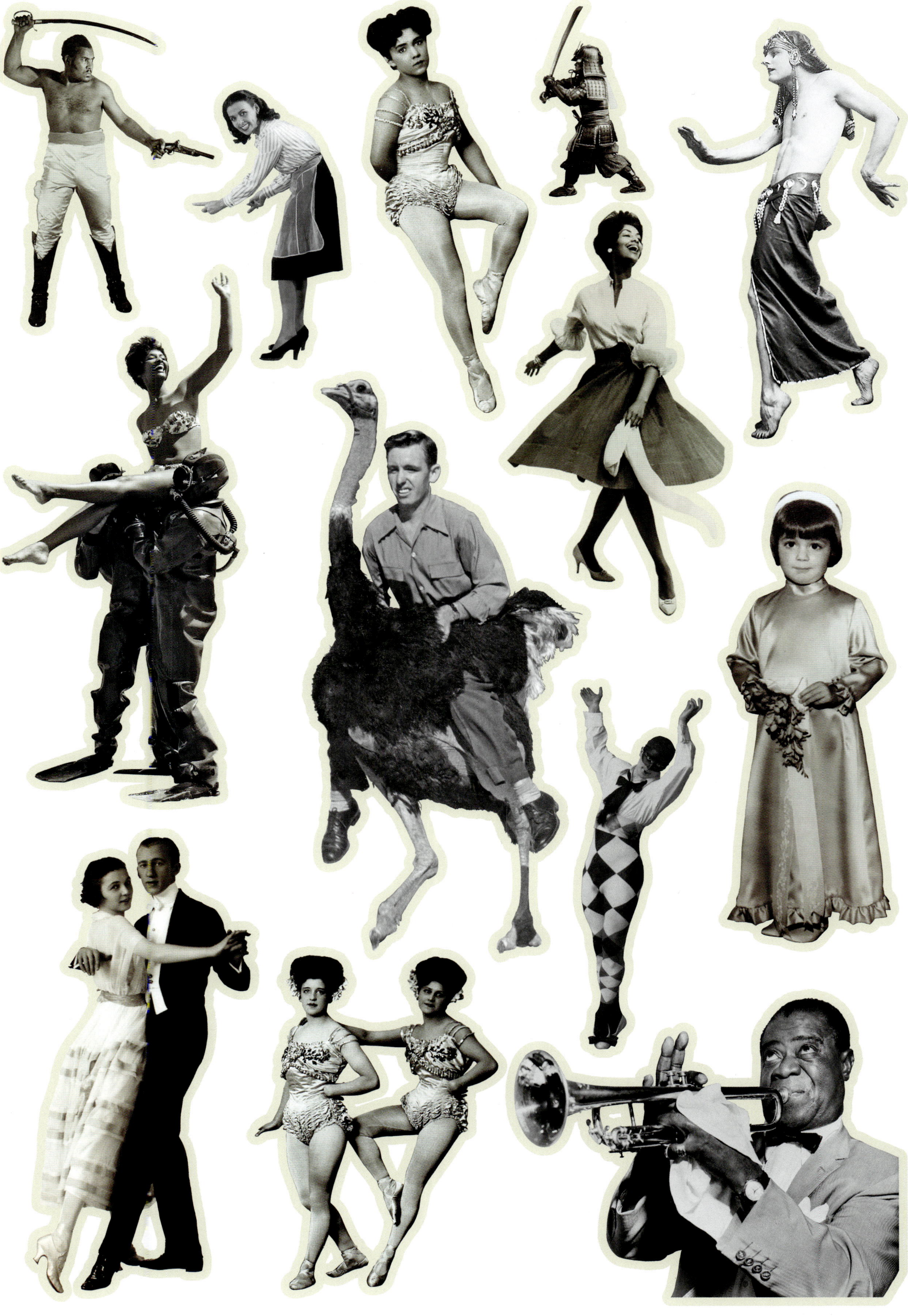

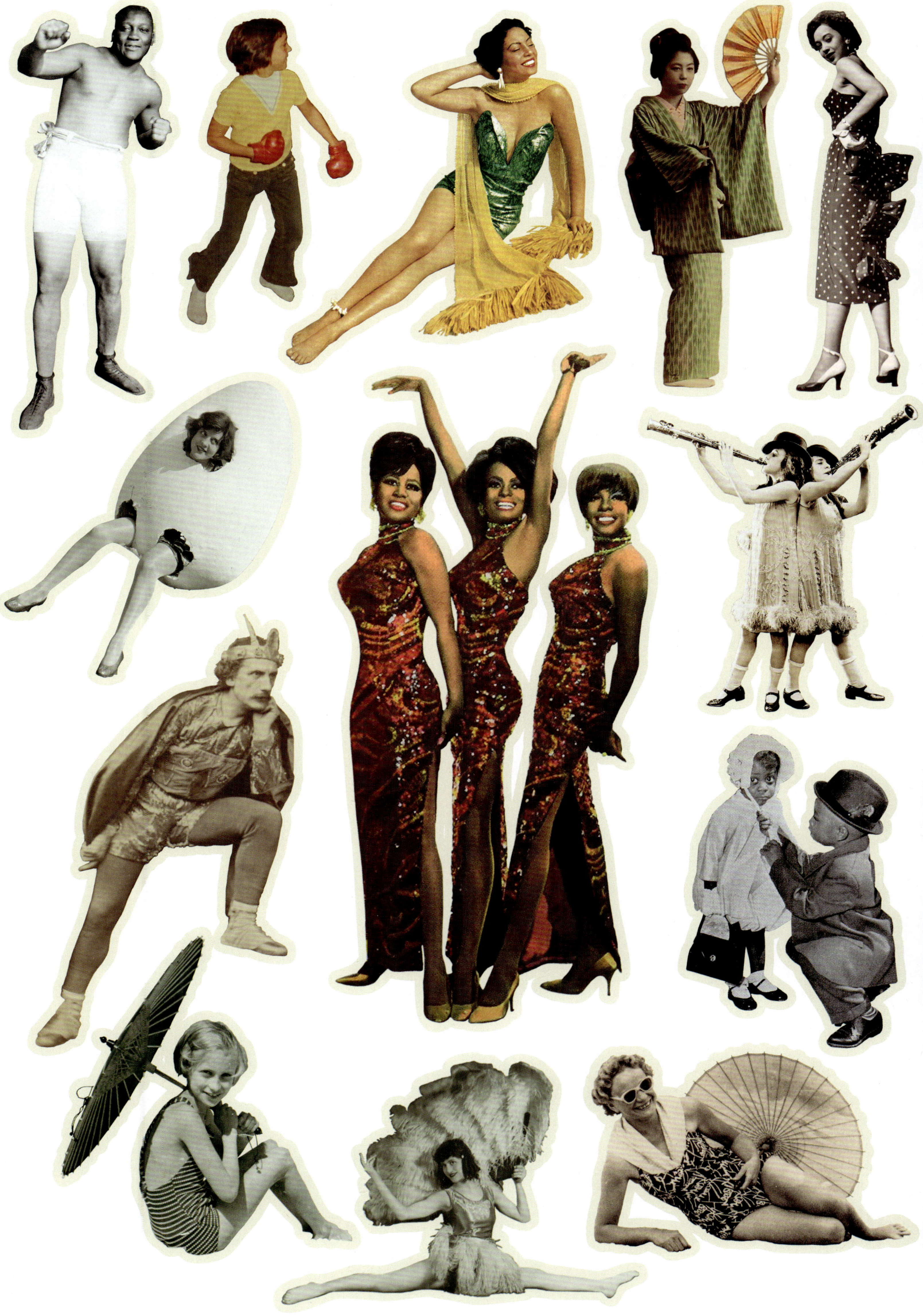

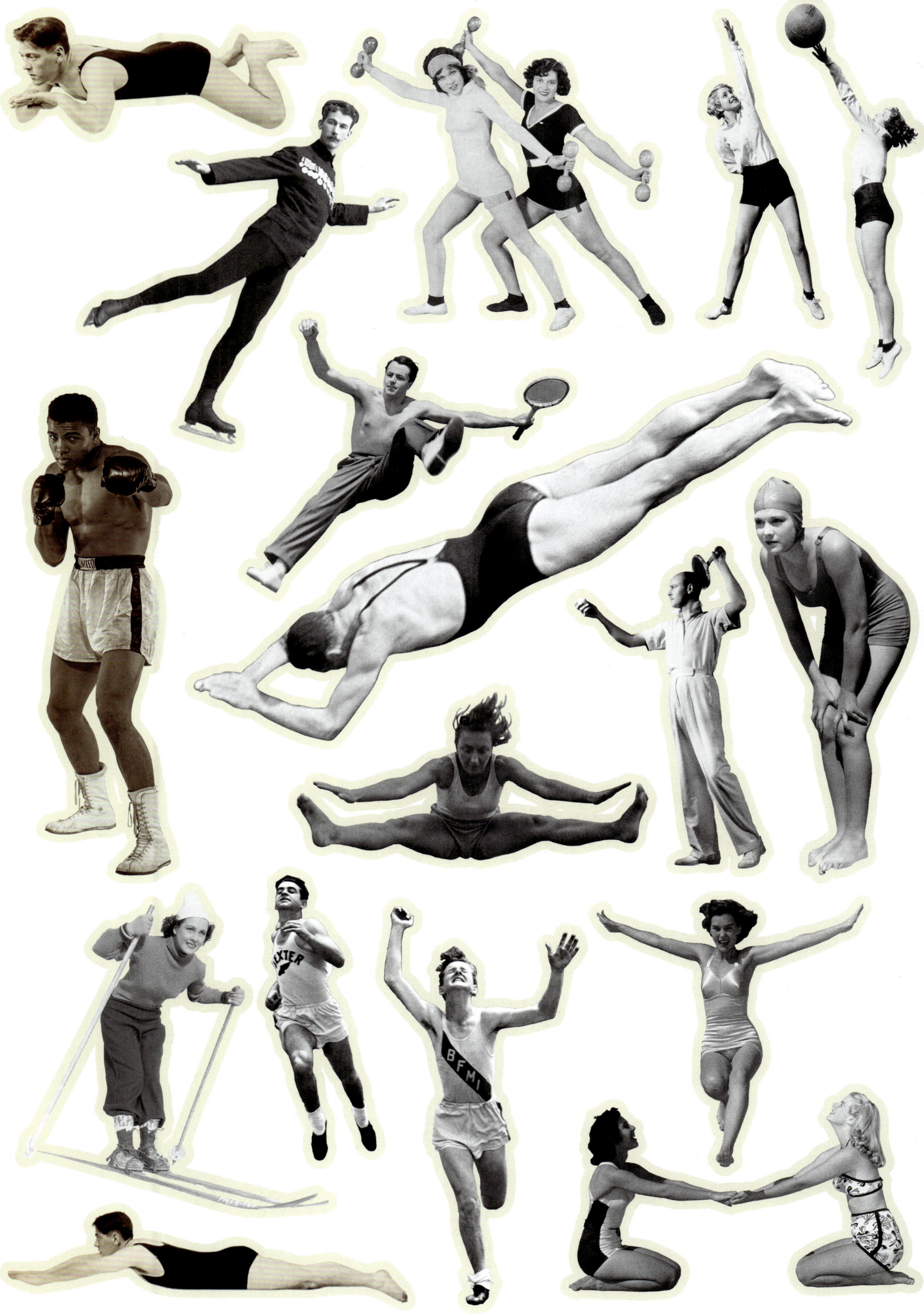
BFMI

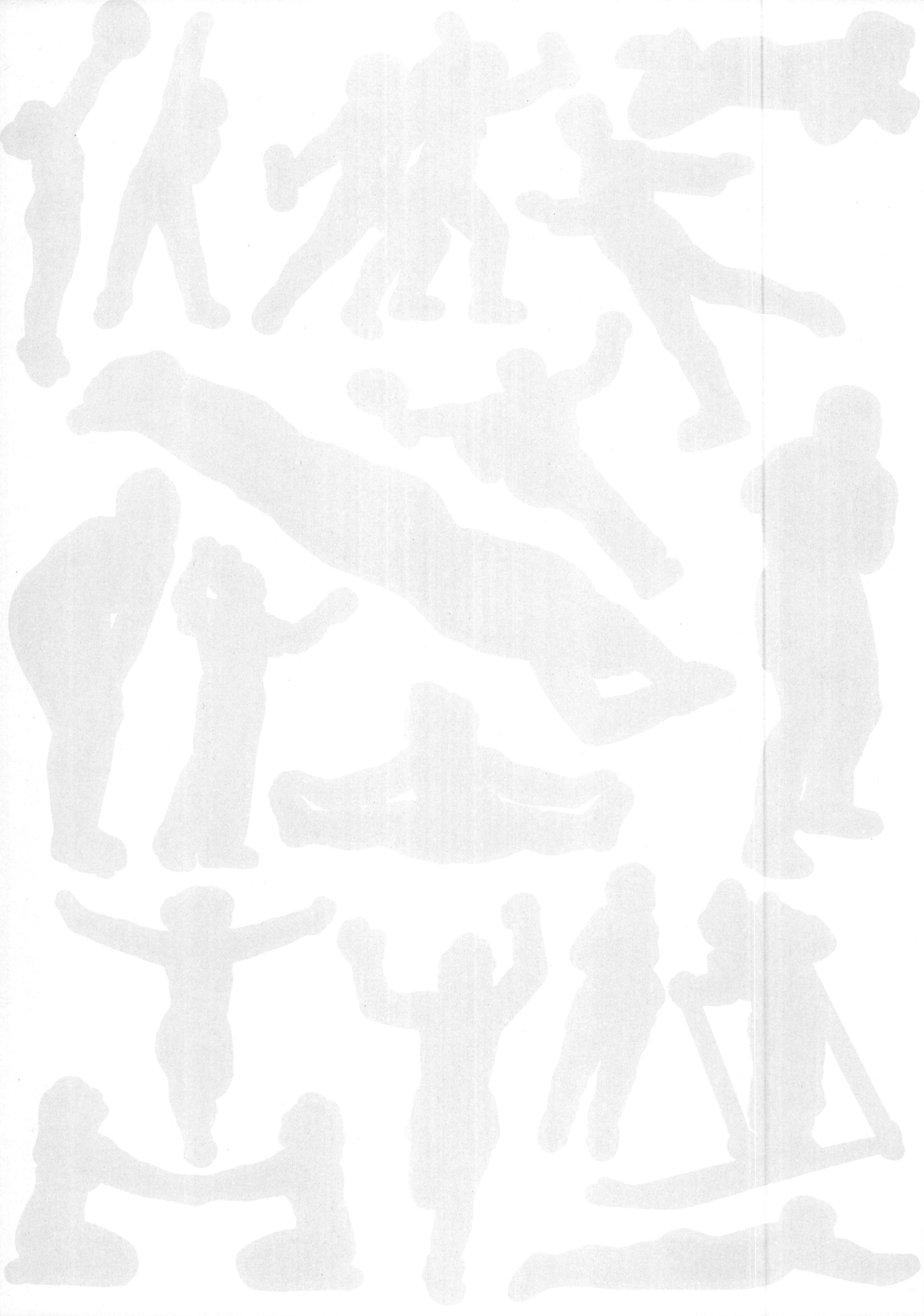

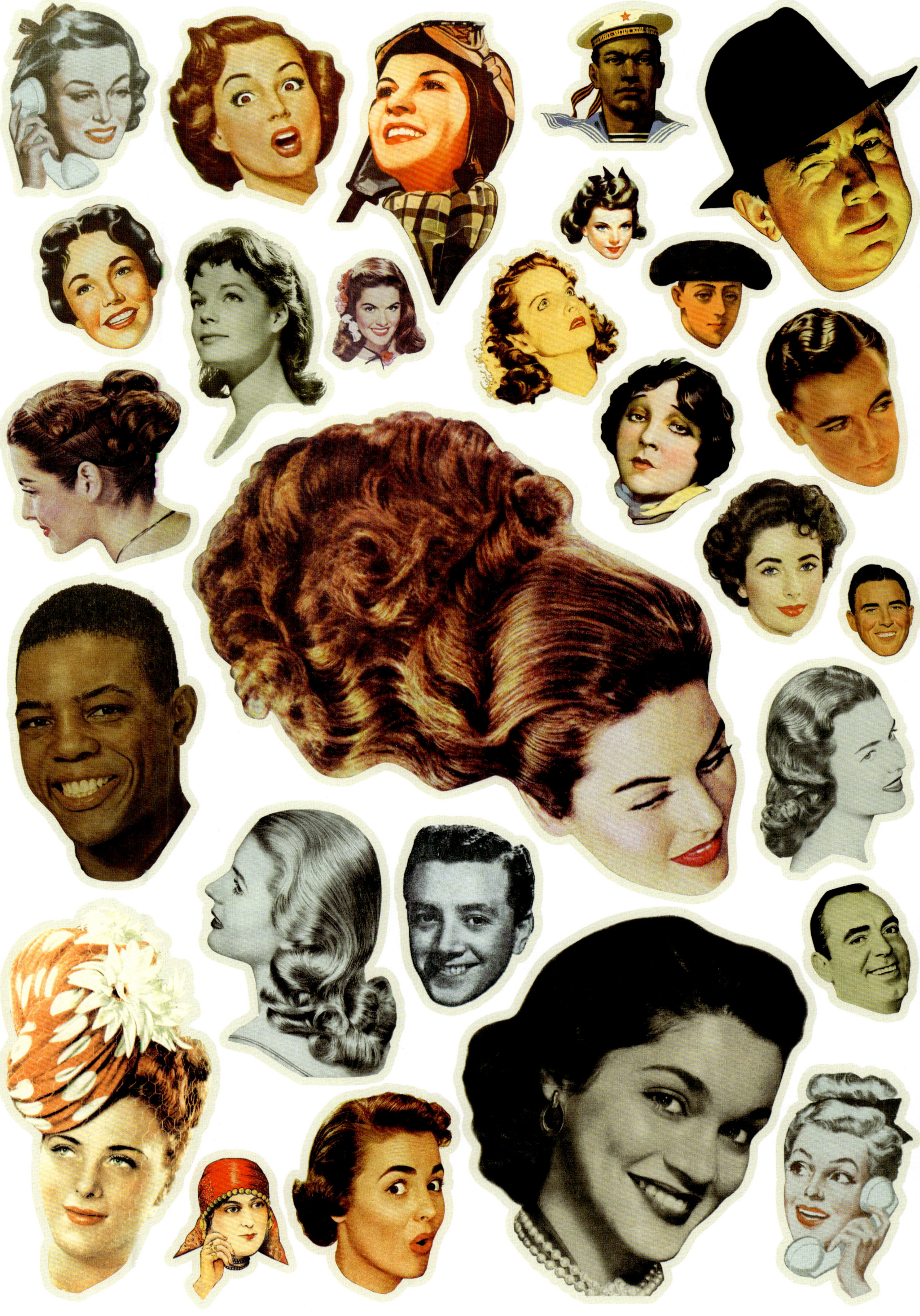

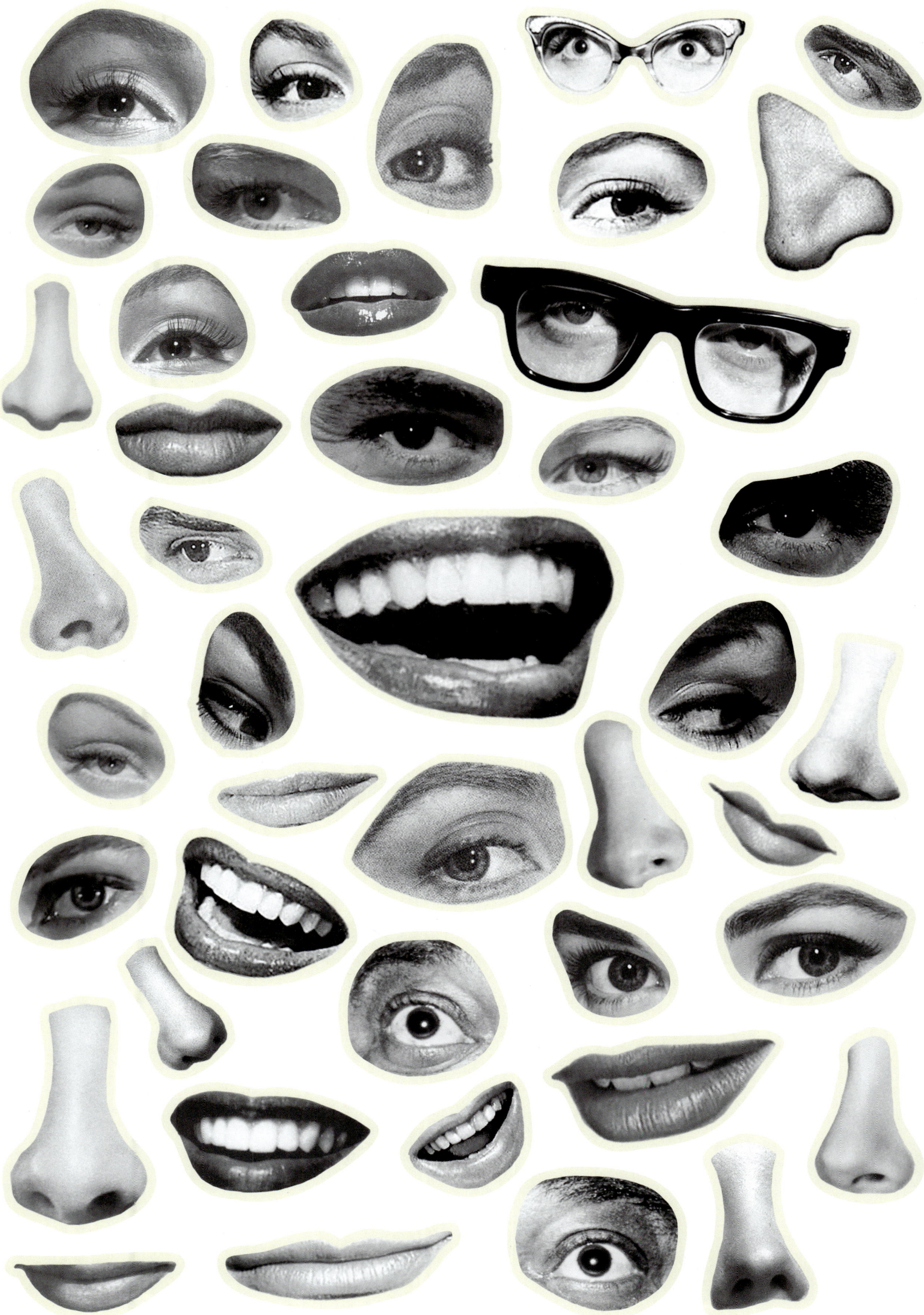

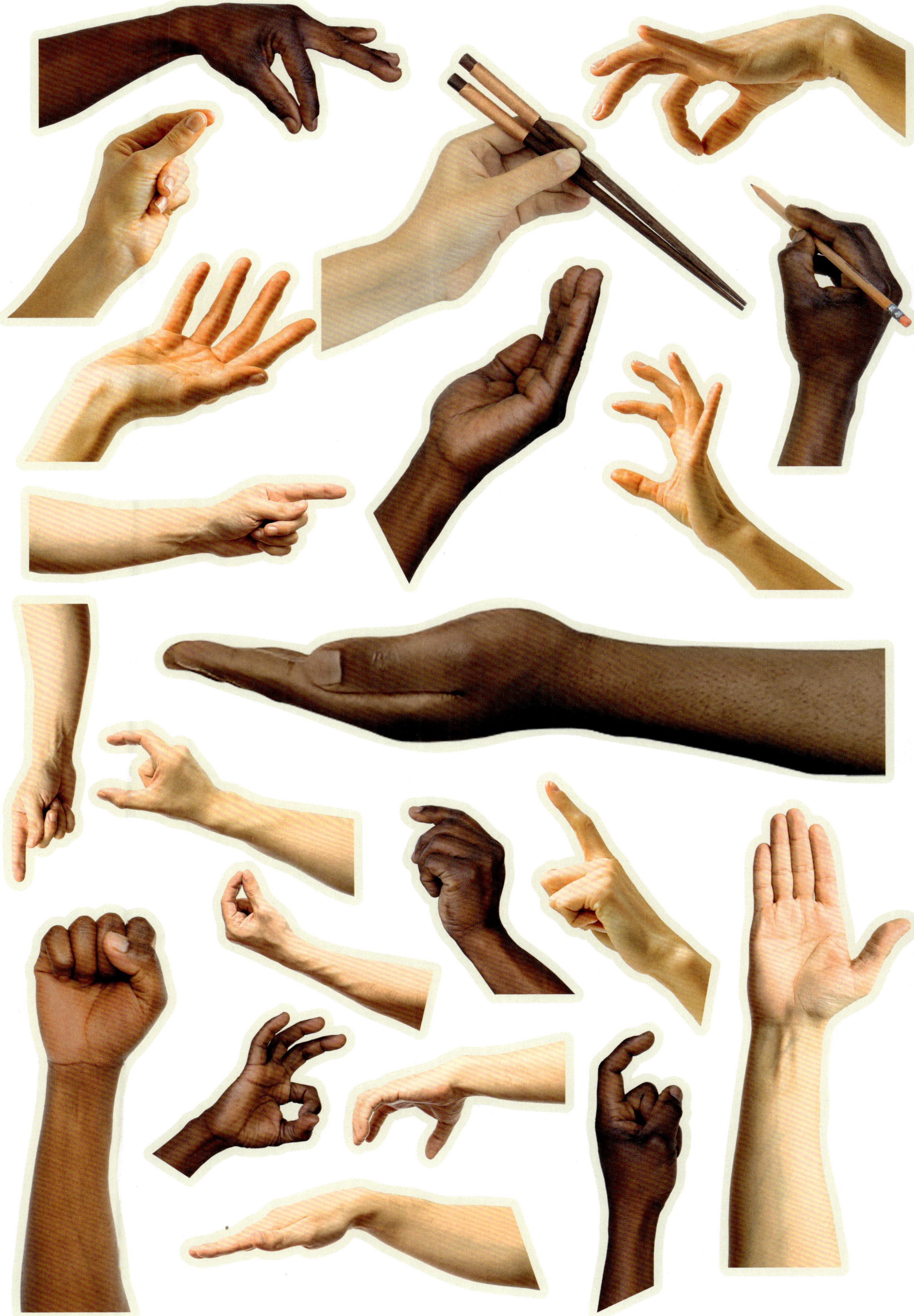

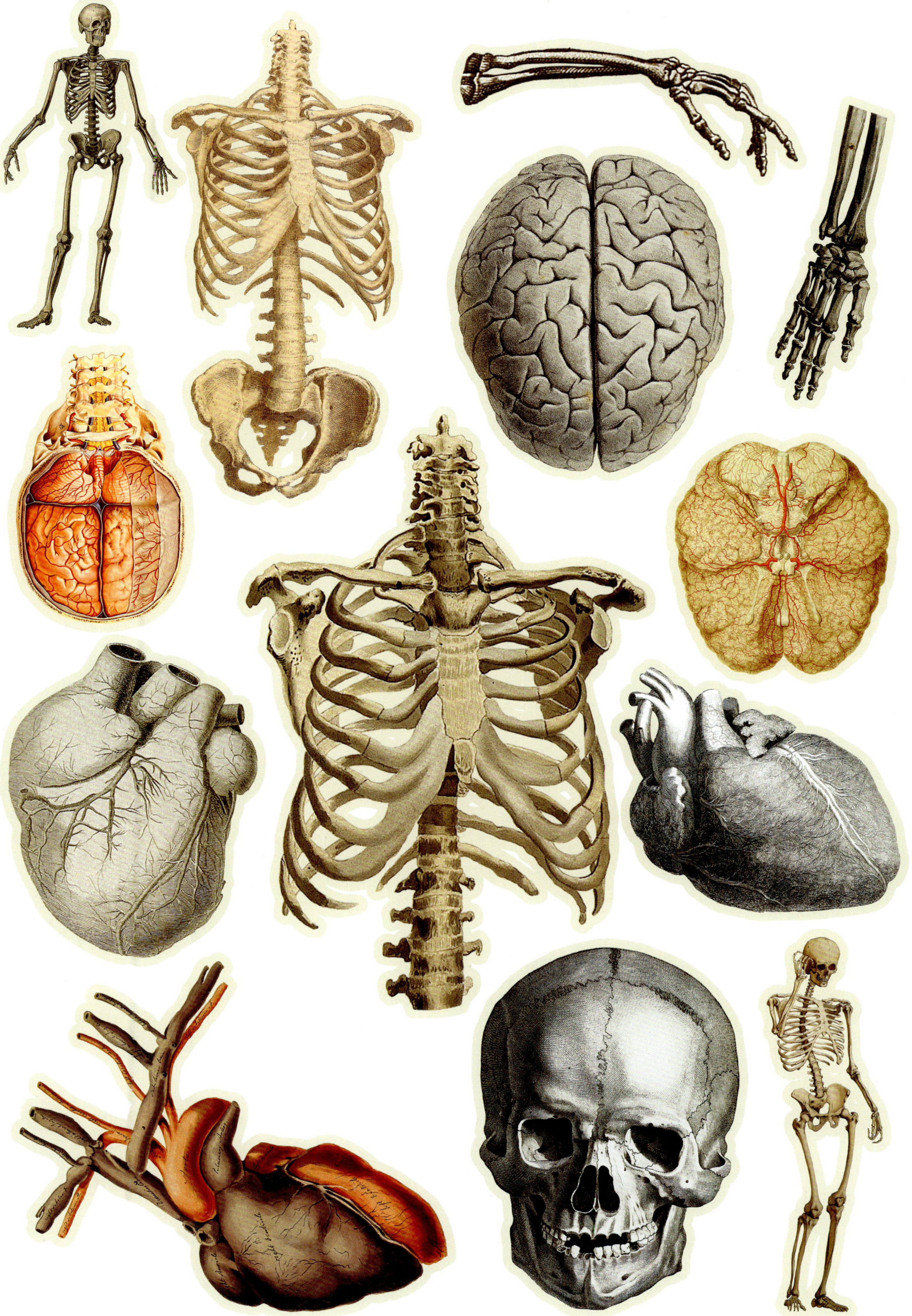

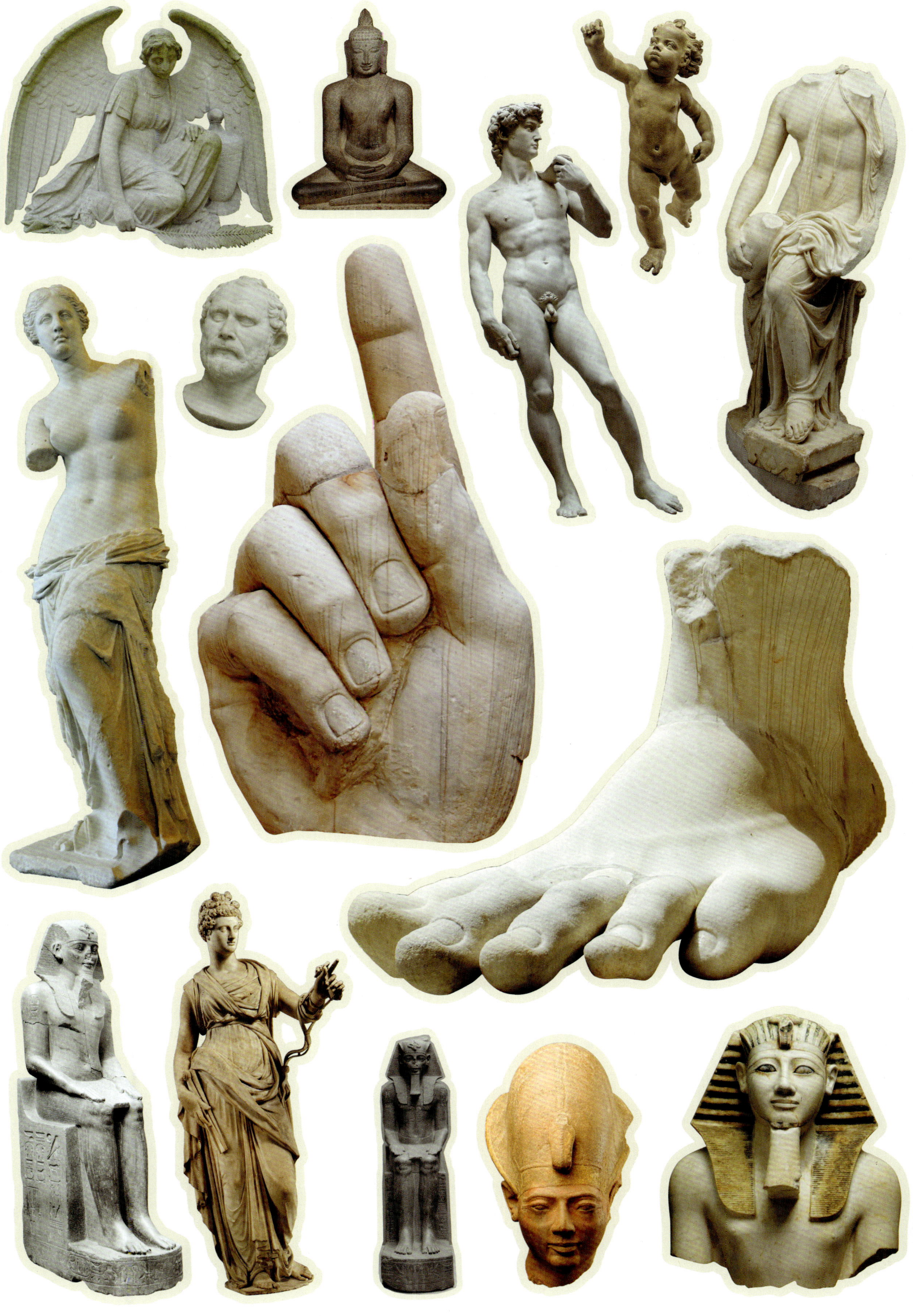

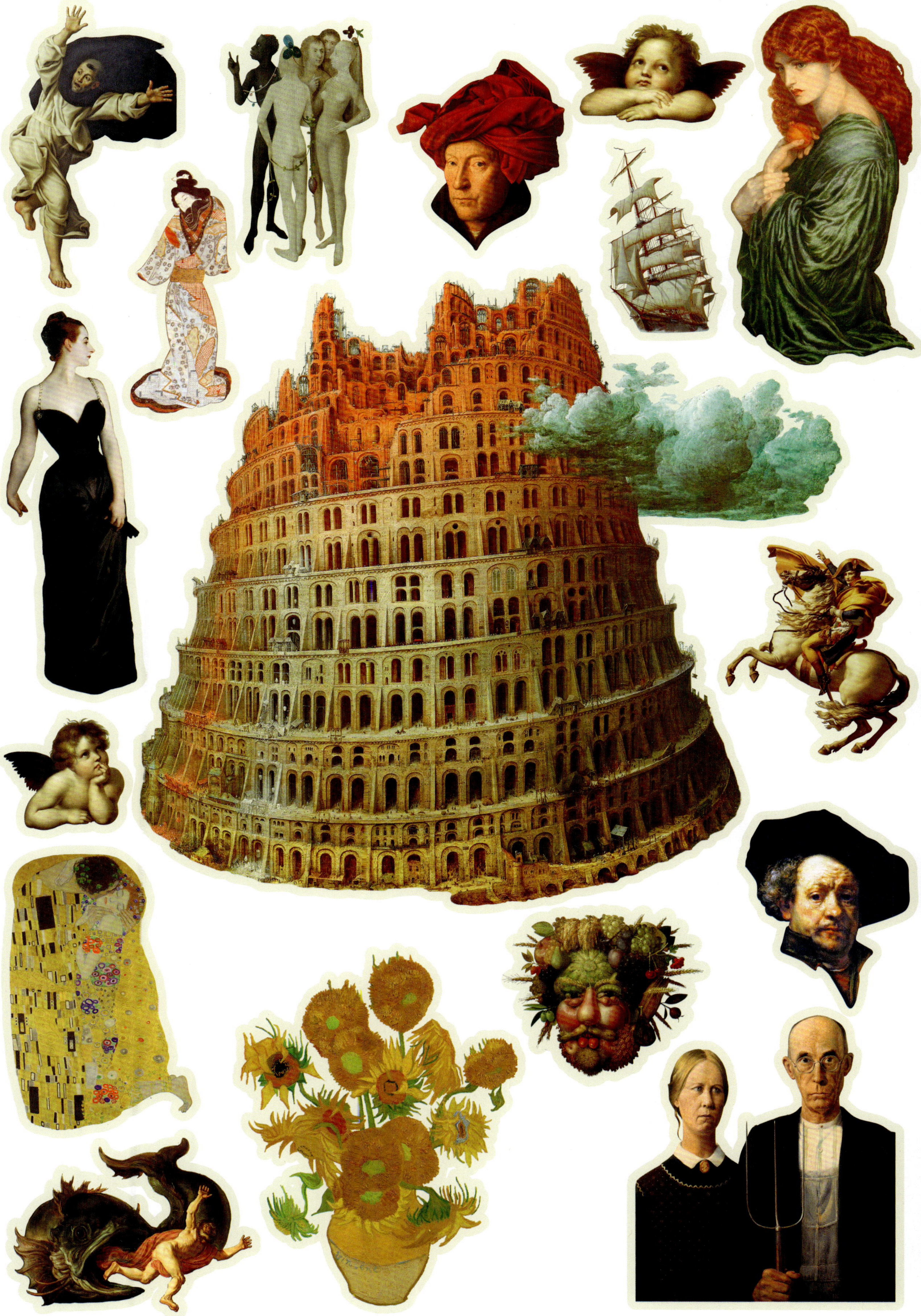

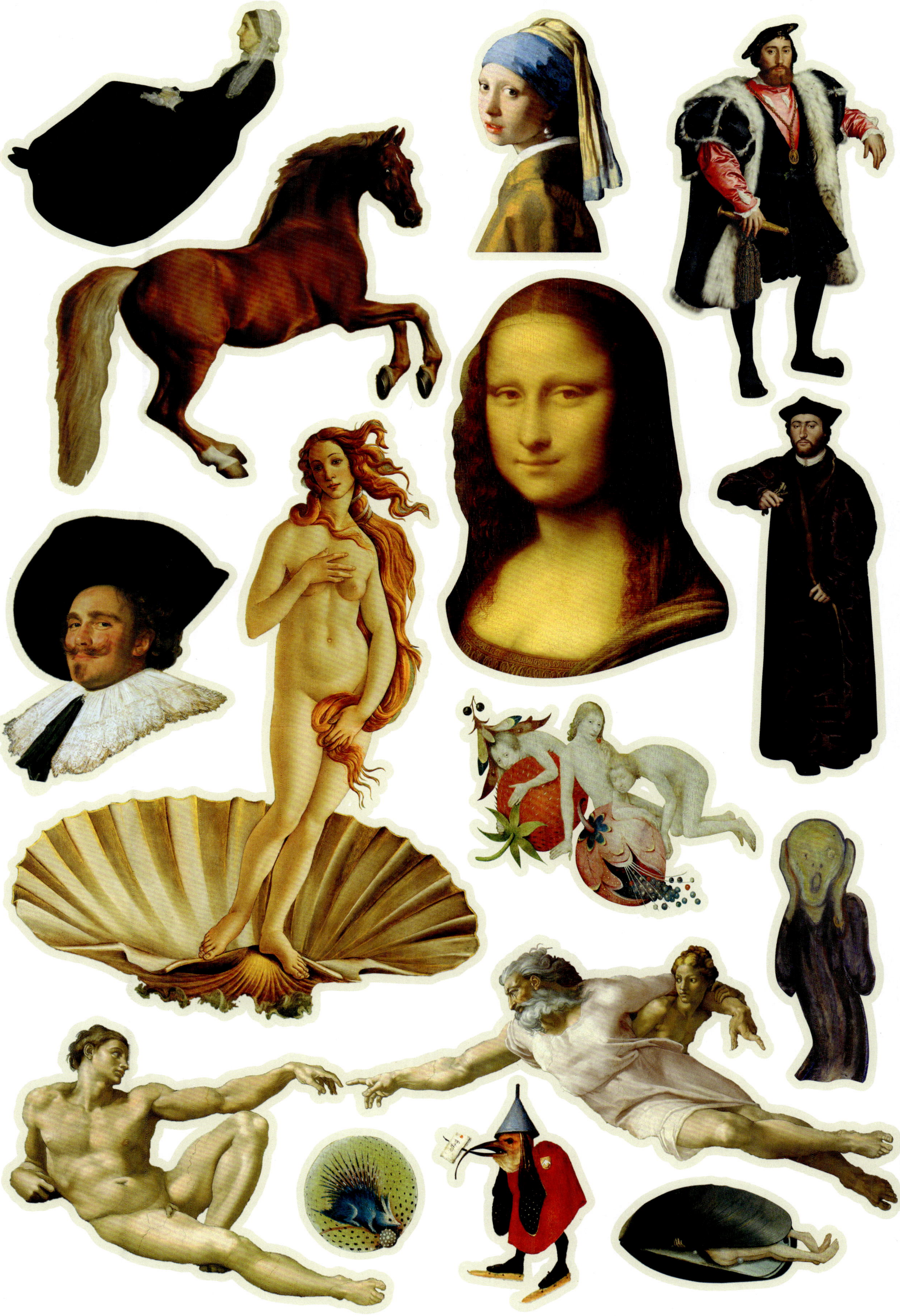

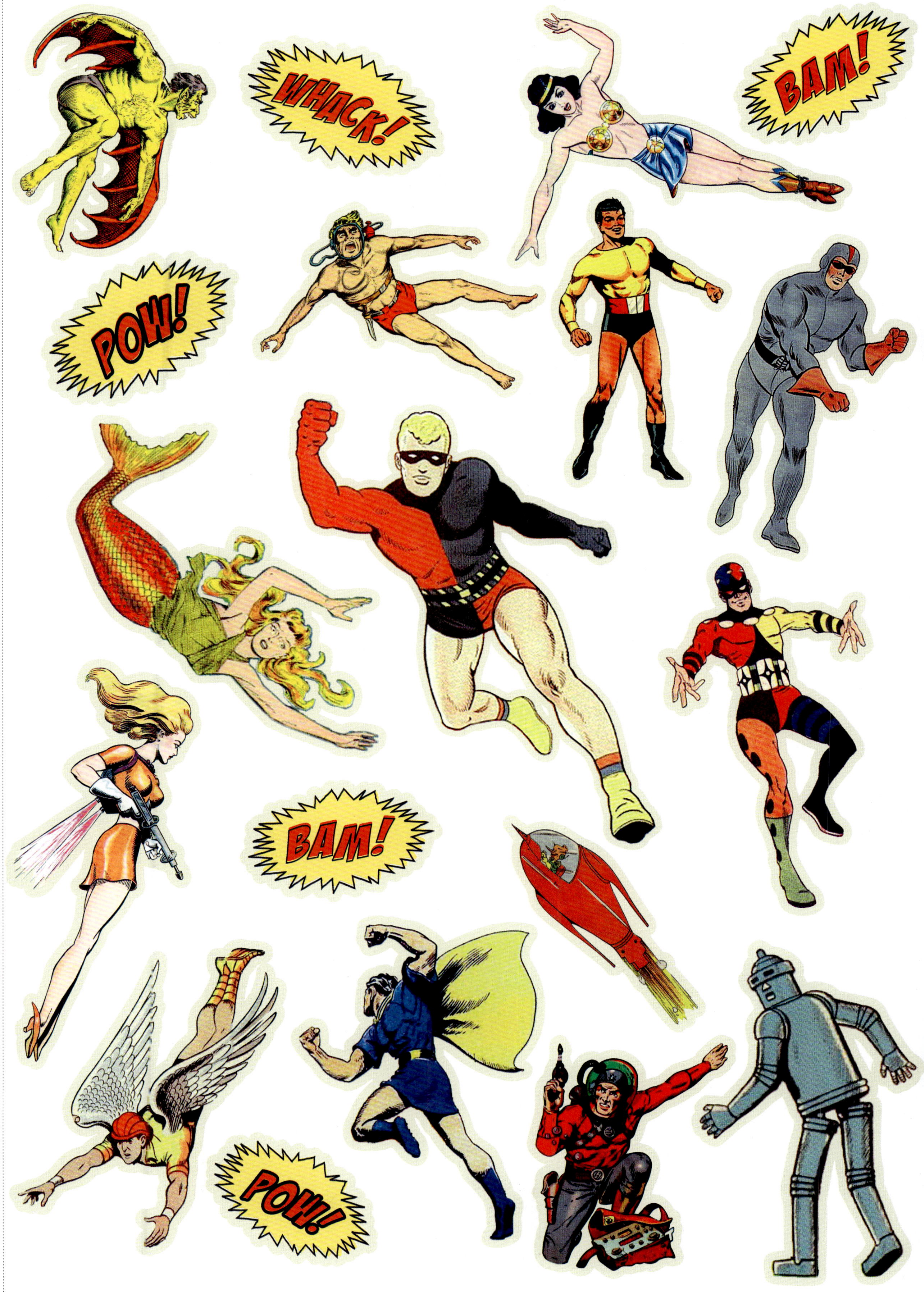
WHACK!
BAM!
POW!
BAM!
POW!

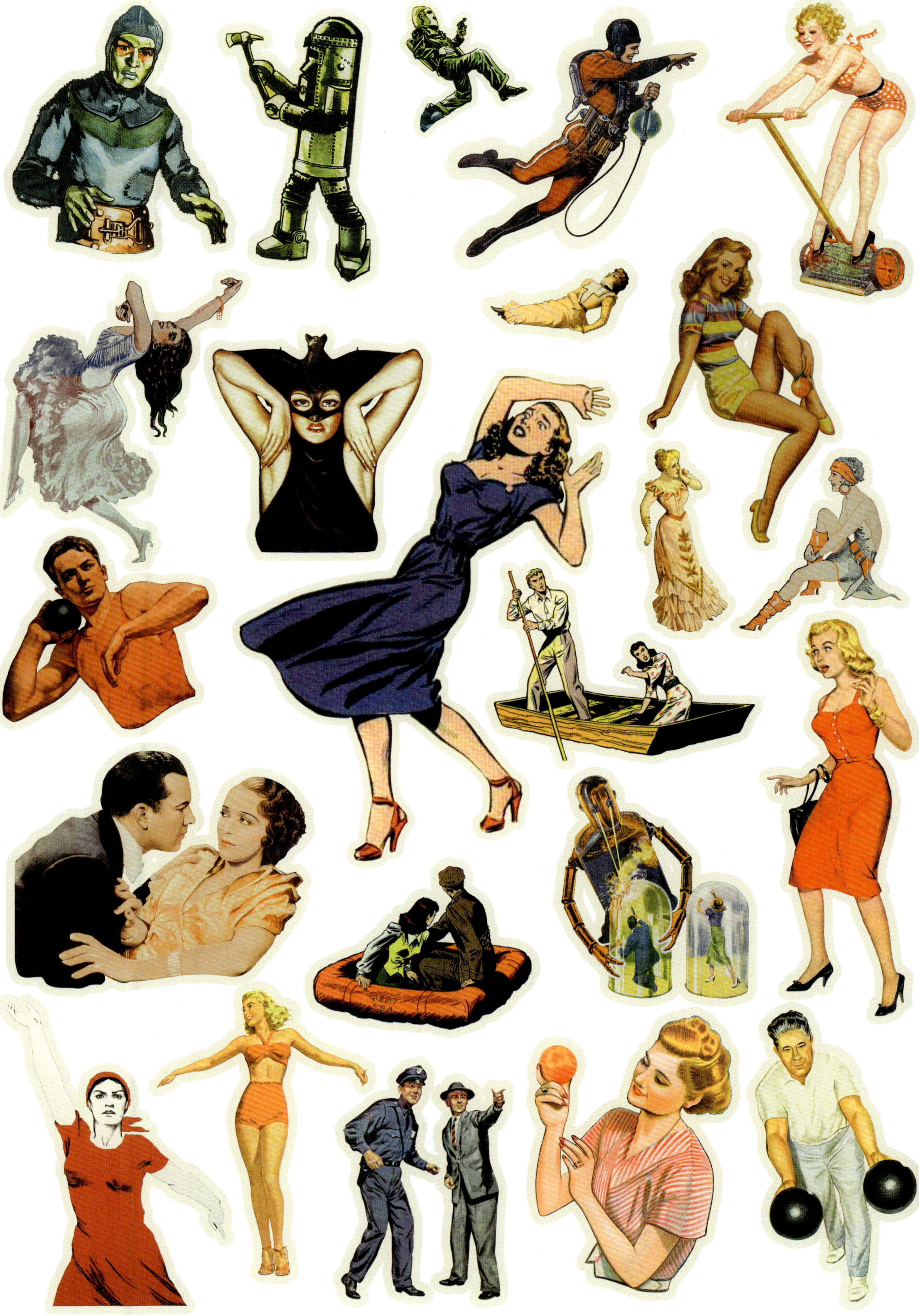

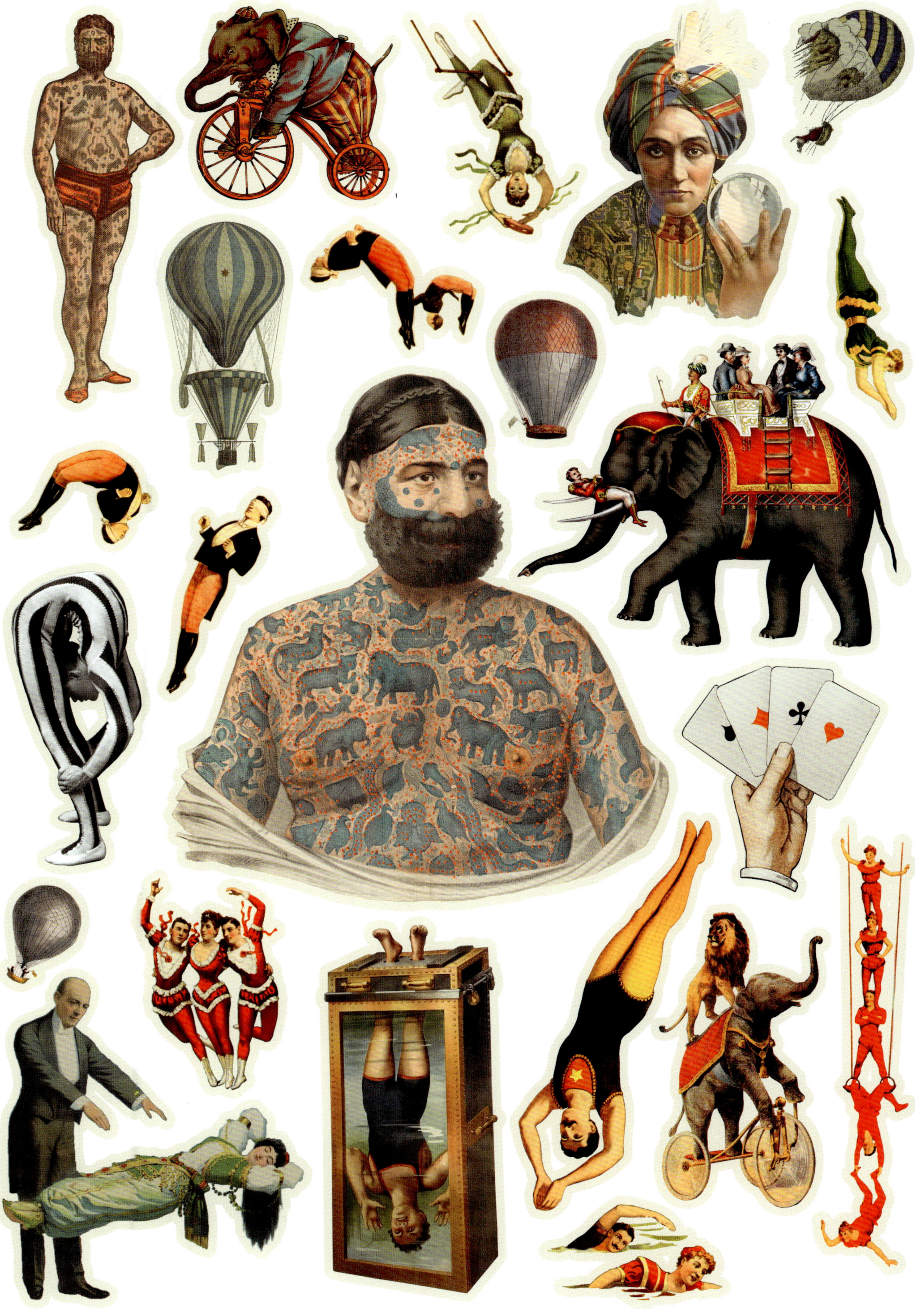

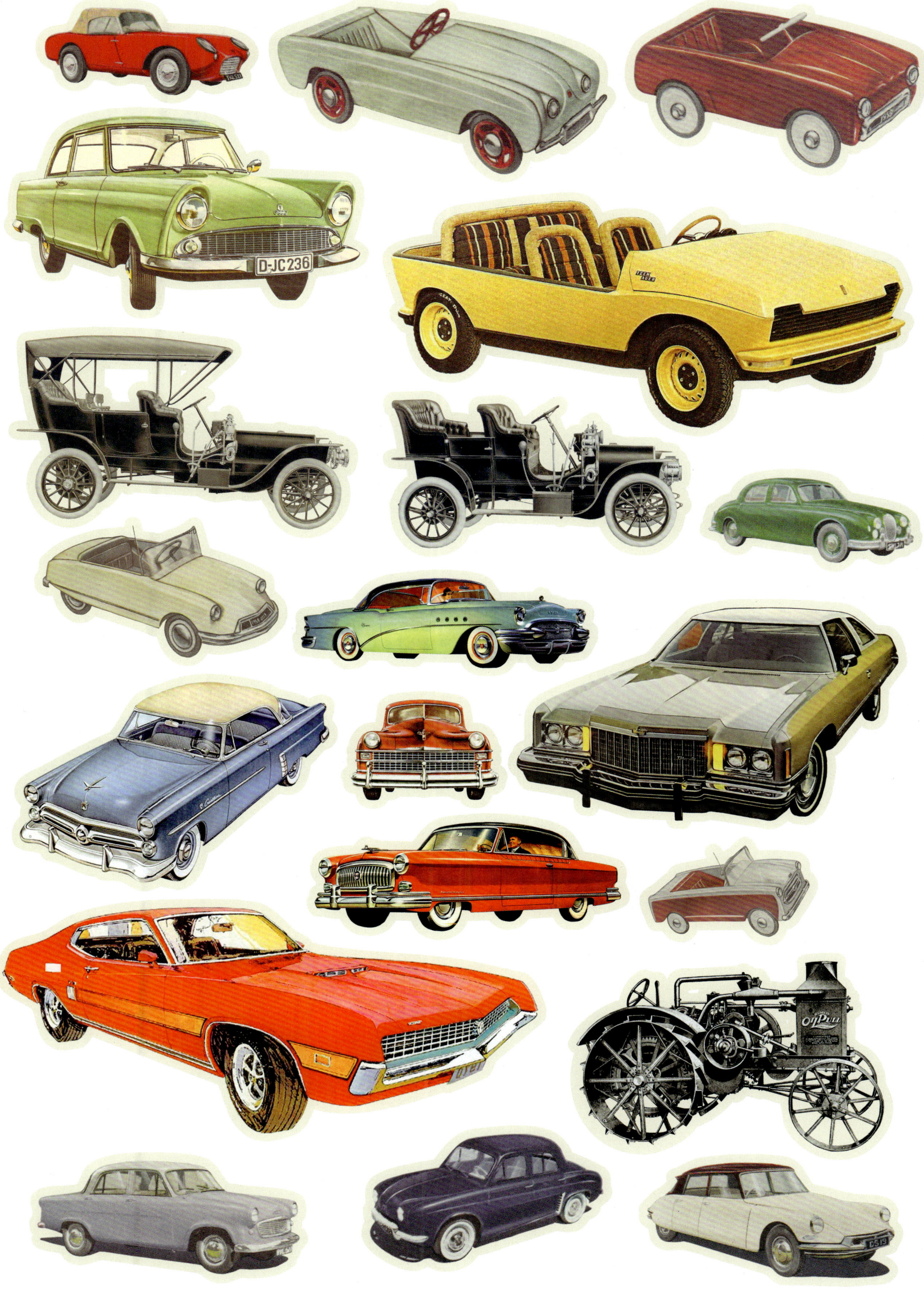
D-JC236

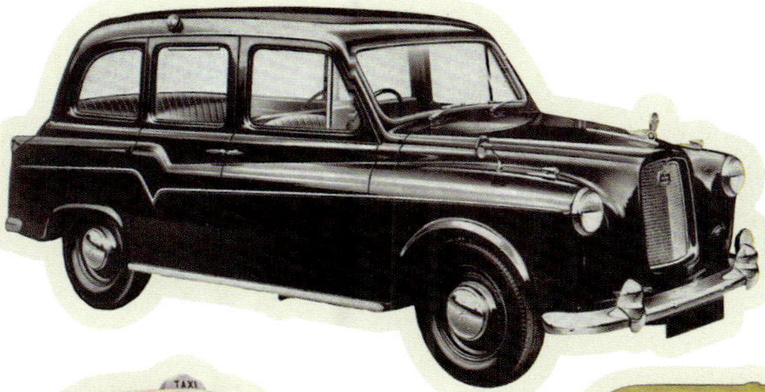
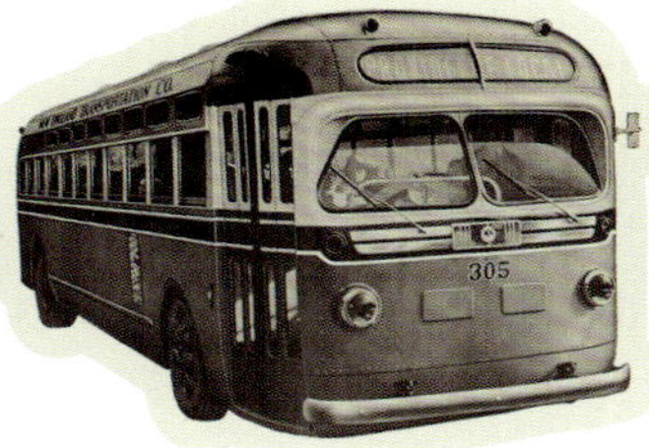
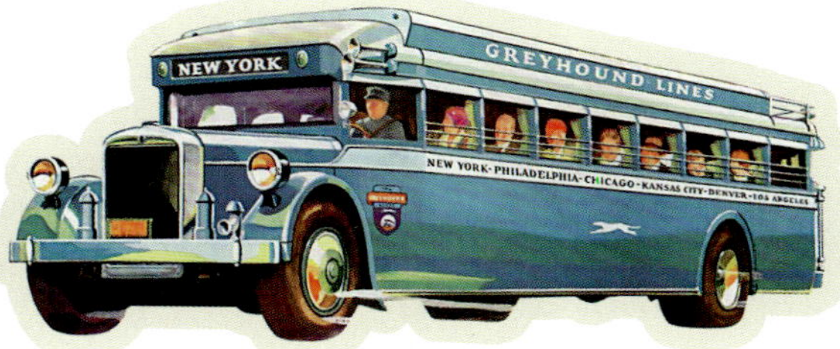
NEW YORK
GREYHOUND LINES
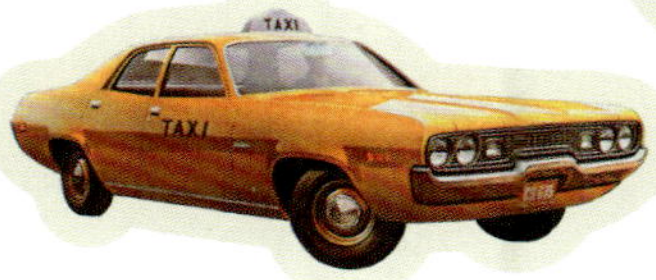
TAXI
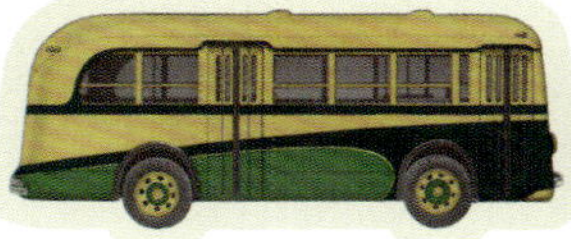
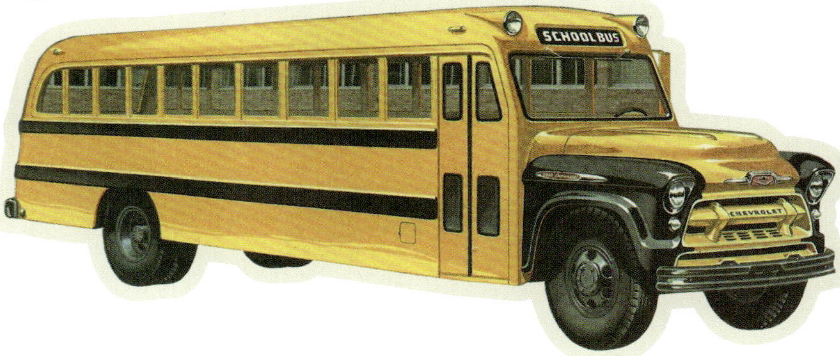
SCHOOL BUS
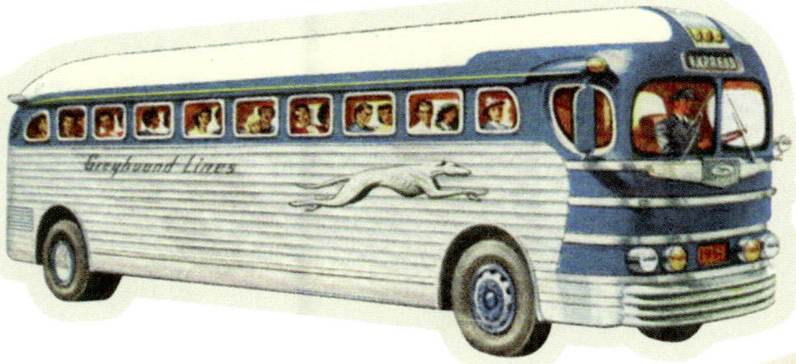
Greyhound Lines
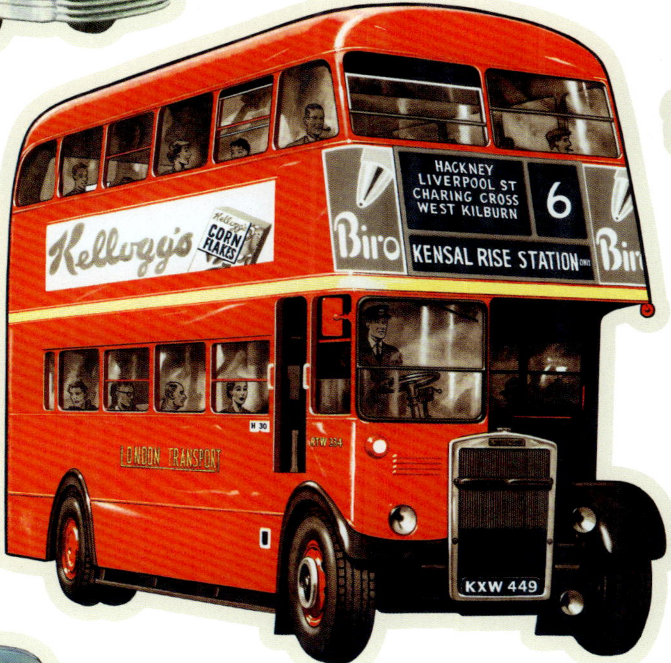
HACKNEY
LIVERPOOL ST
CHARING CROSS
WEST KILBURN
6
KENSAL RISE STATION
Biro
Kellogg's
CORN FLAKES
LONDON TRANSPORT
KXW 449
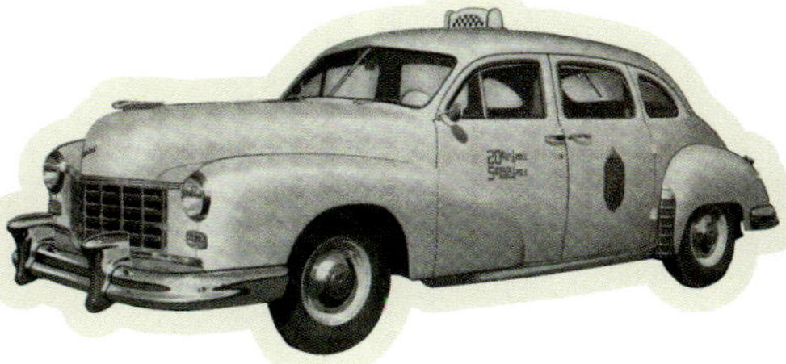
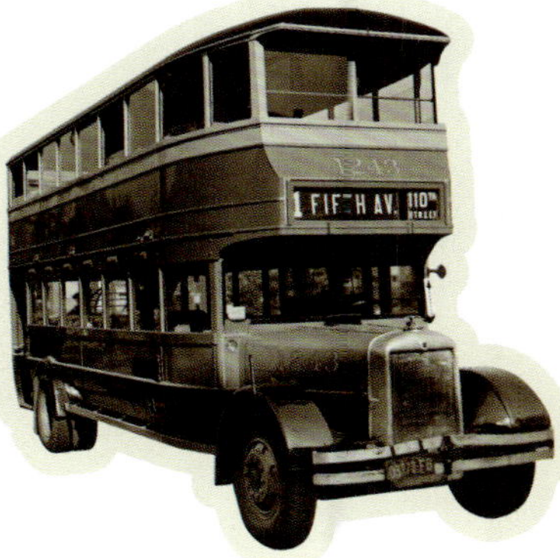
FIFTH AV.
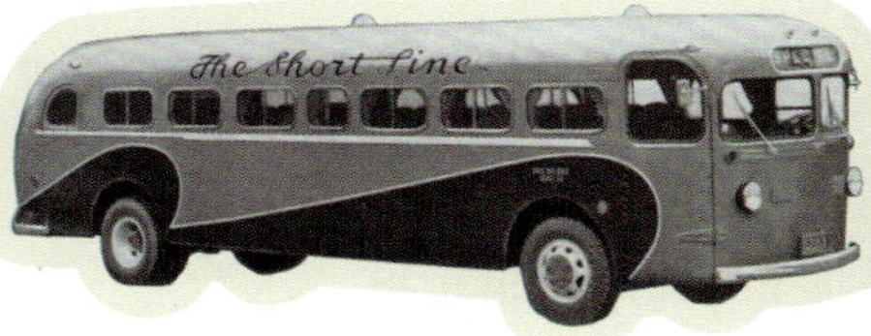
The Short Line
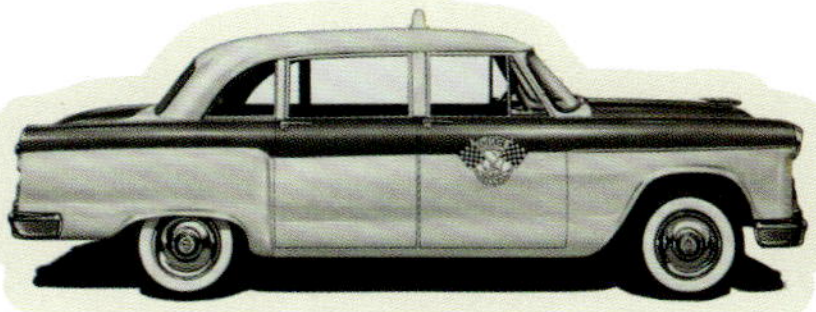
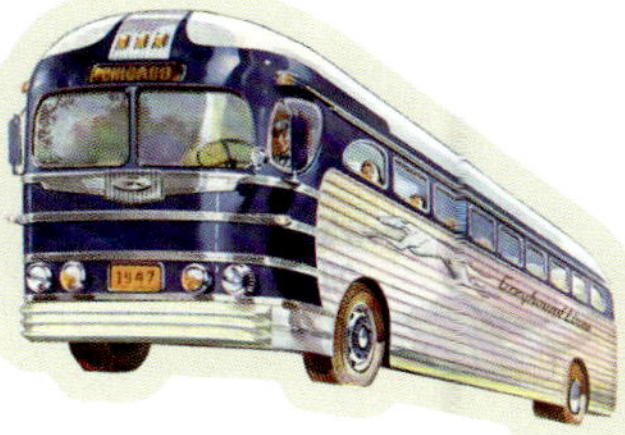
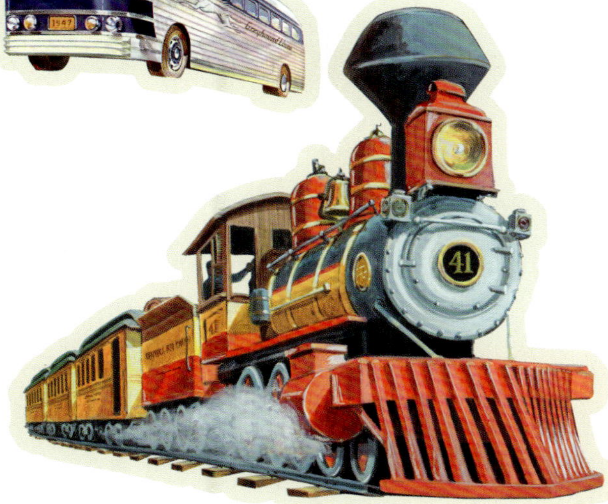
41
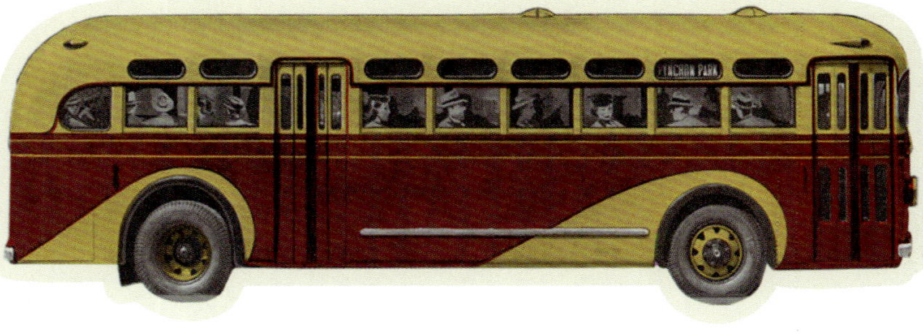
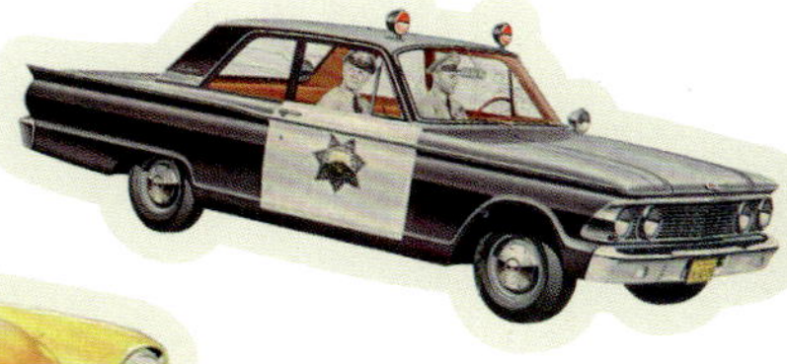
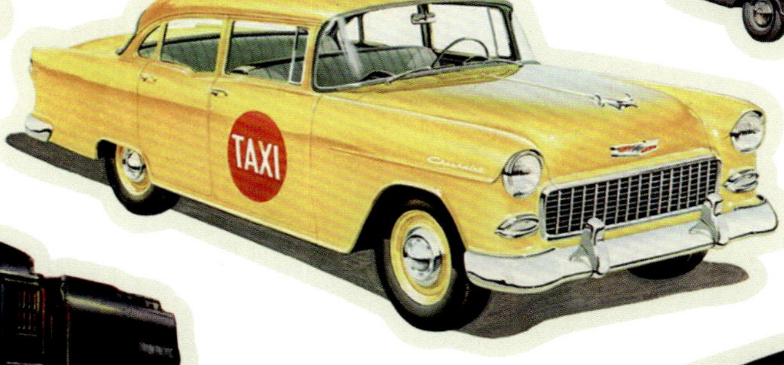
TAXI
TAXI
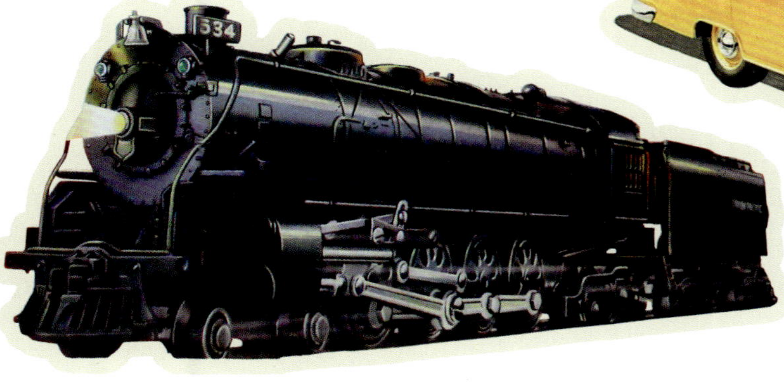
534
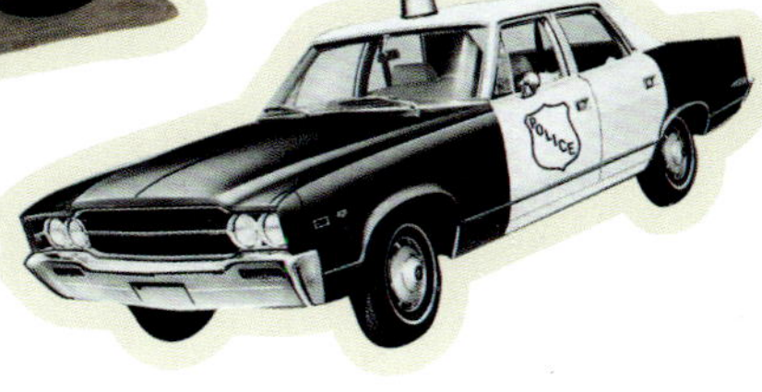

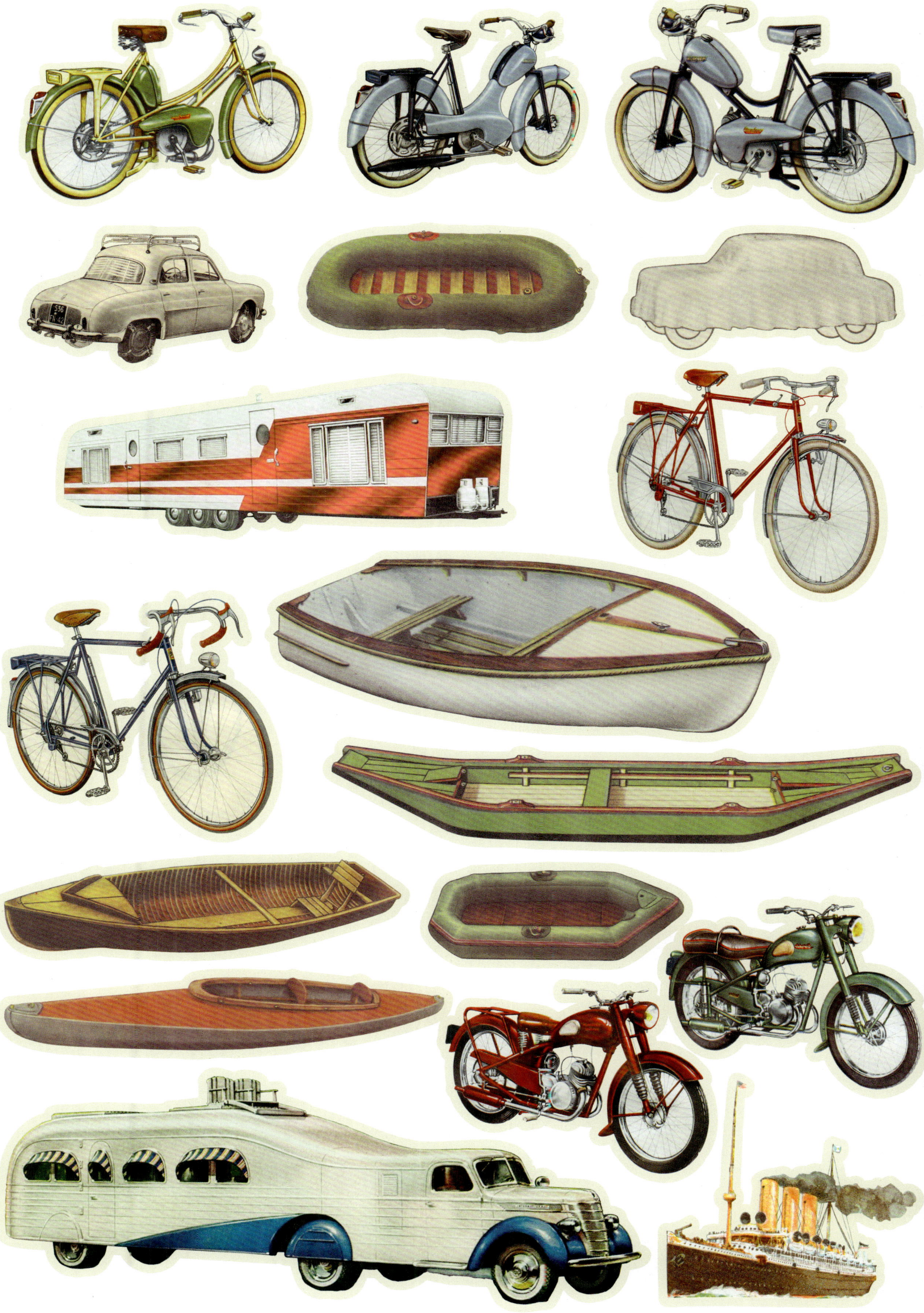

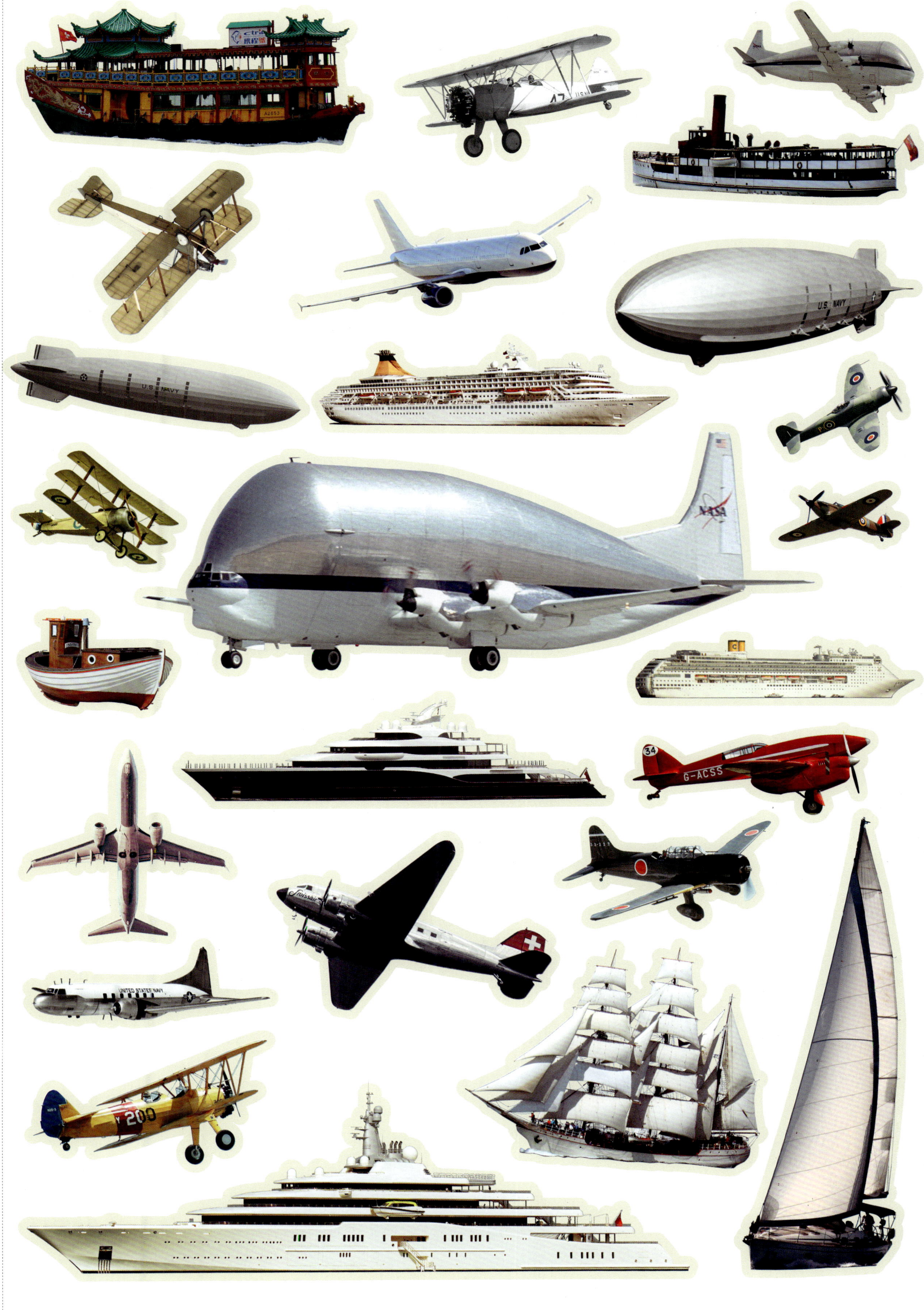
U.S. NAVY
U.S. NAVY
NASA
34
G-ACSS
UNITED STATES NAVY
200

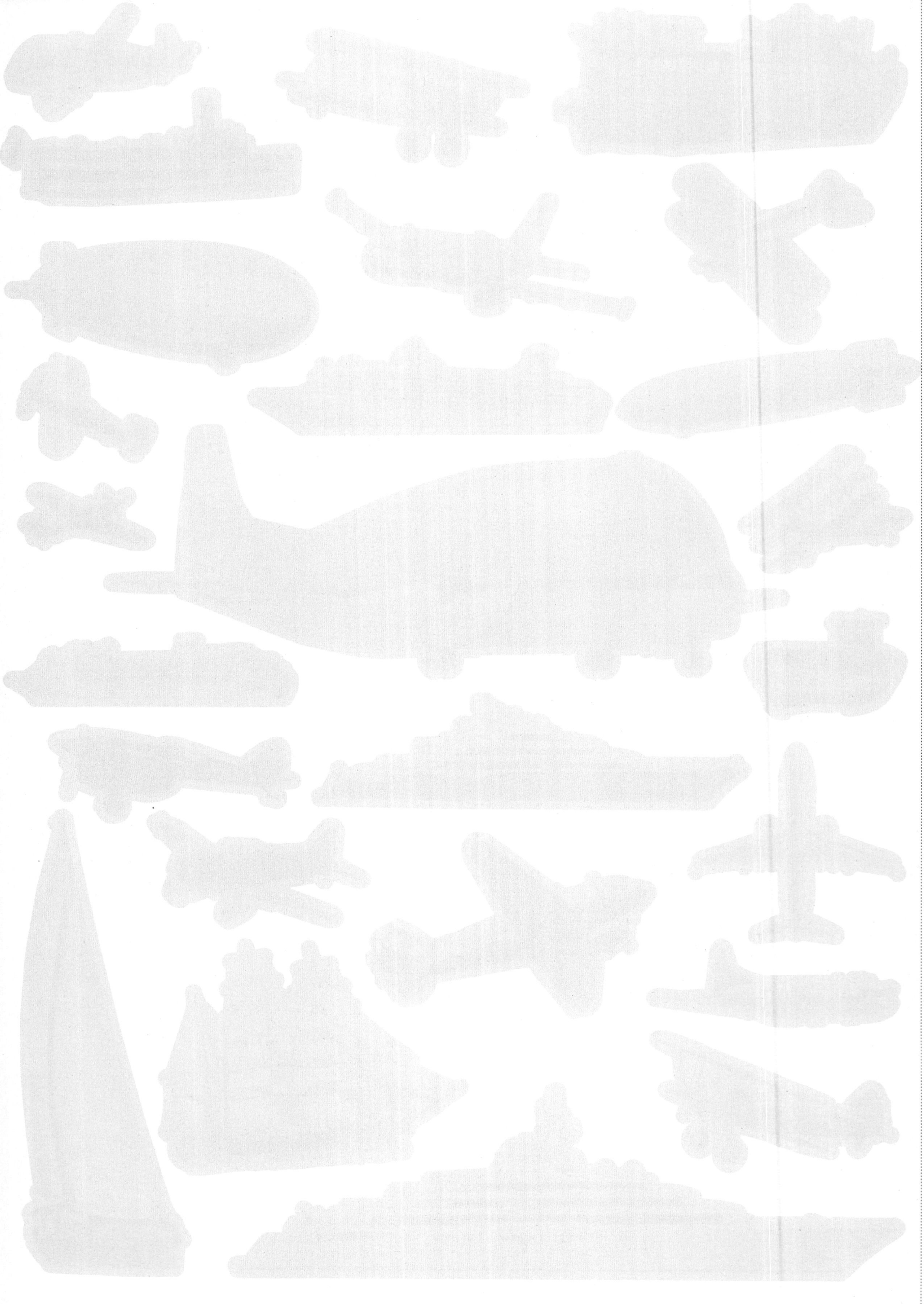

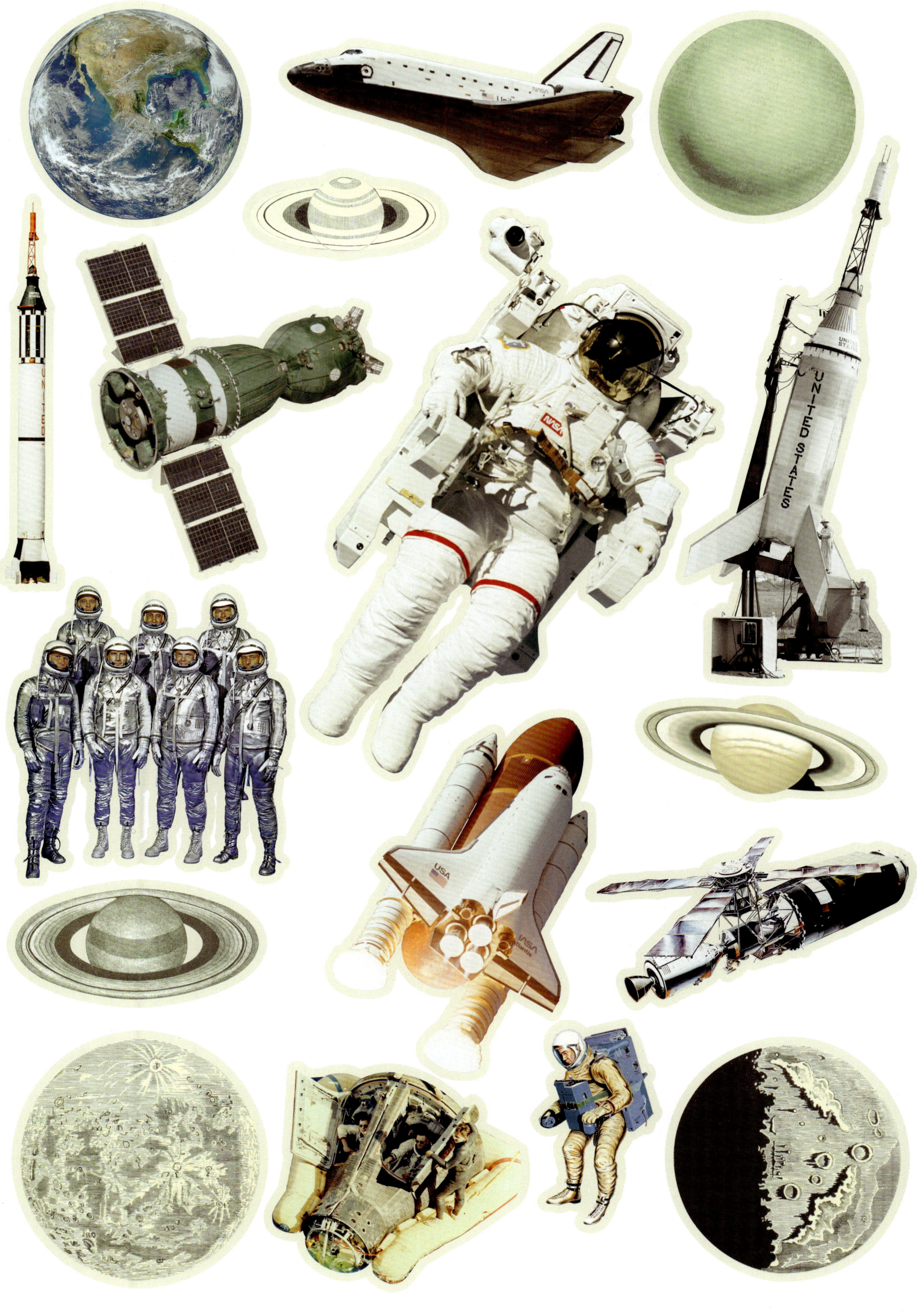
UNITED STATES
USA
NASA

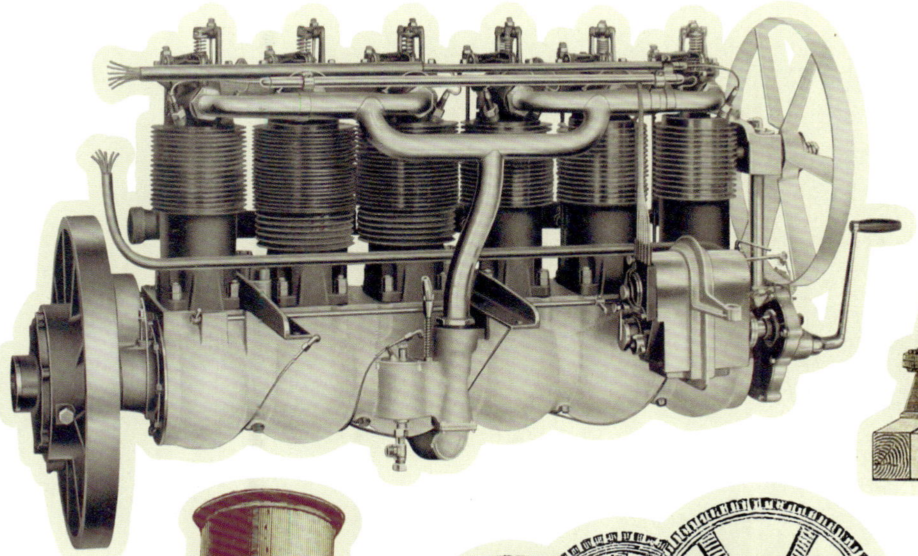

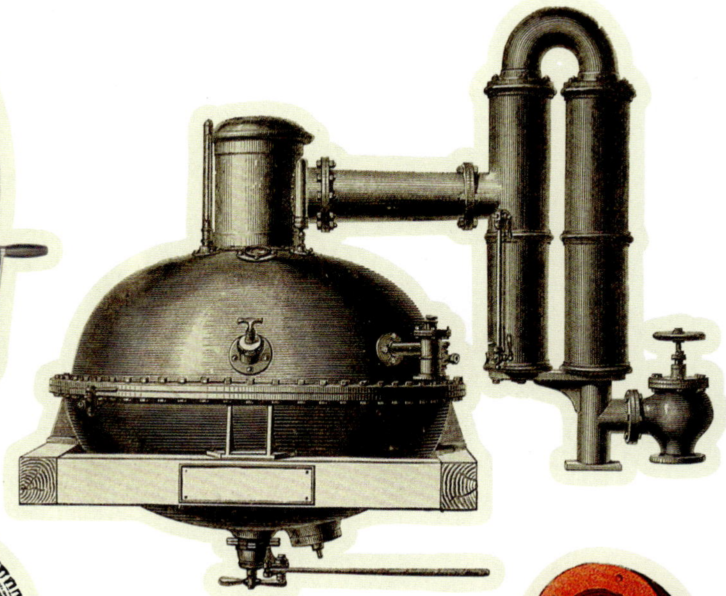

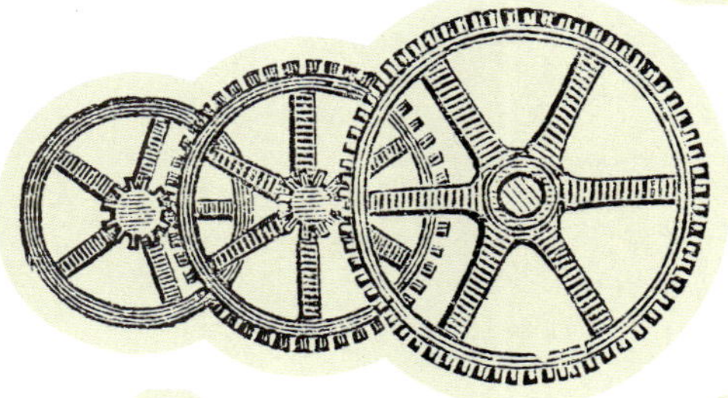

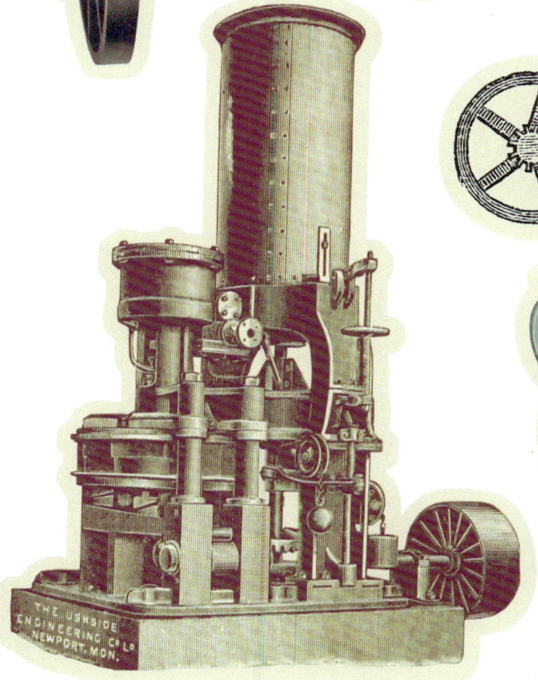
THE USKSIDE
ENGINEERING Co Ld
NEWPORT, MON.

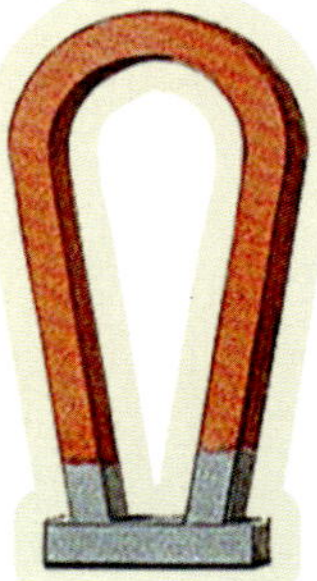

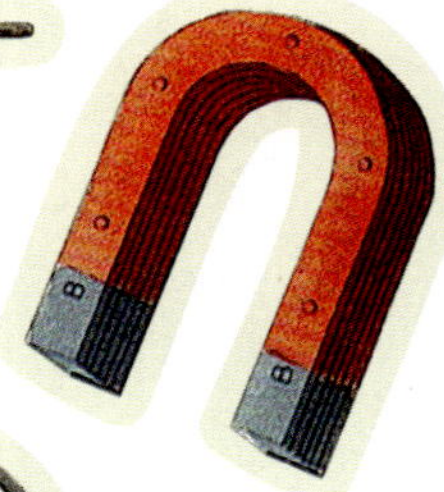

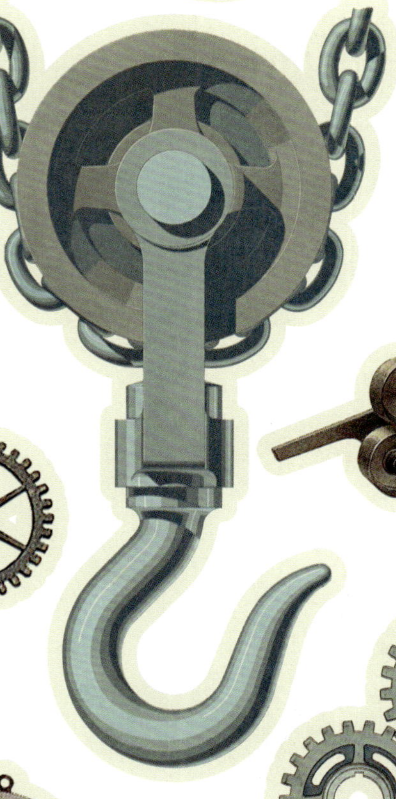

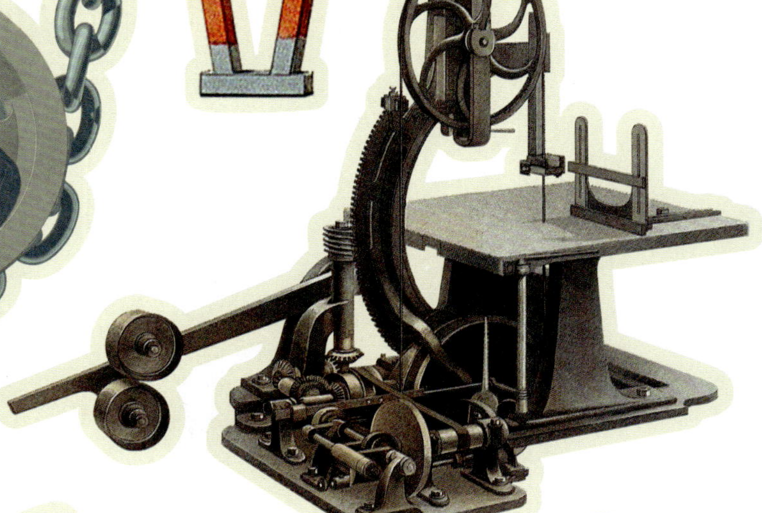

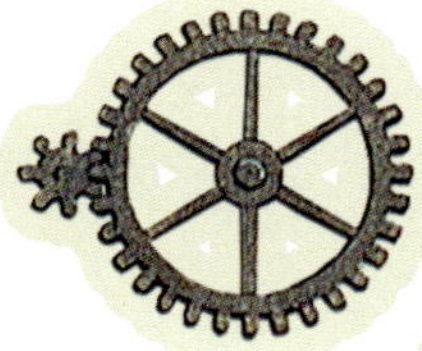

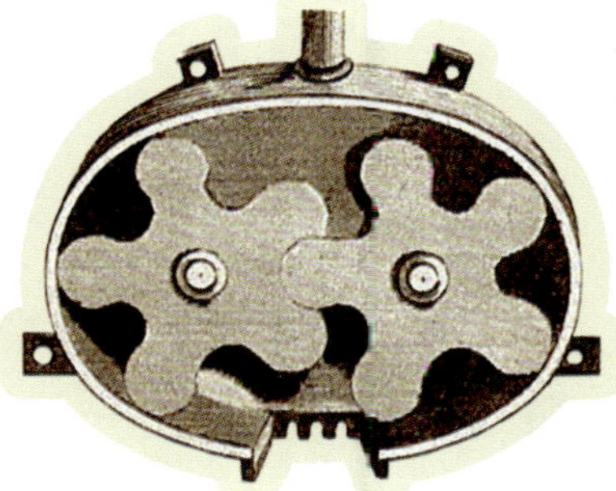

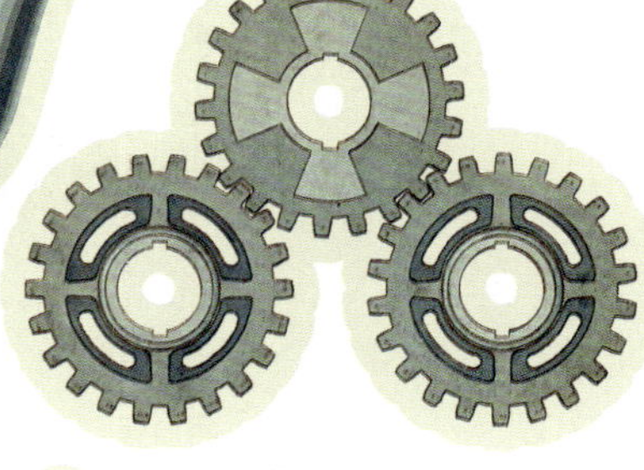

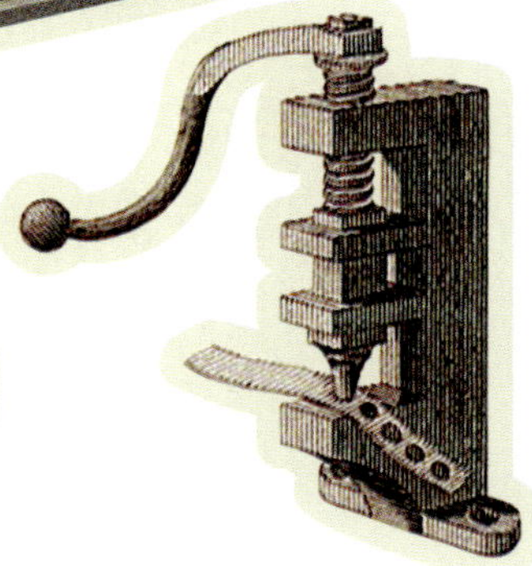

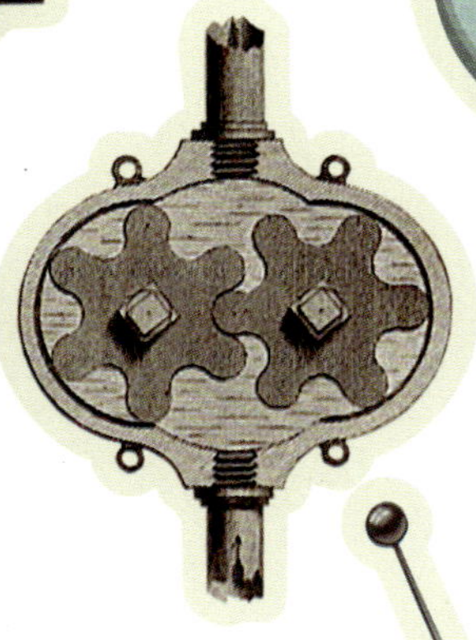

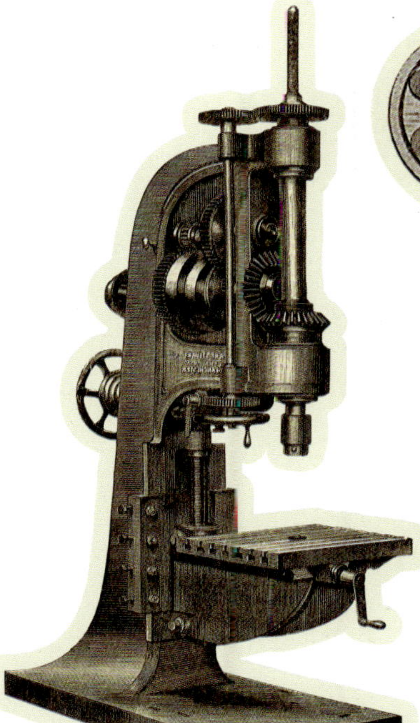

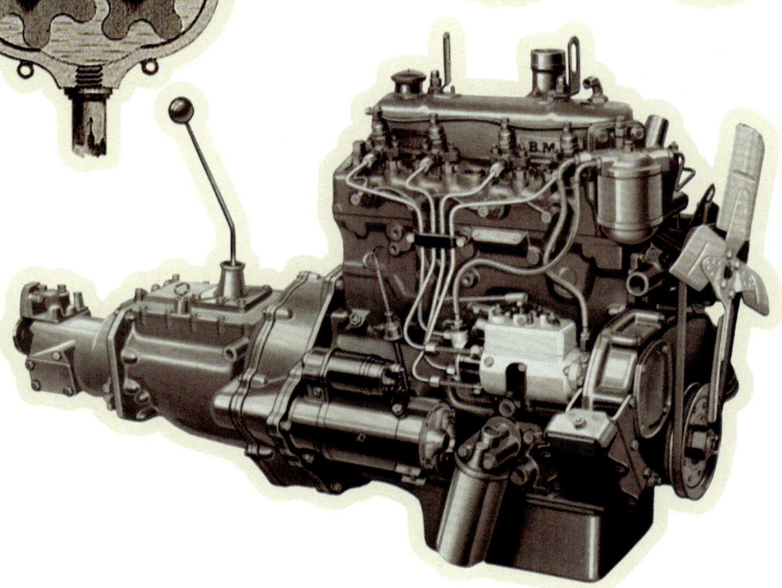

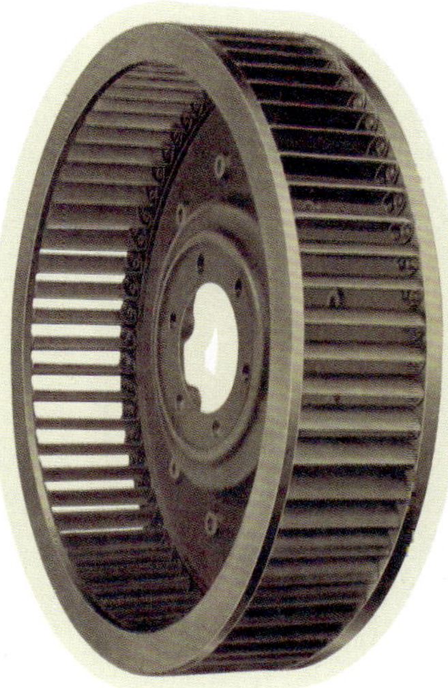

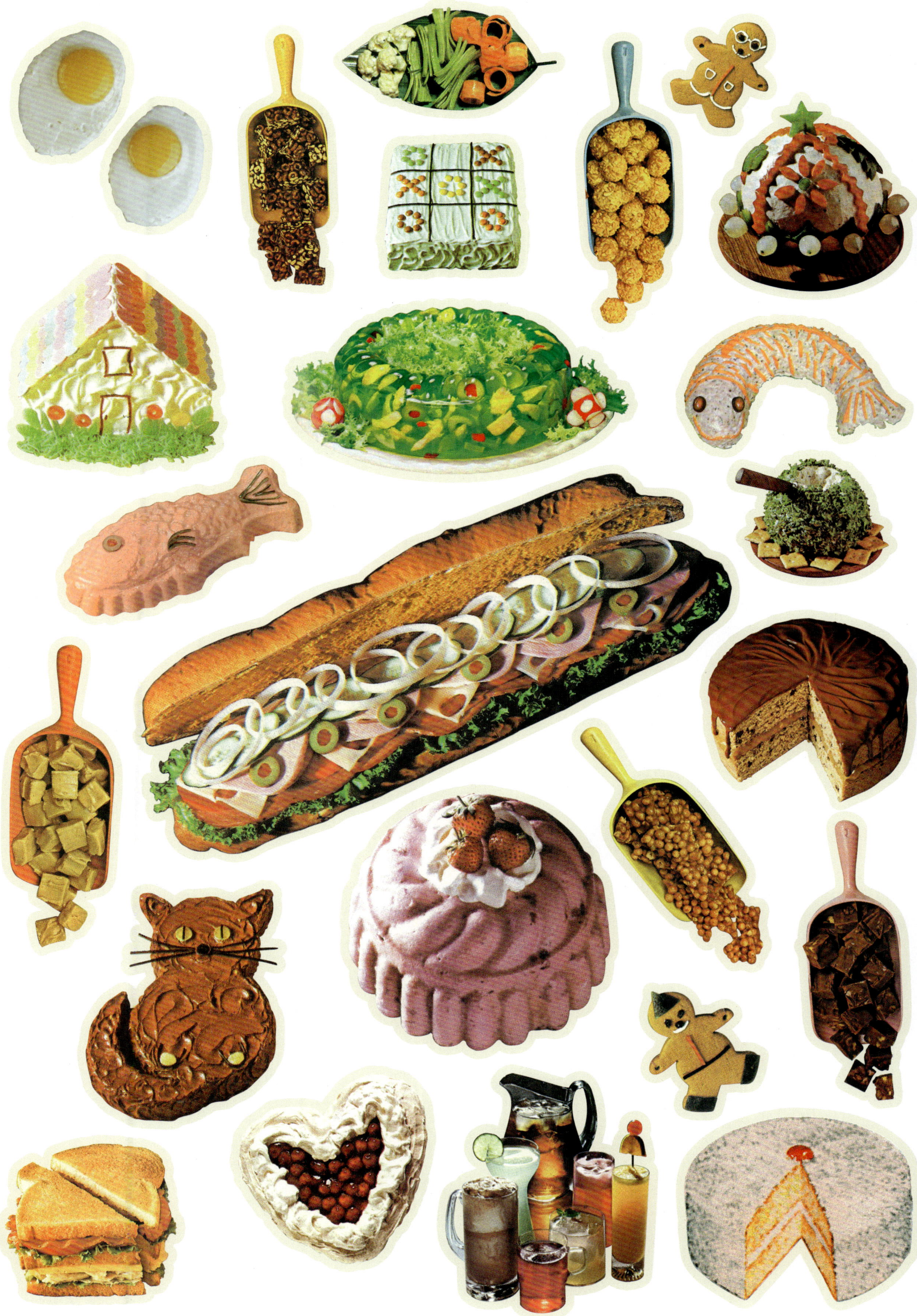

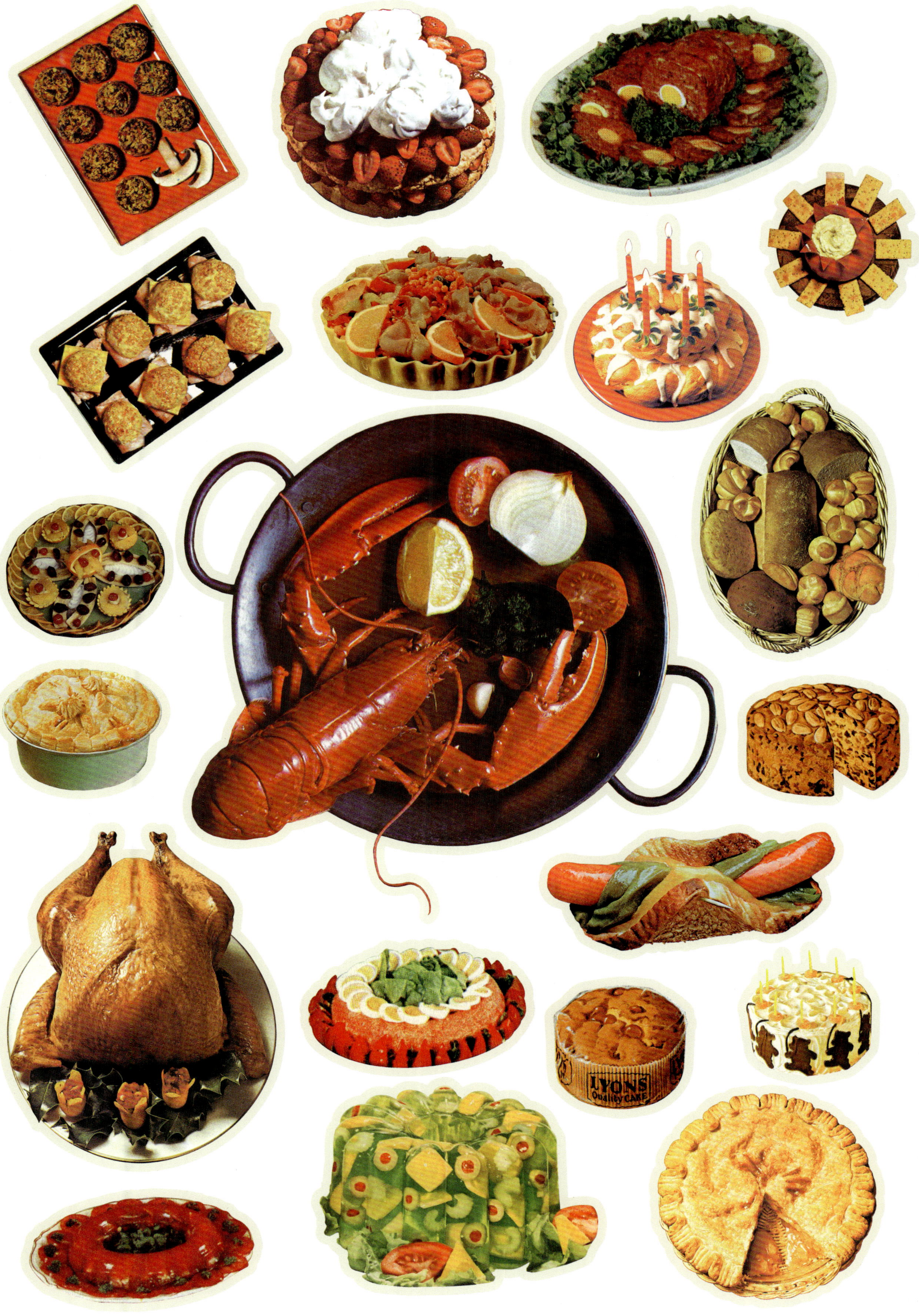
LYONS
Quality CAKE

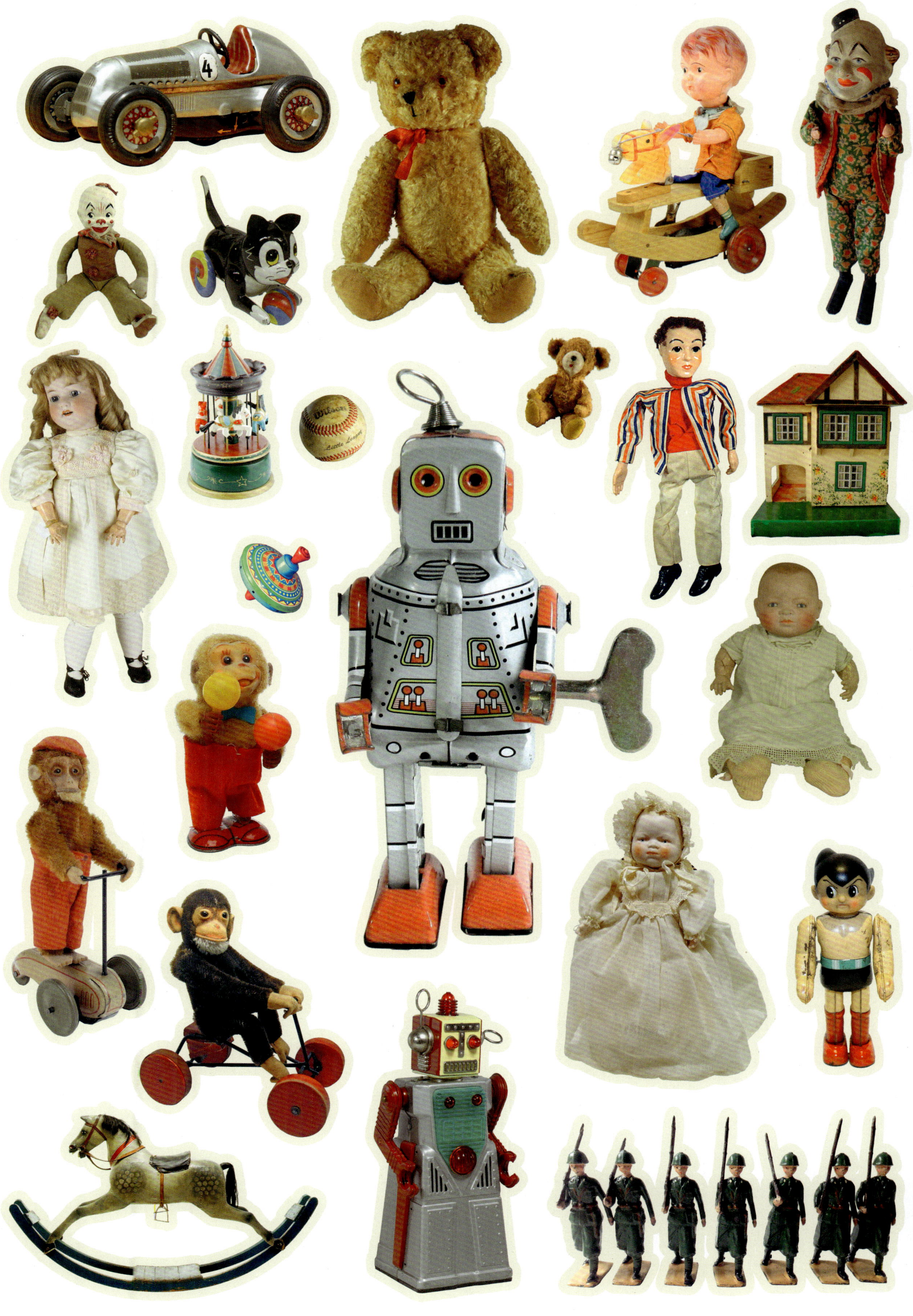
4

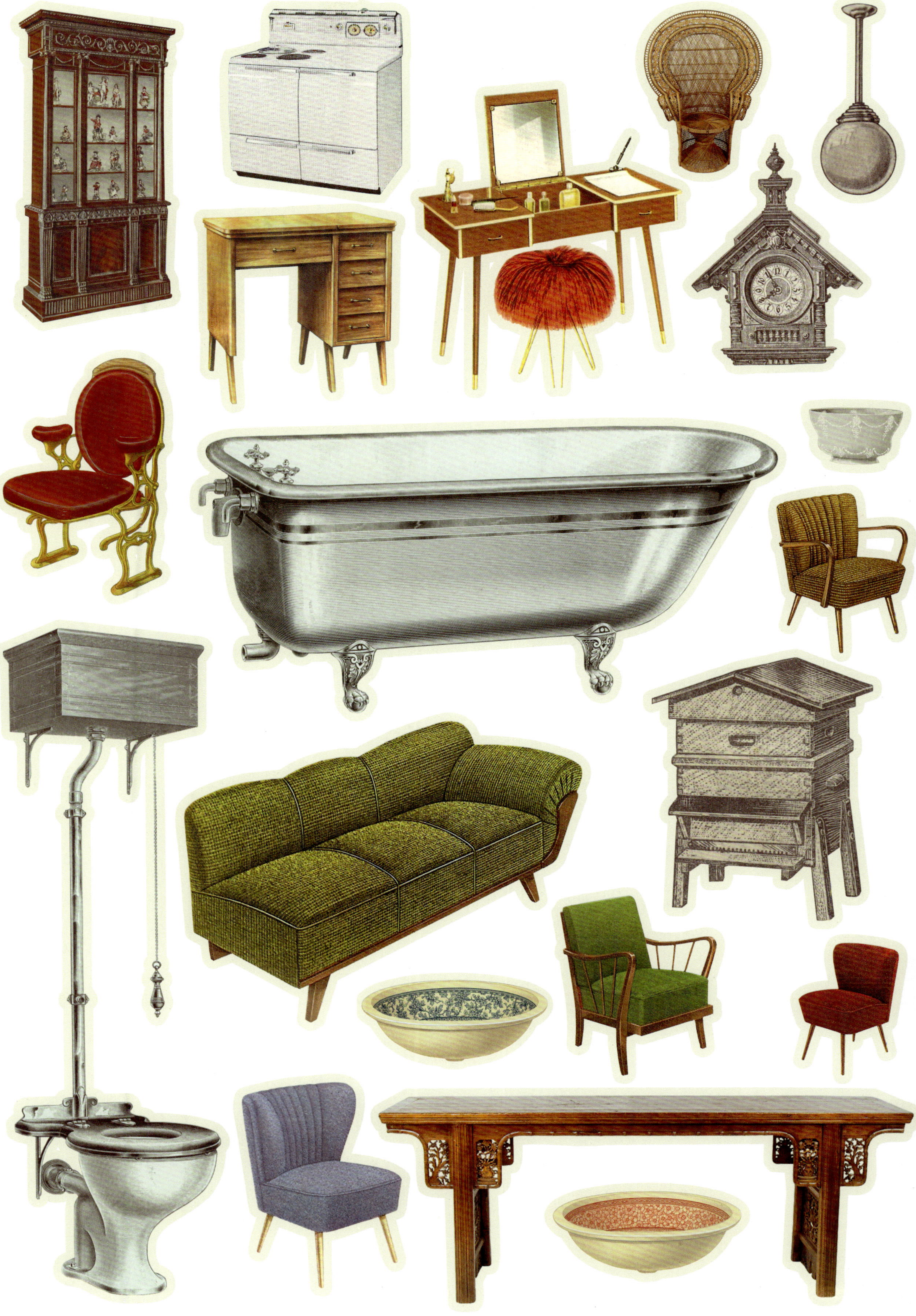

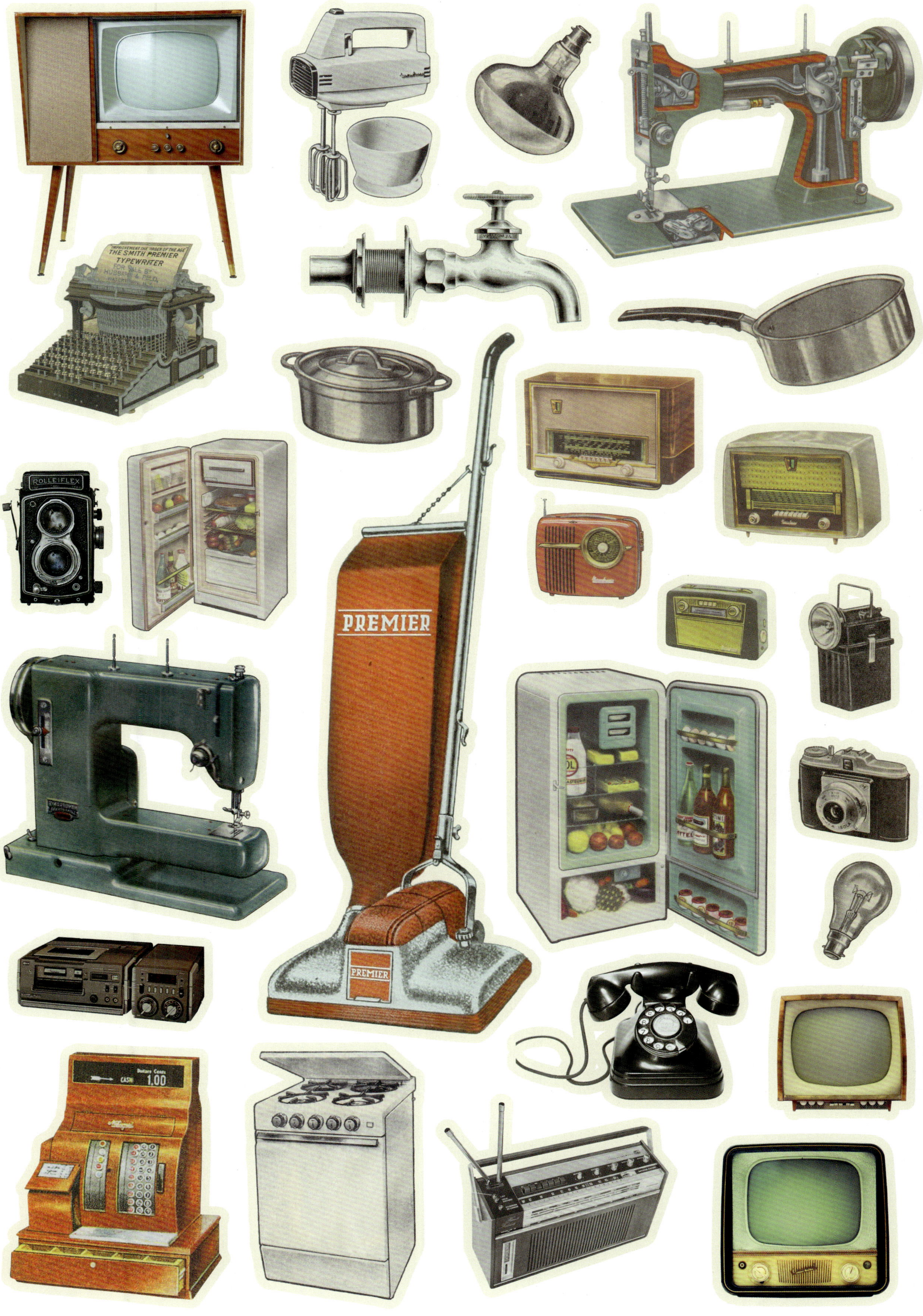
THE SMITH PREMIER
TYPEWRITER
ROLLEIFLEX
PREMIER
PREMIER
CASH 1.00

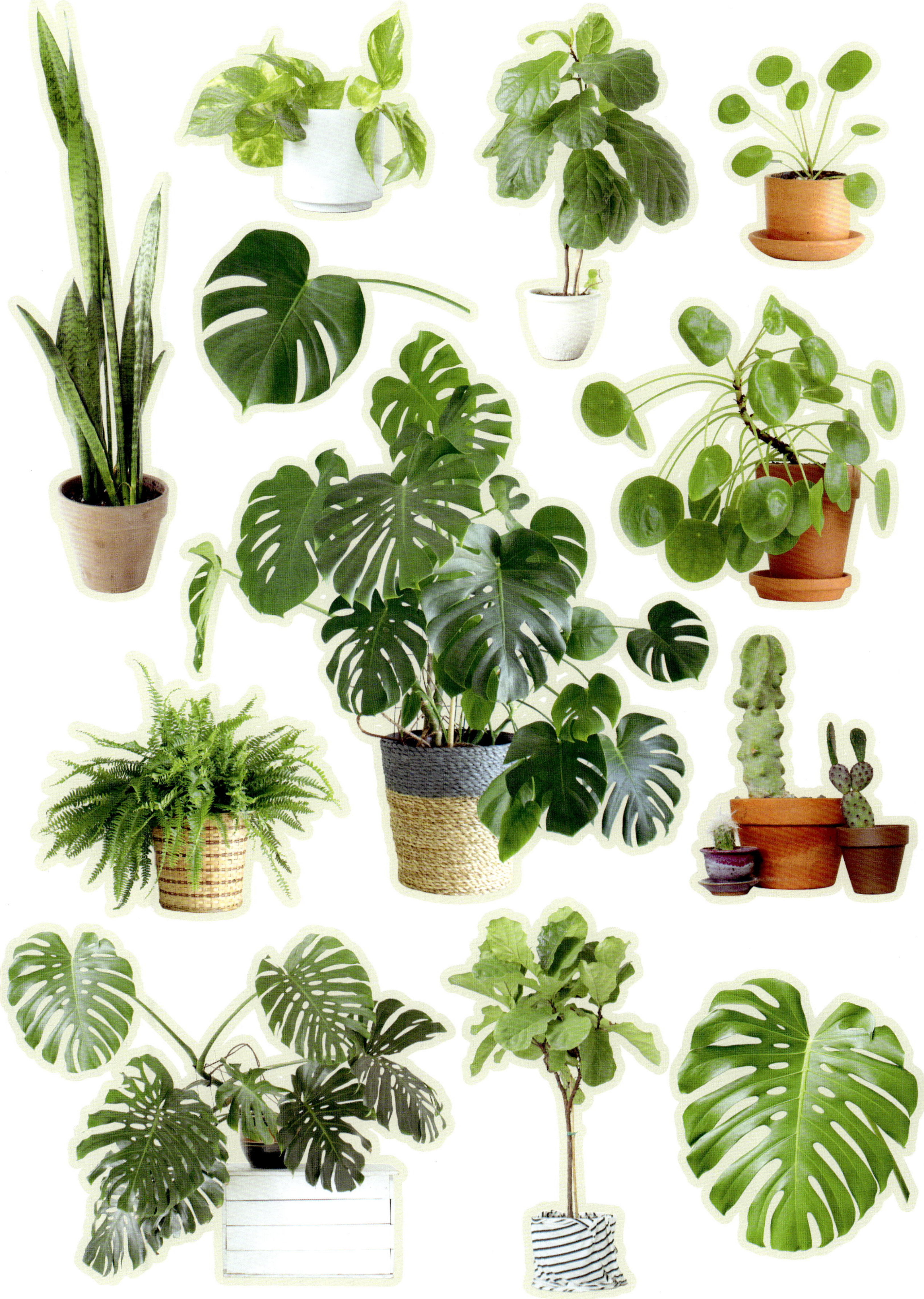

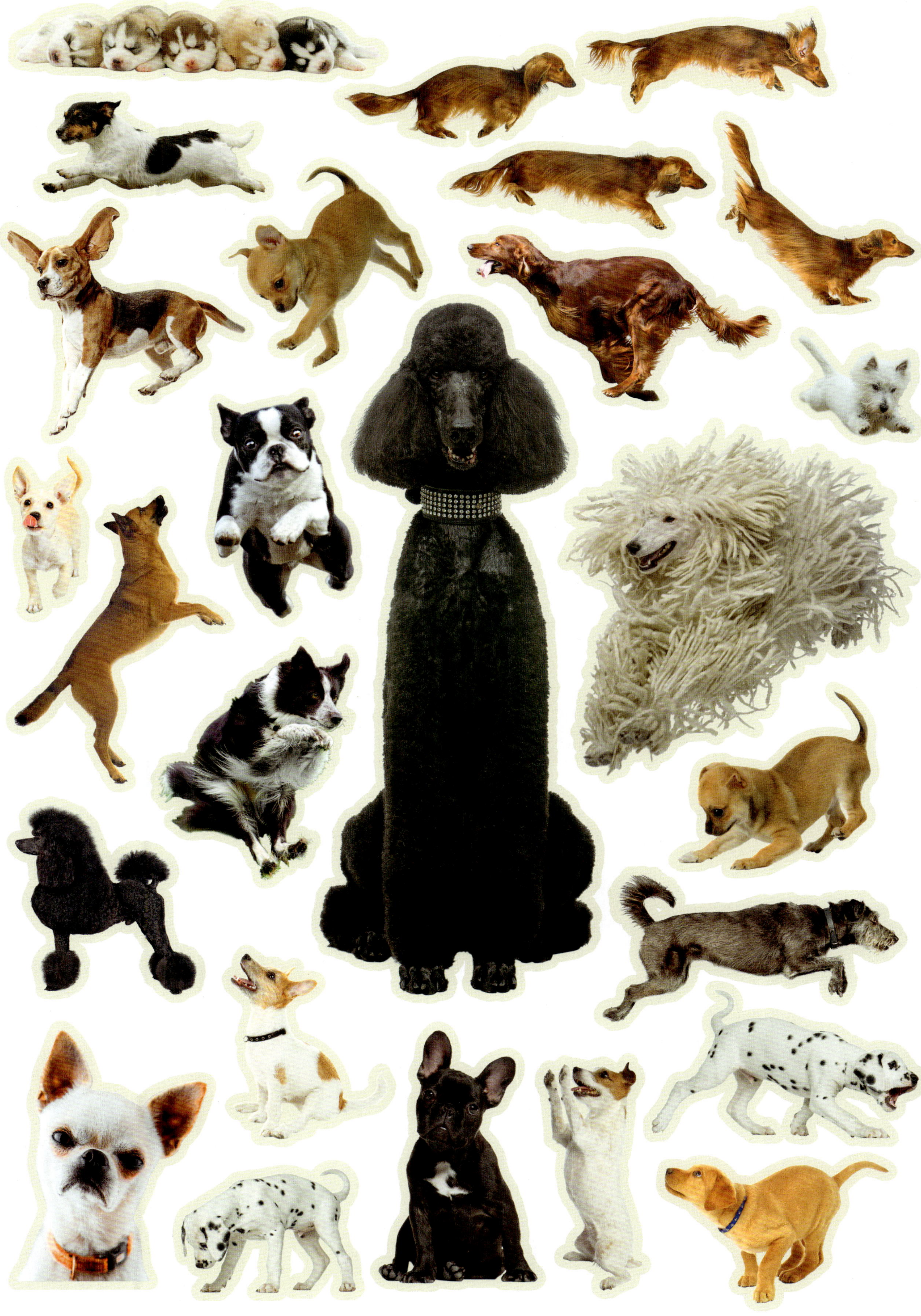

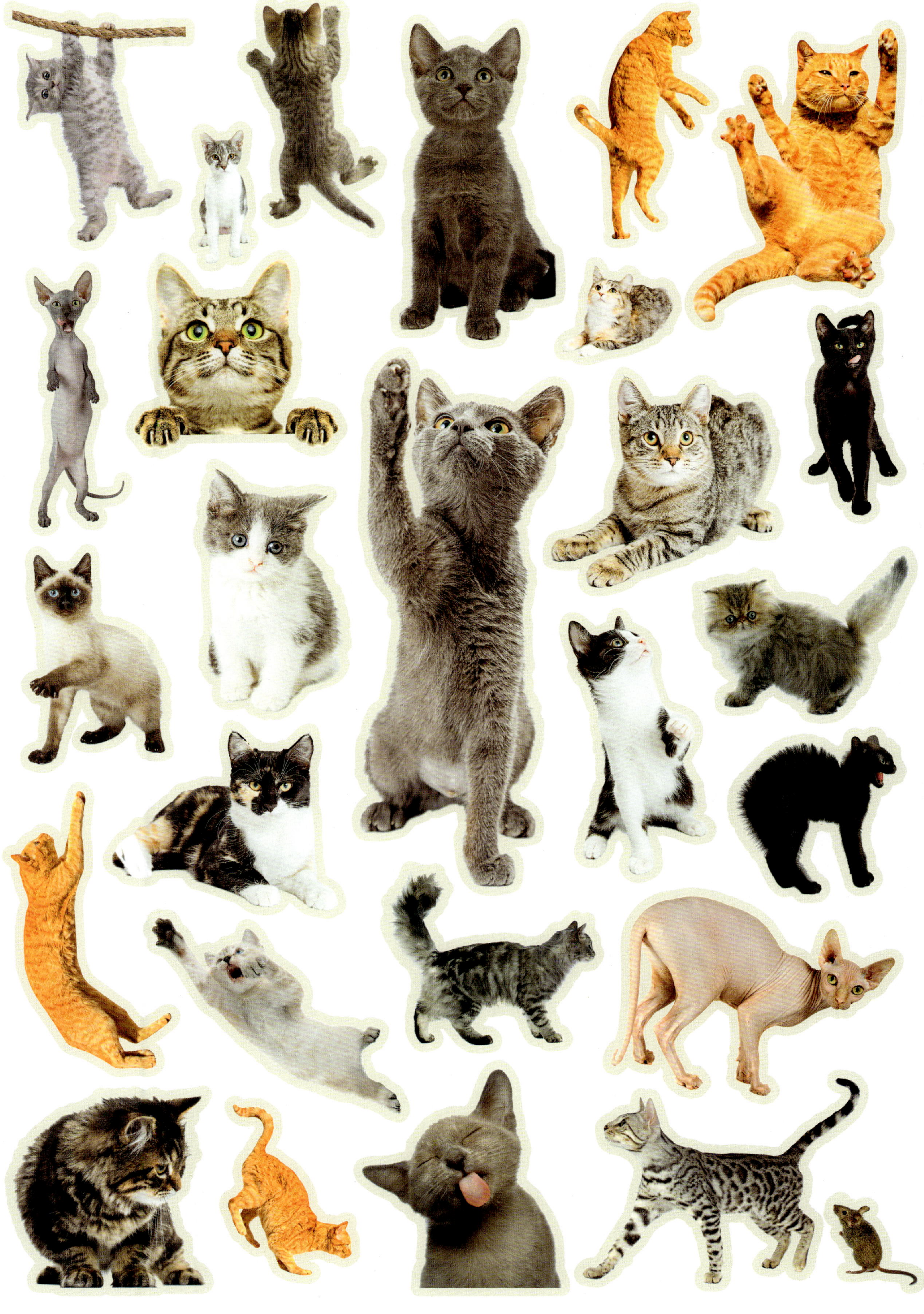

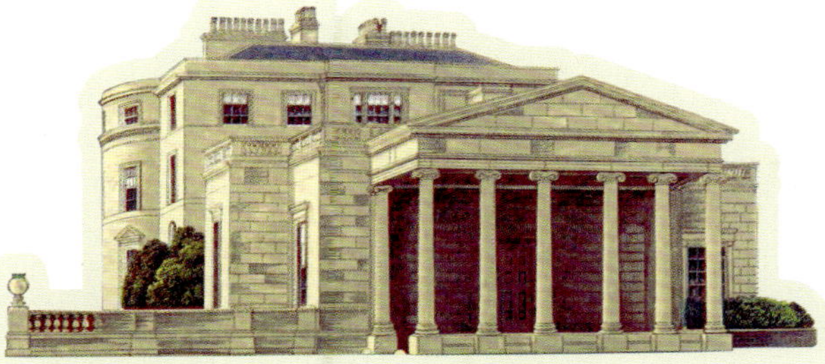
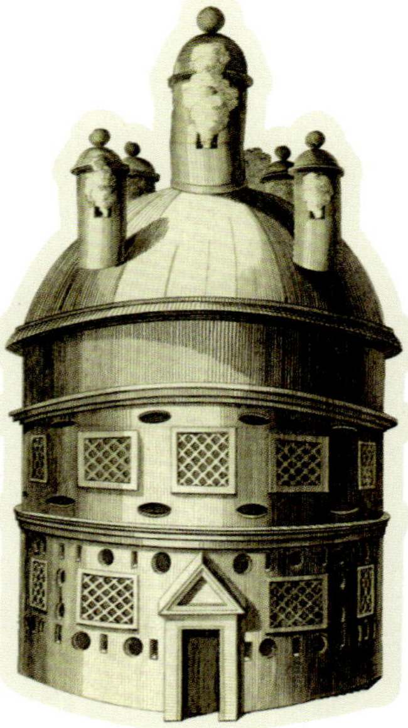
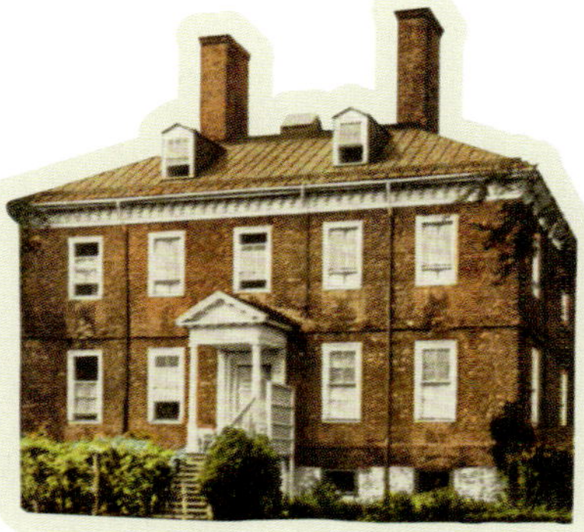
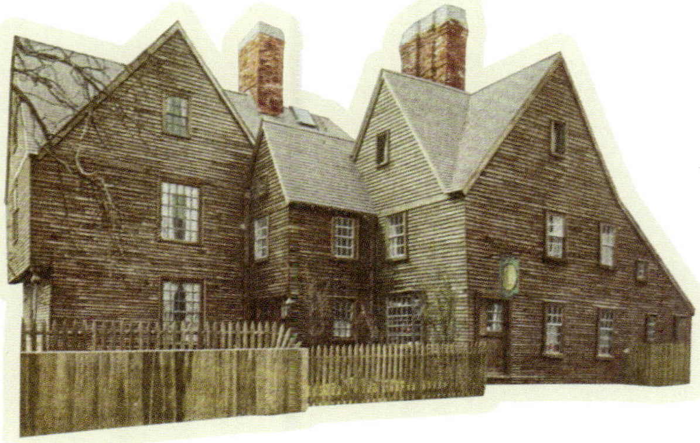
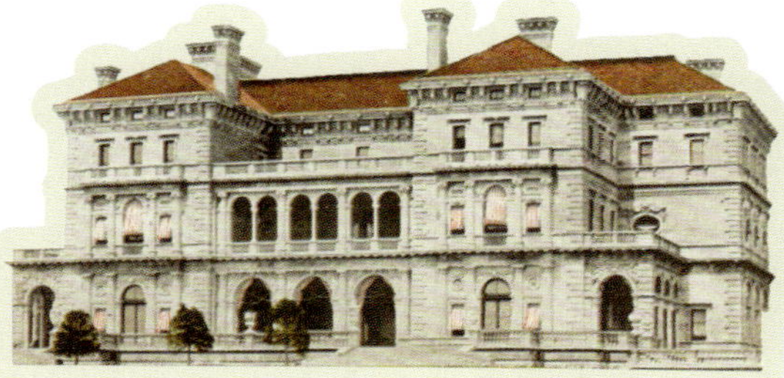
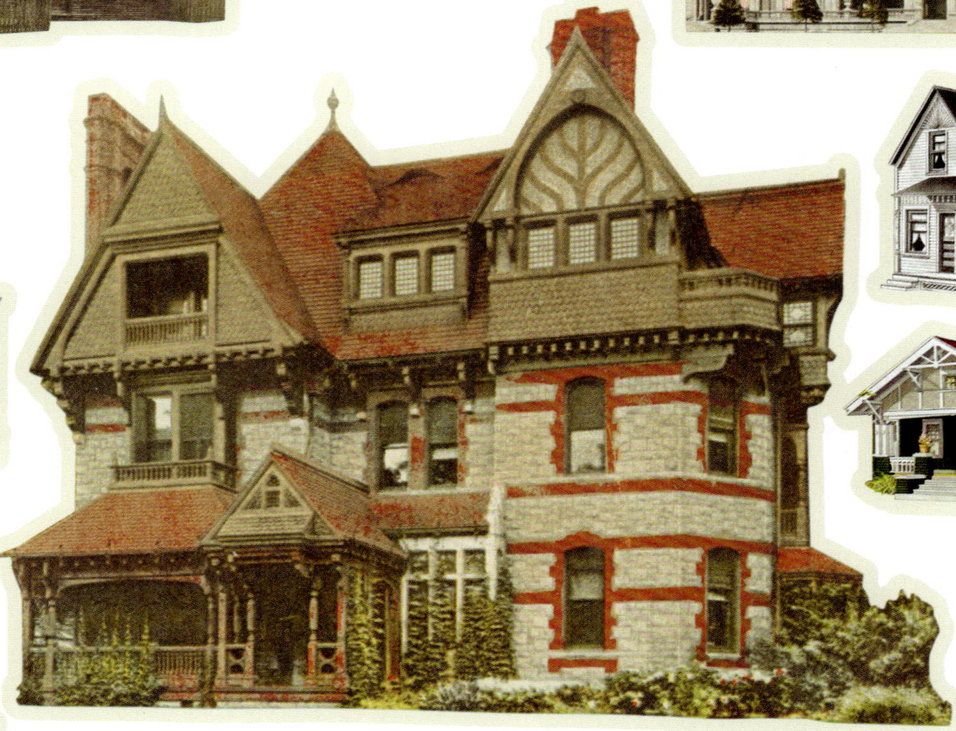
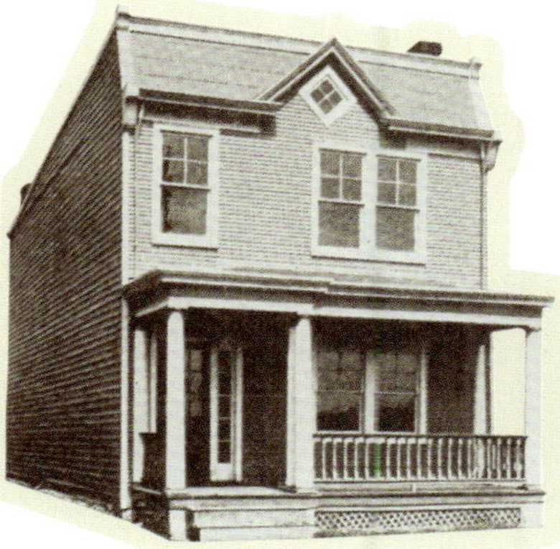
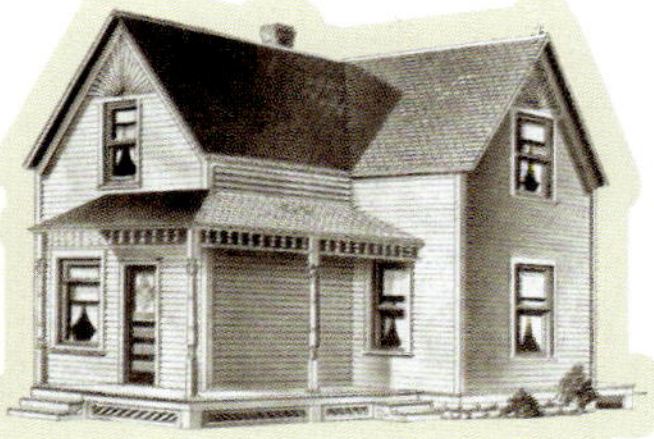
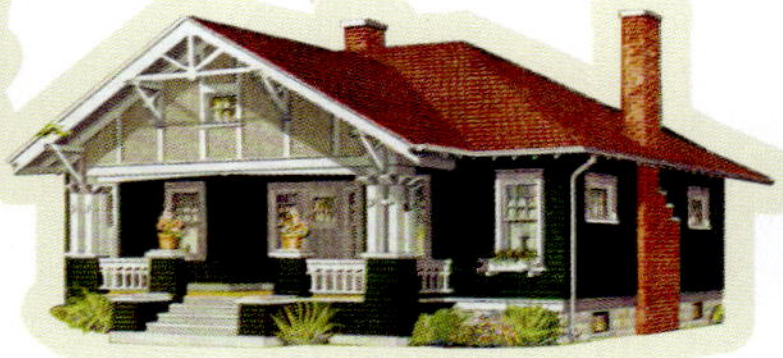
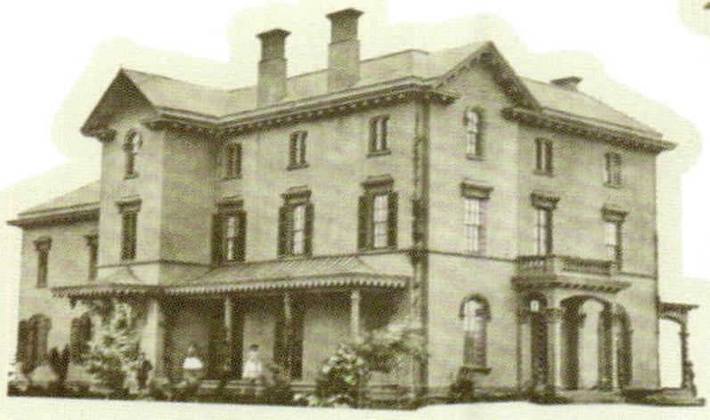
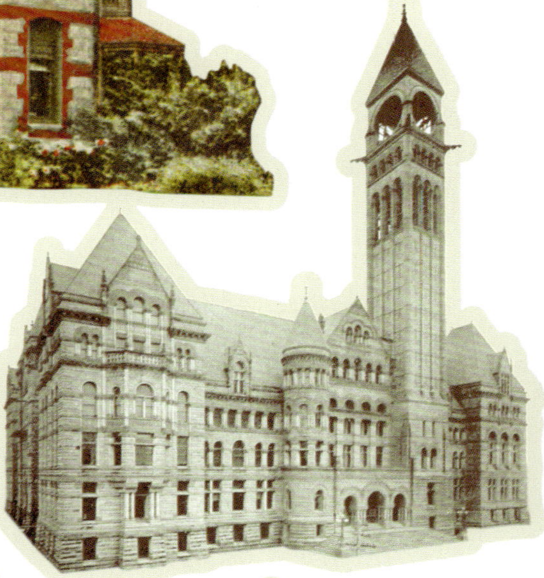
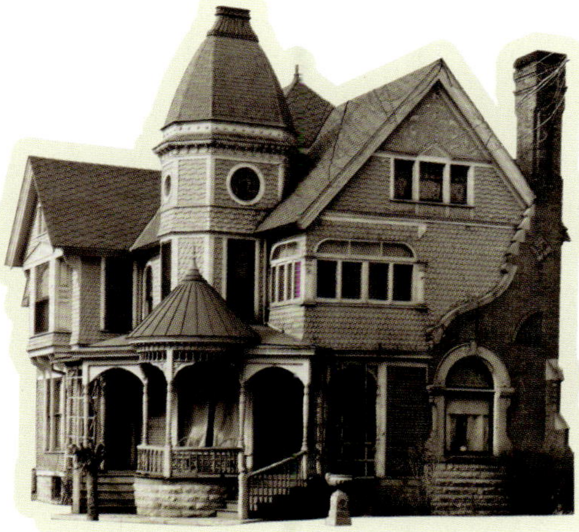
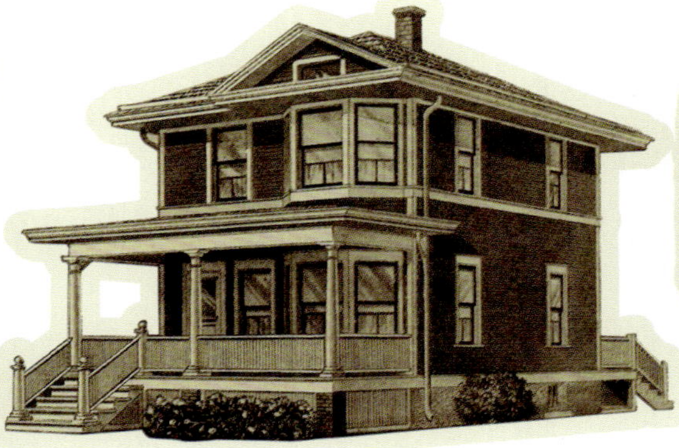
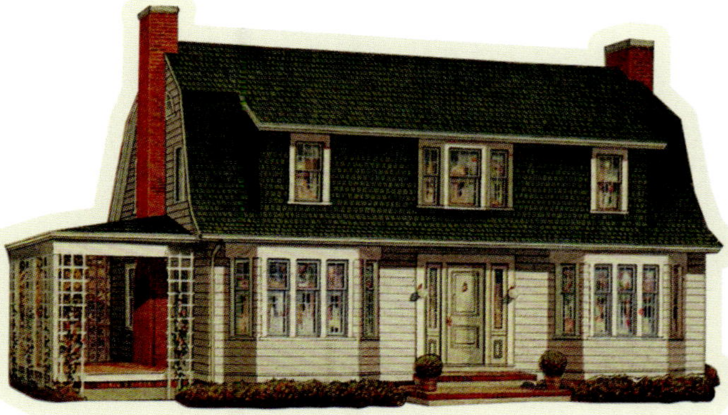
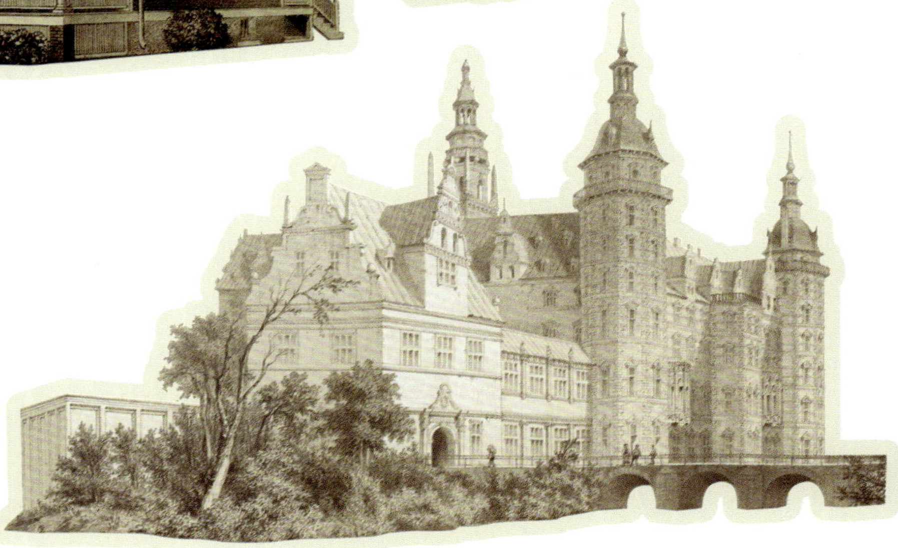

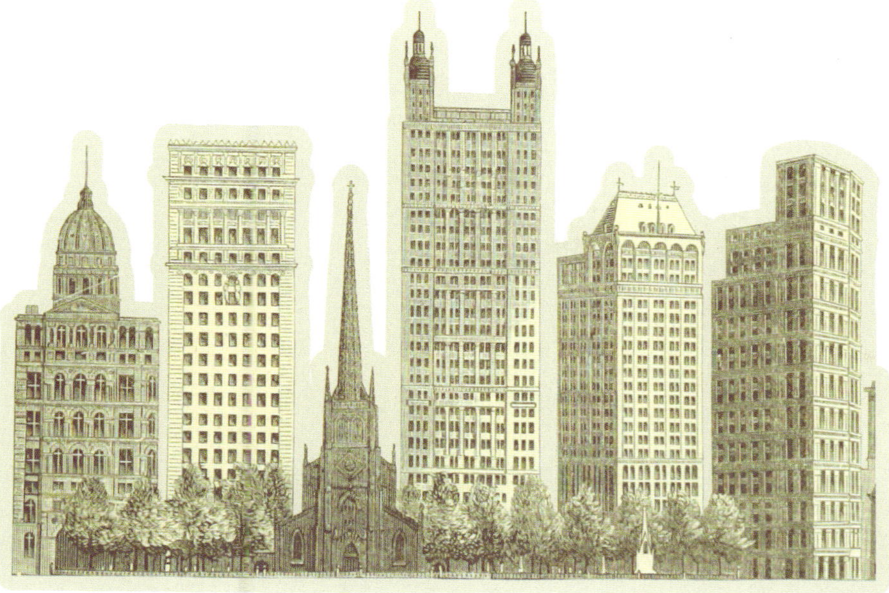
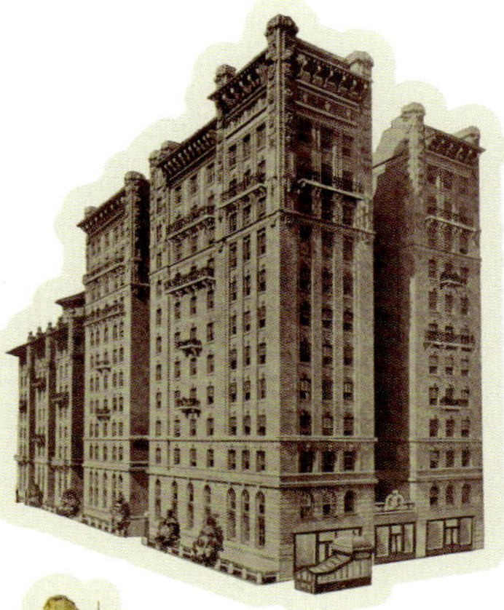
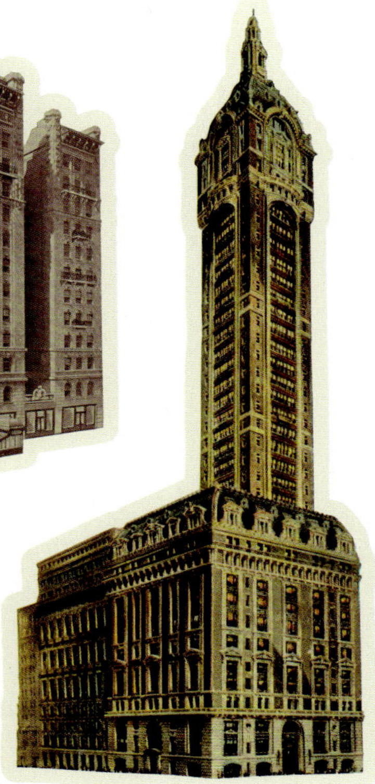
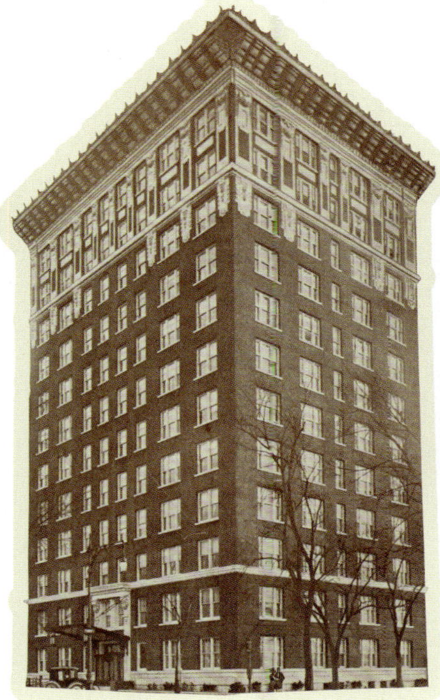
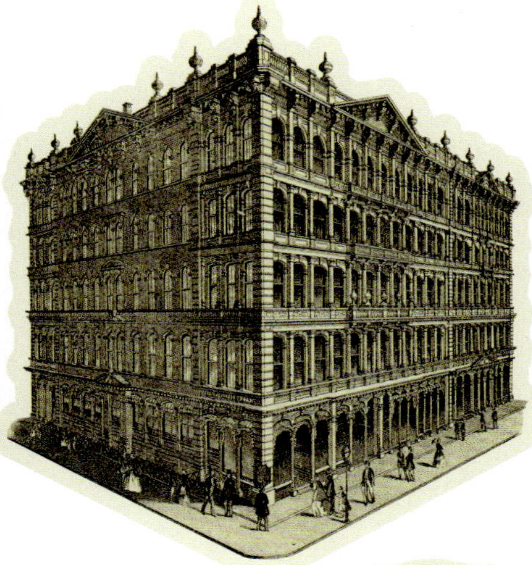
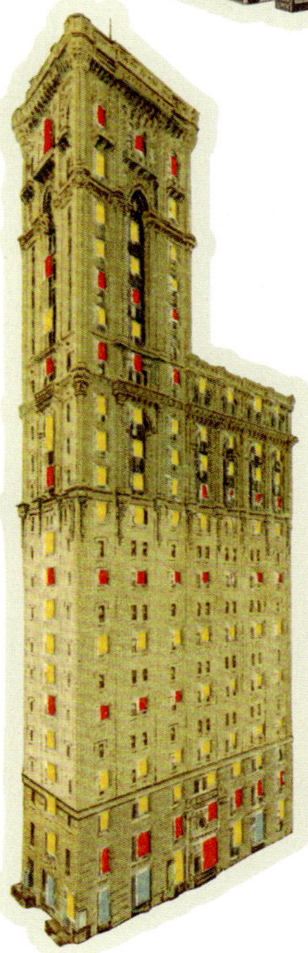
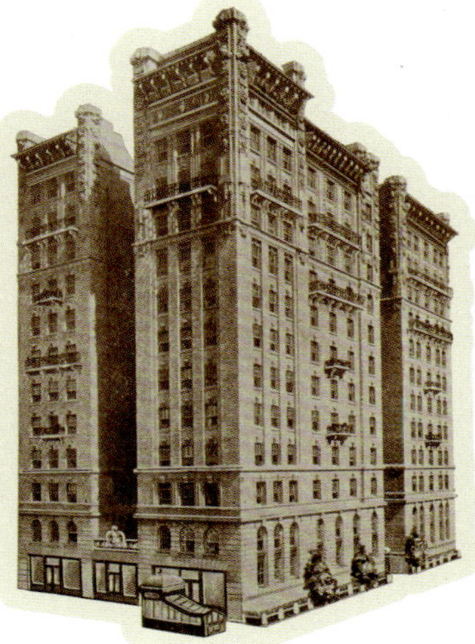
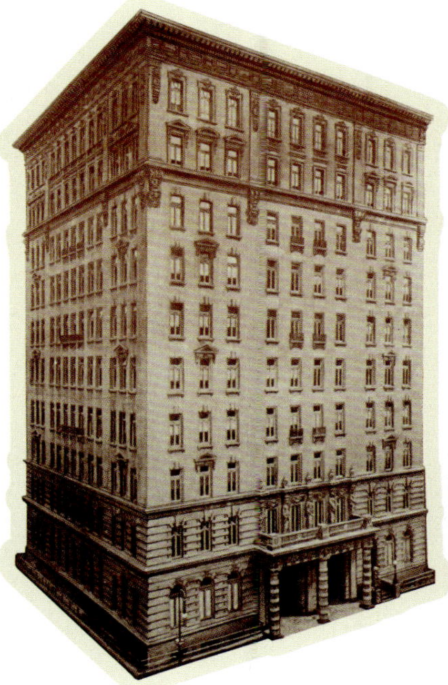
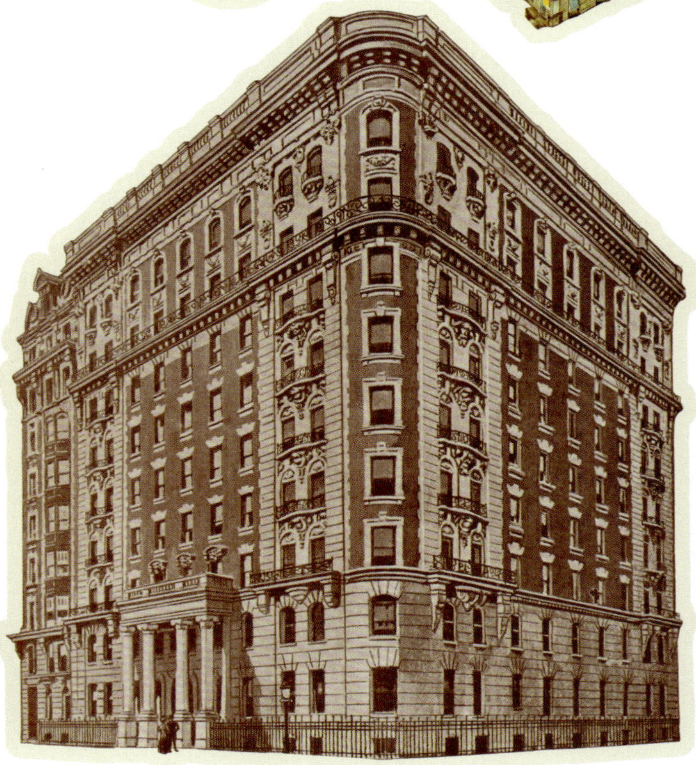
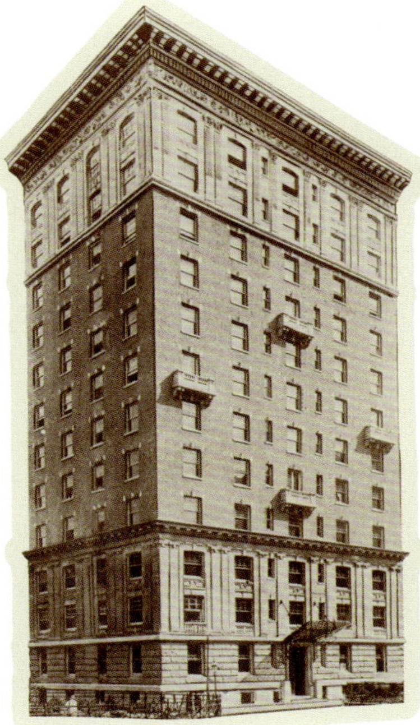
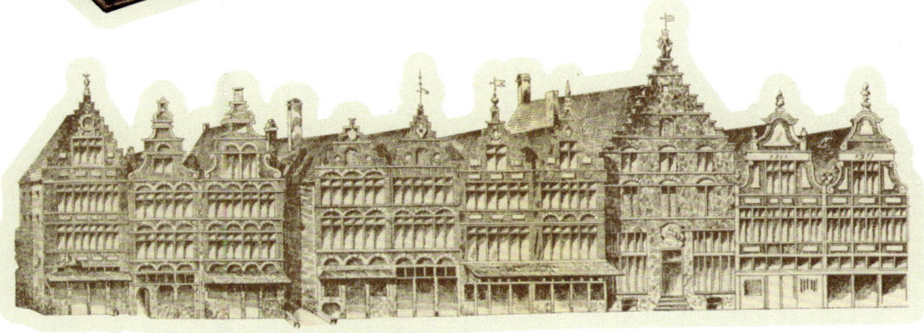
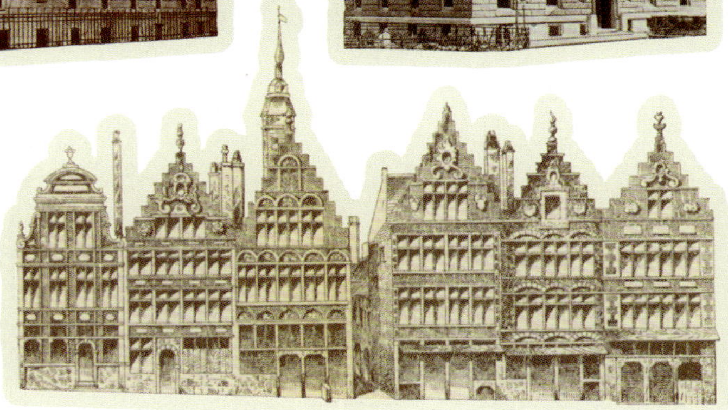

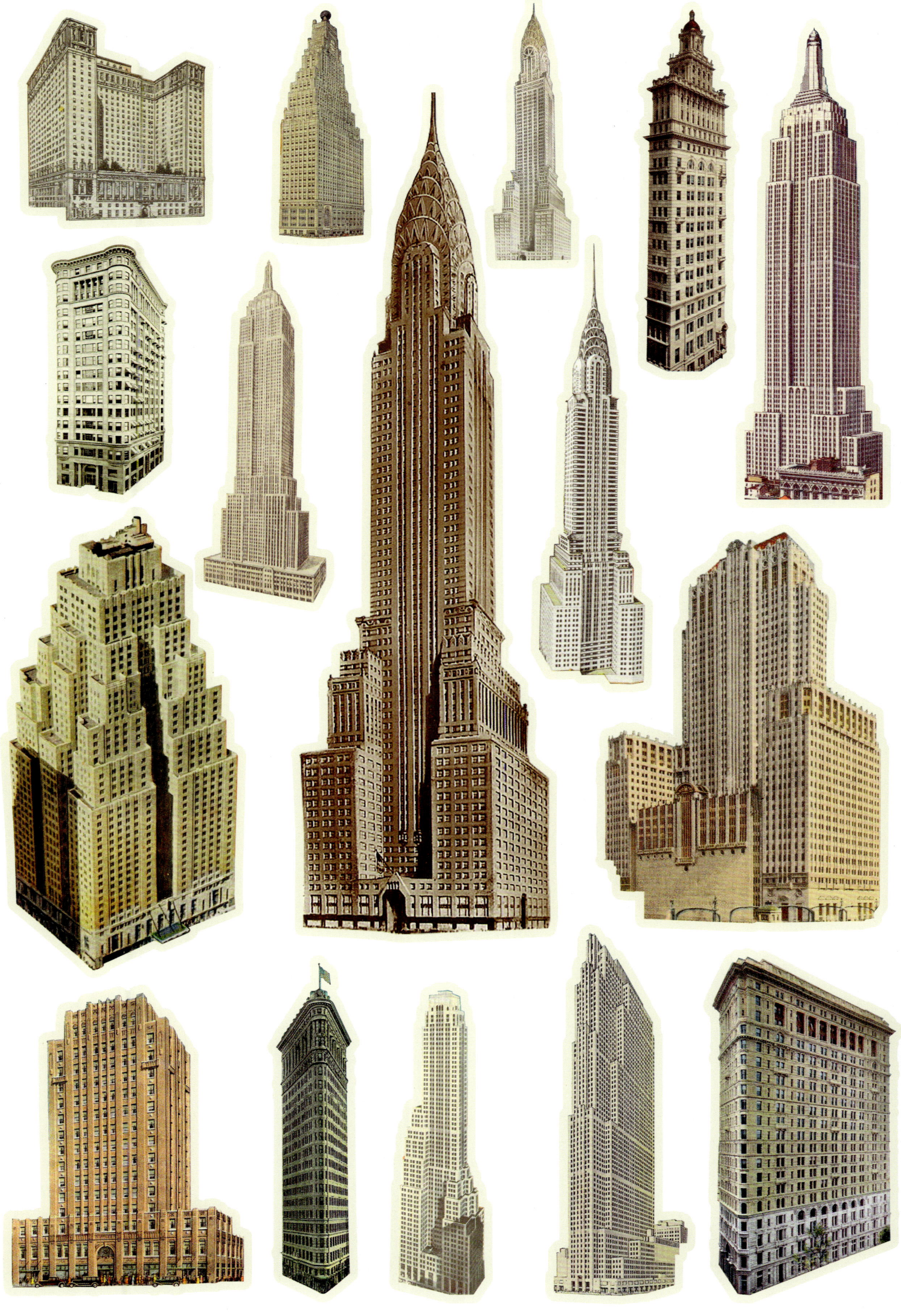

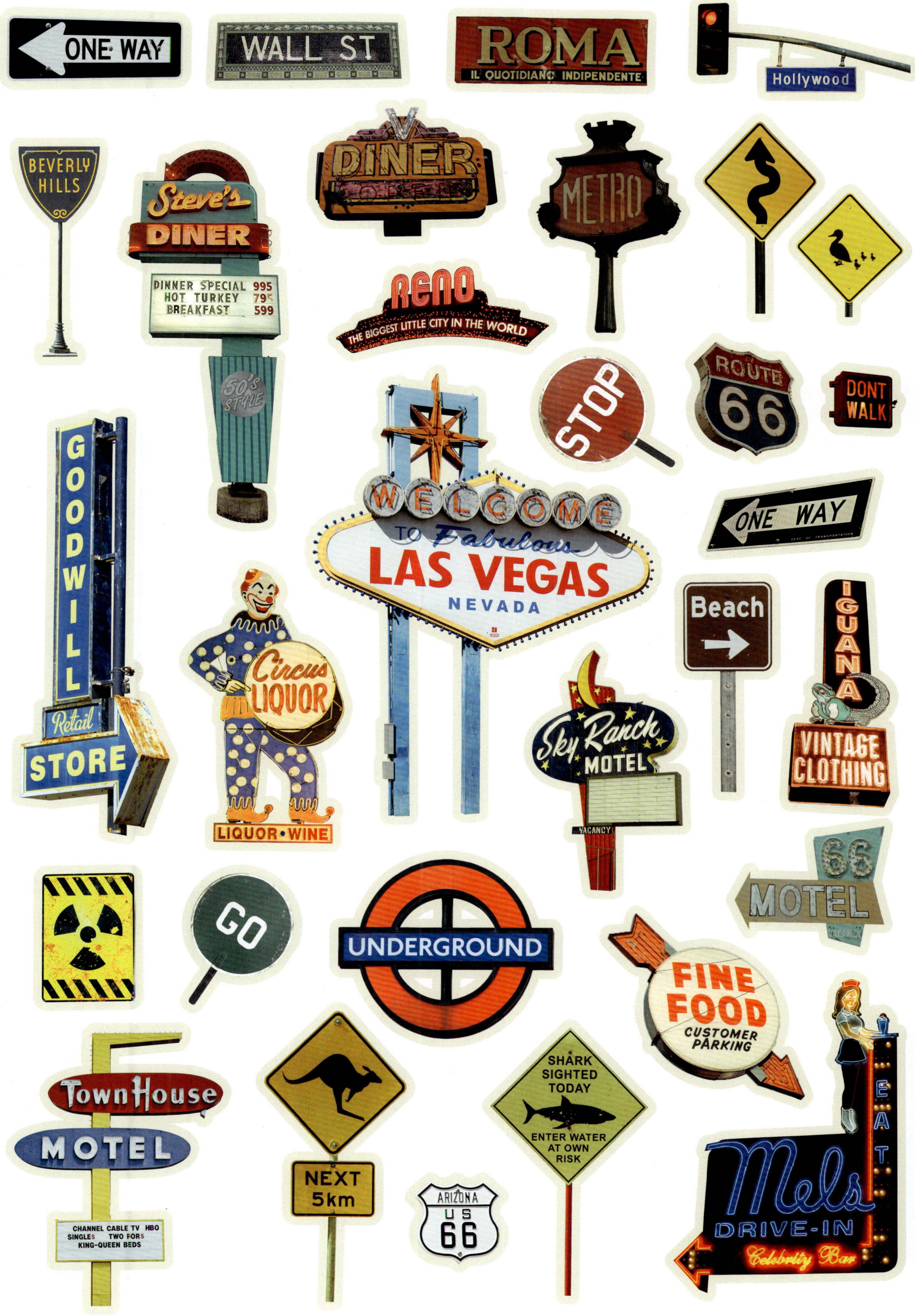
ONE WAY
WALL ST
ROMA
IL QUOTIDIANO INDIPENDENTE
Hollywood
BEVERLY HILLS
Steve's
DINER
DINNER SPECIAL 995
HOT TURKEY 795
BREAKFAST 599
50's STYLE
DINER
RENO
THE BIGGEST LITTLE CITY IN THE WORLD
METRO
STOP
ROUTE 66
DONT WALK
GOODWILL
Retail
STORE
WELCOME
TO Fabulous
LAS VEGAS
NEVADA
ONE WAY
Beach
IGUANA
VINTAGE CLOTHING
Circus LIQUOR
LIQUOR•WINE
Sky Ranch
MOTEL
VACANCY
66
MOTEL
GO
UNDERGROUND
FINE FOOD
CUSTOMER PARKING
TownHouse
MOTEL
CHANNEL CABLE TV HBO
SINGLES TWO FORS
KING-QUEEN BEDS
NEXT
5km
SHARK
SIGHTED
TODAY
ENTER WATER
AT OWN
RISK
ARIZONA
US
66
EAT
Mels
DRIVE-IN
Celebrity Bar

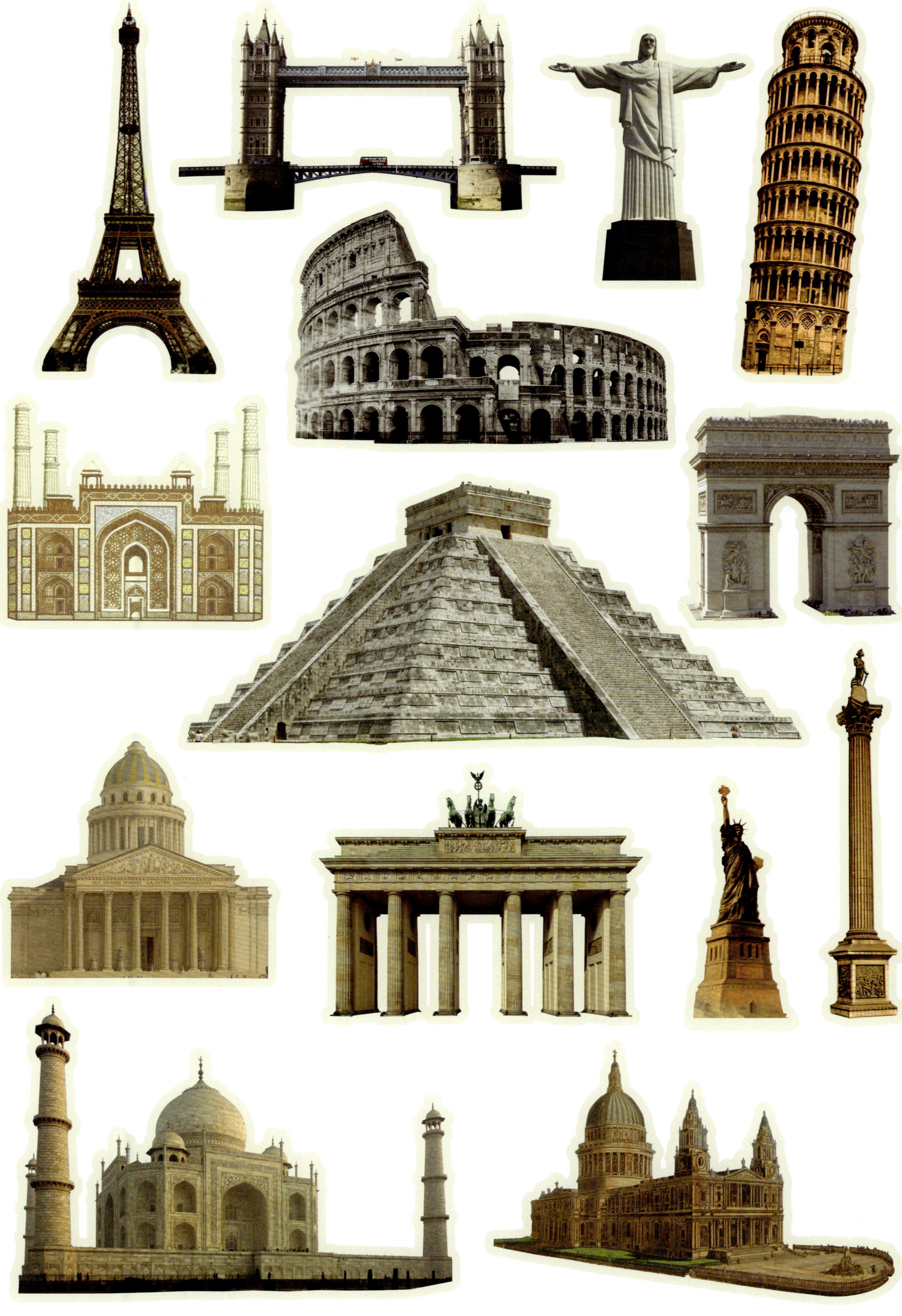
AUX GRANDS HOMMES LA PATRIE RECONNAISSANTE

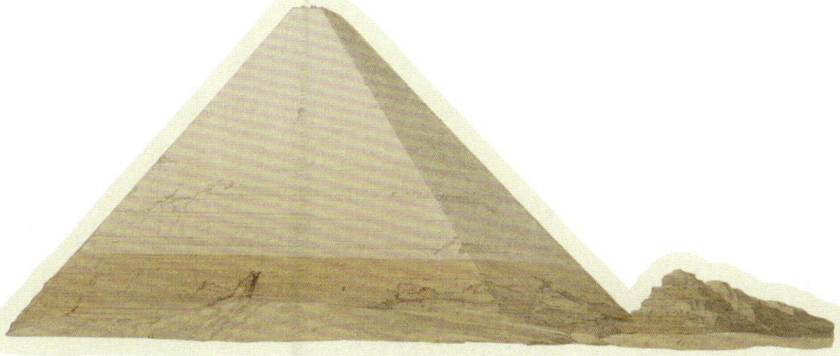
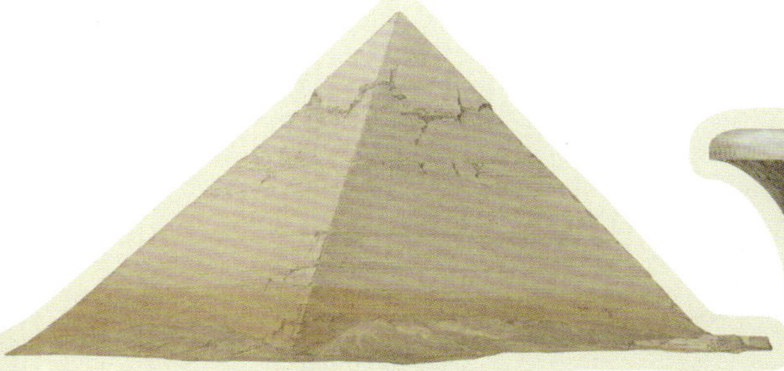
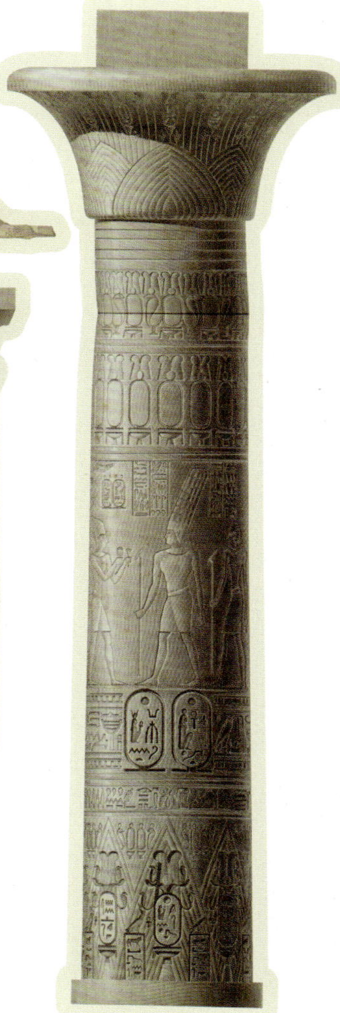
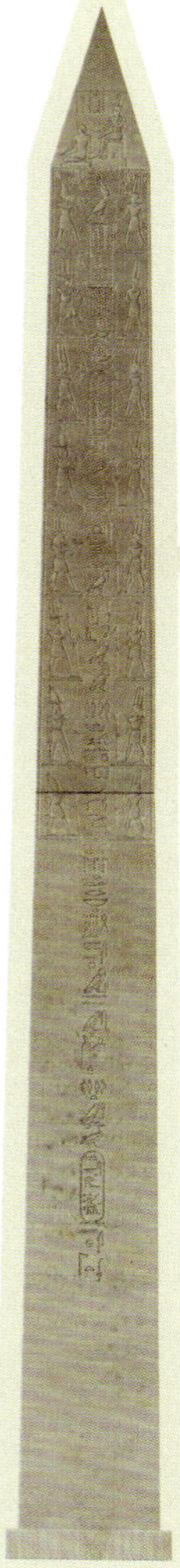
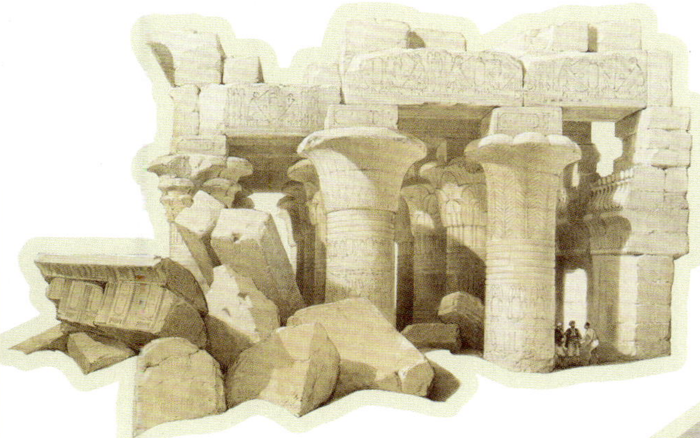
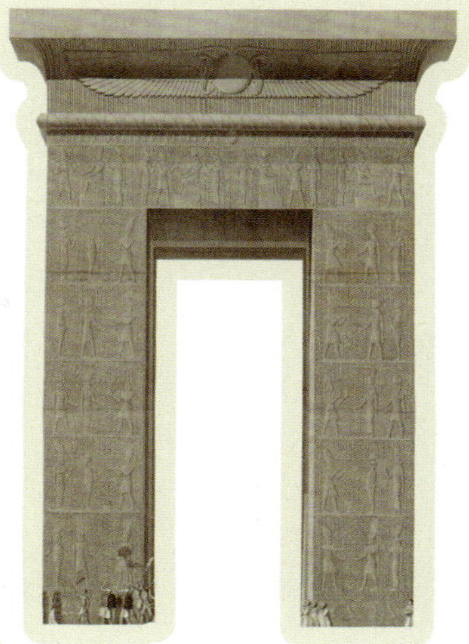
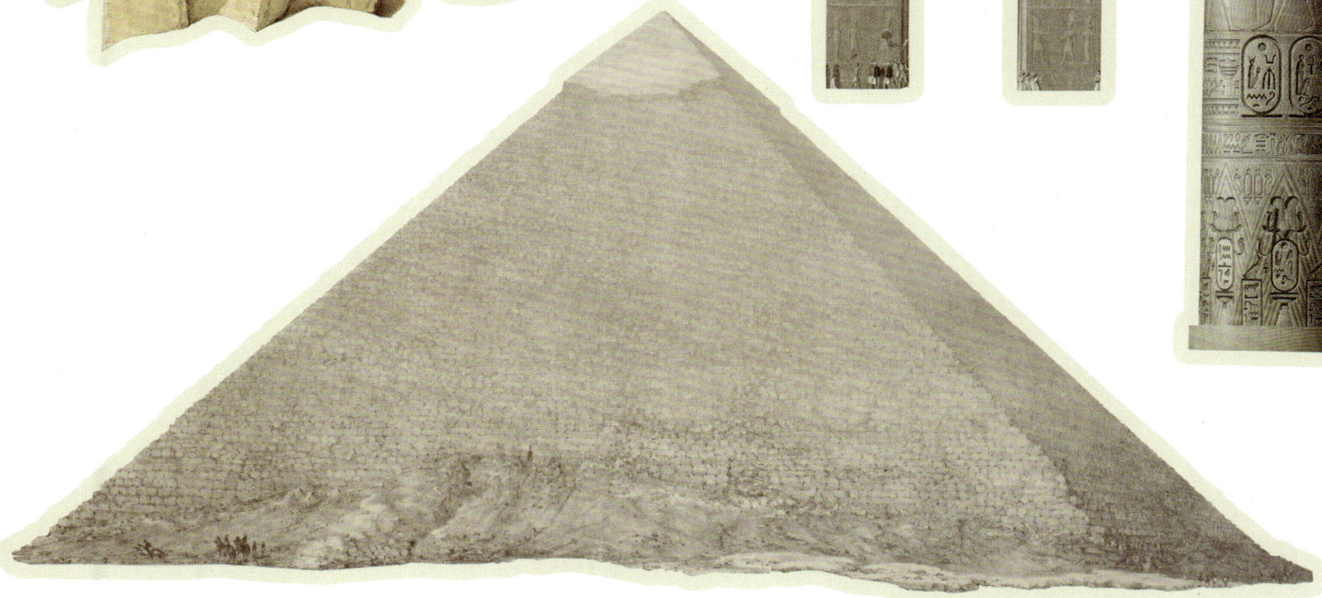
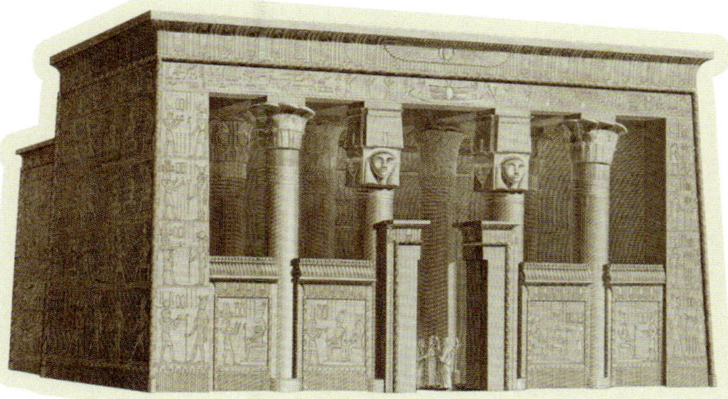
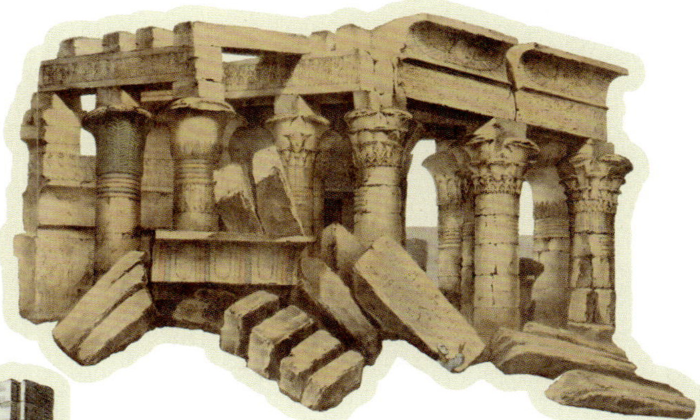
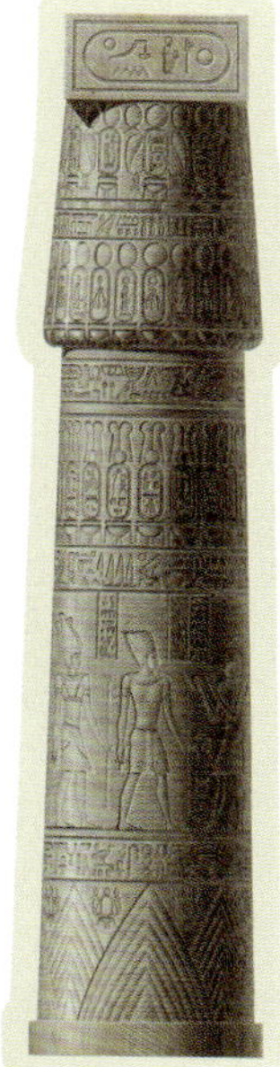
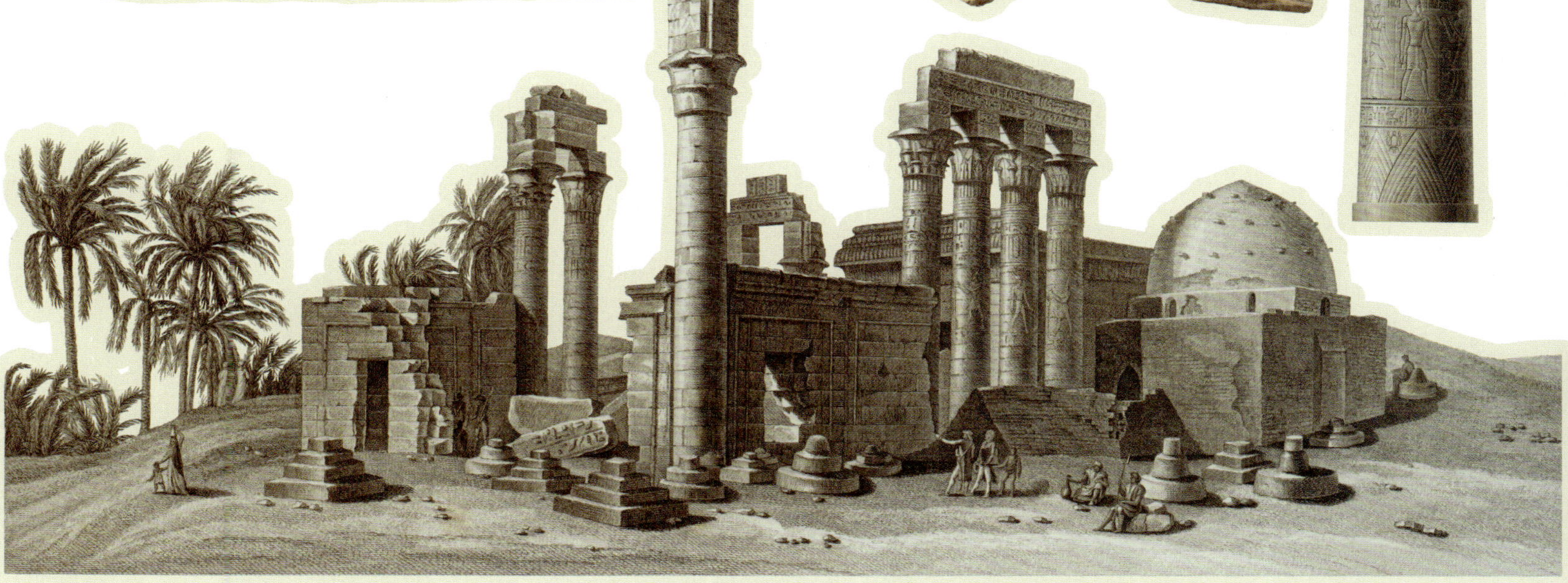

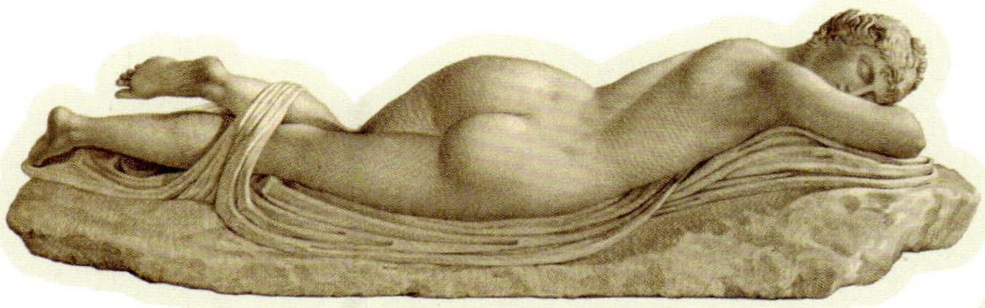
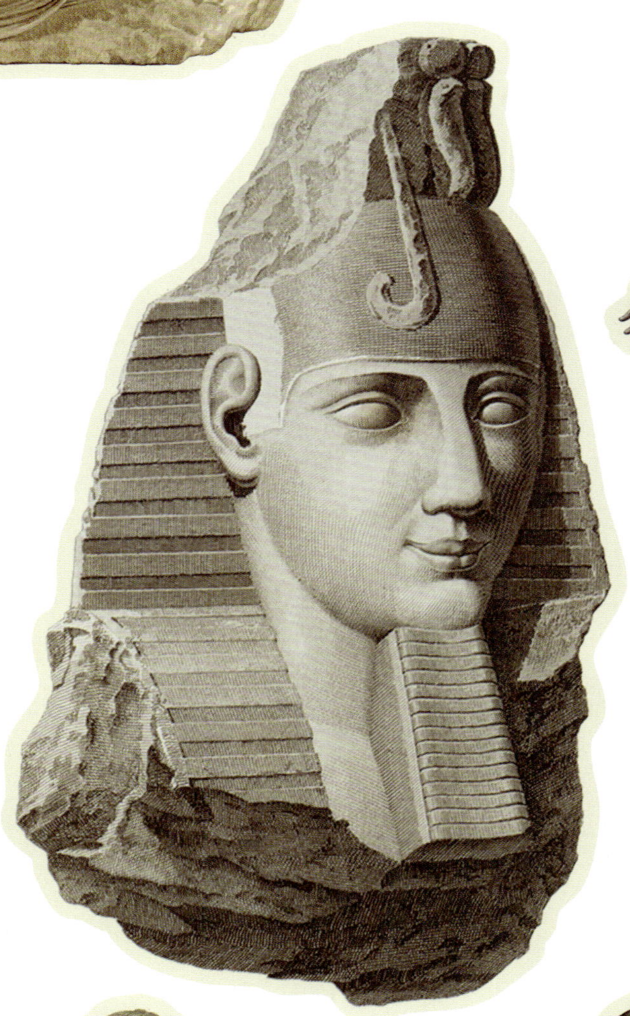
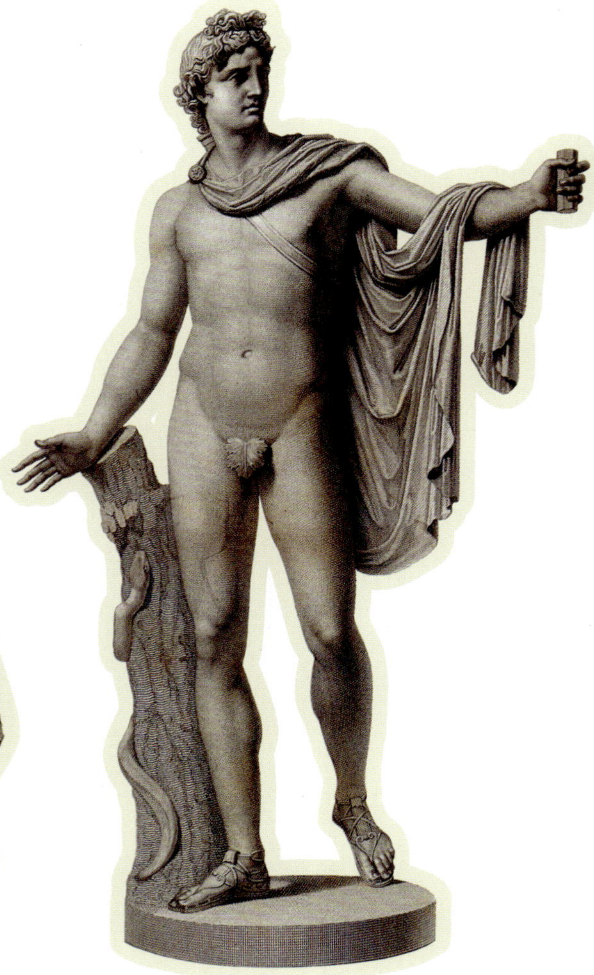
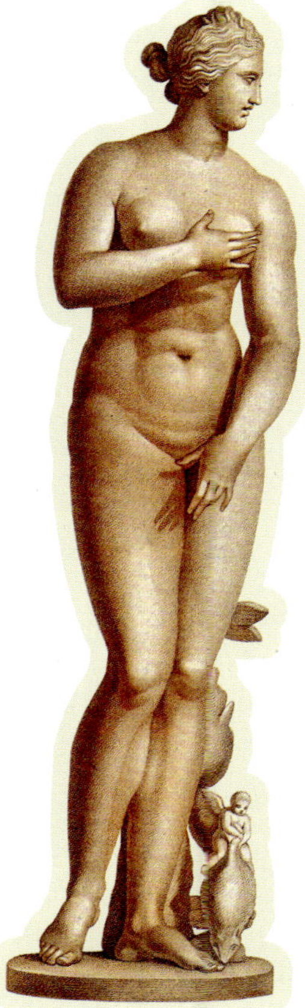
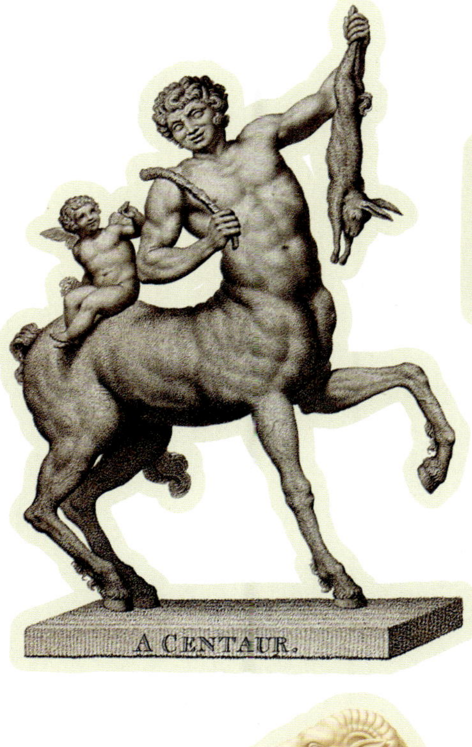
A CENTAUR.
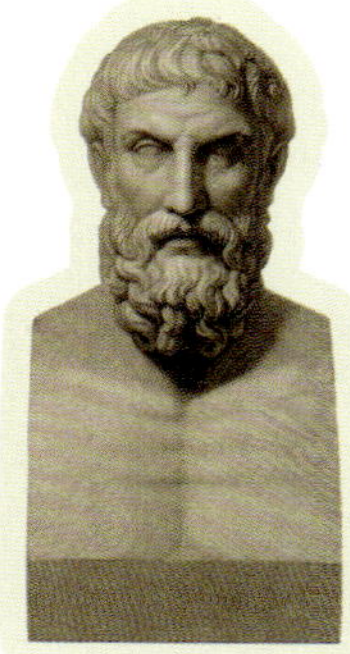
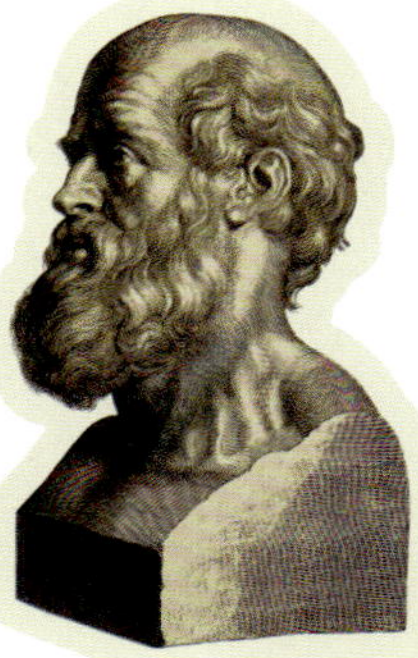
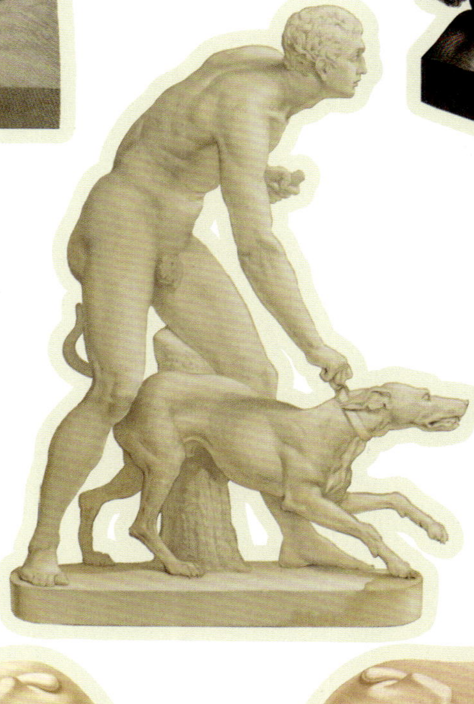
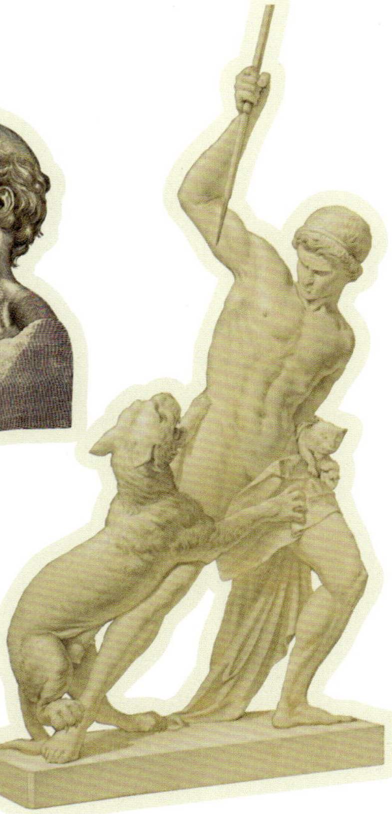
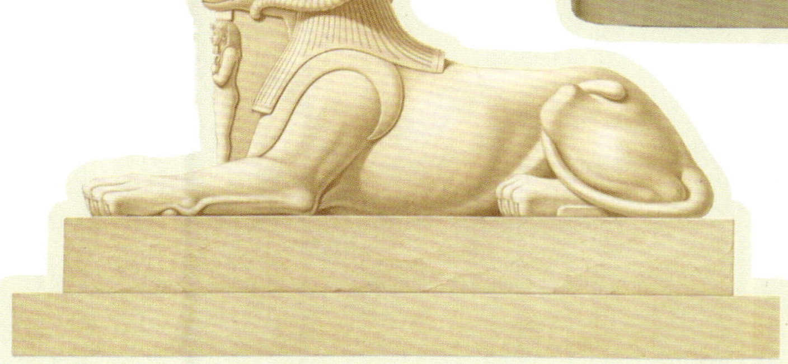
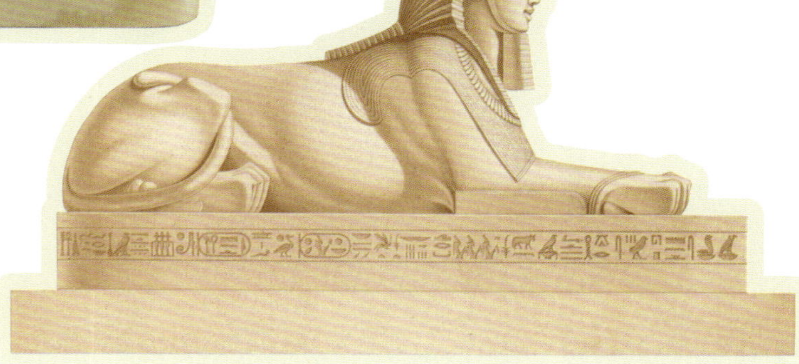

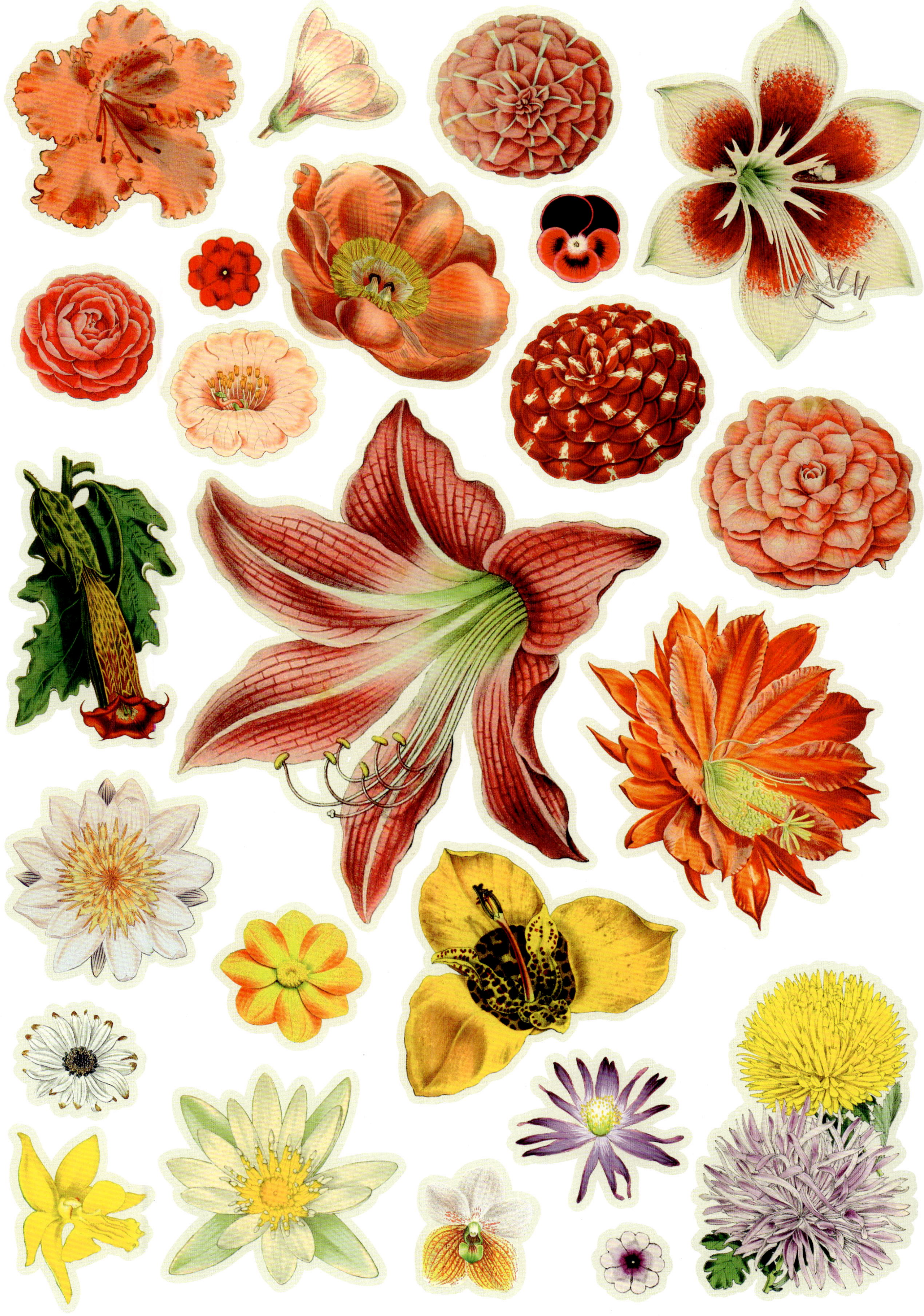

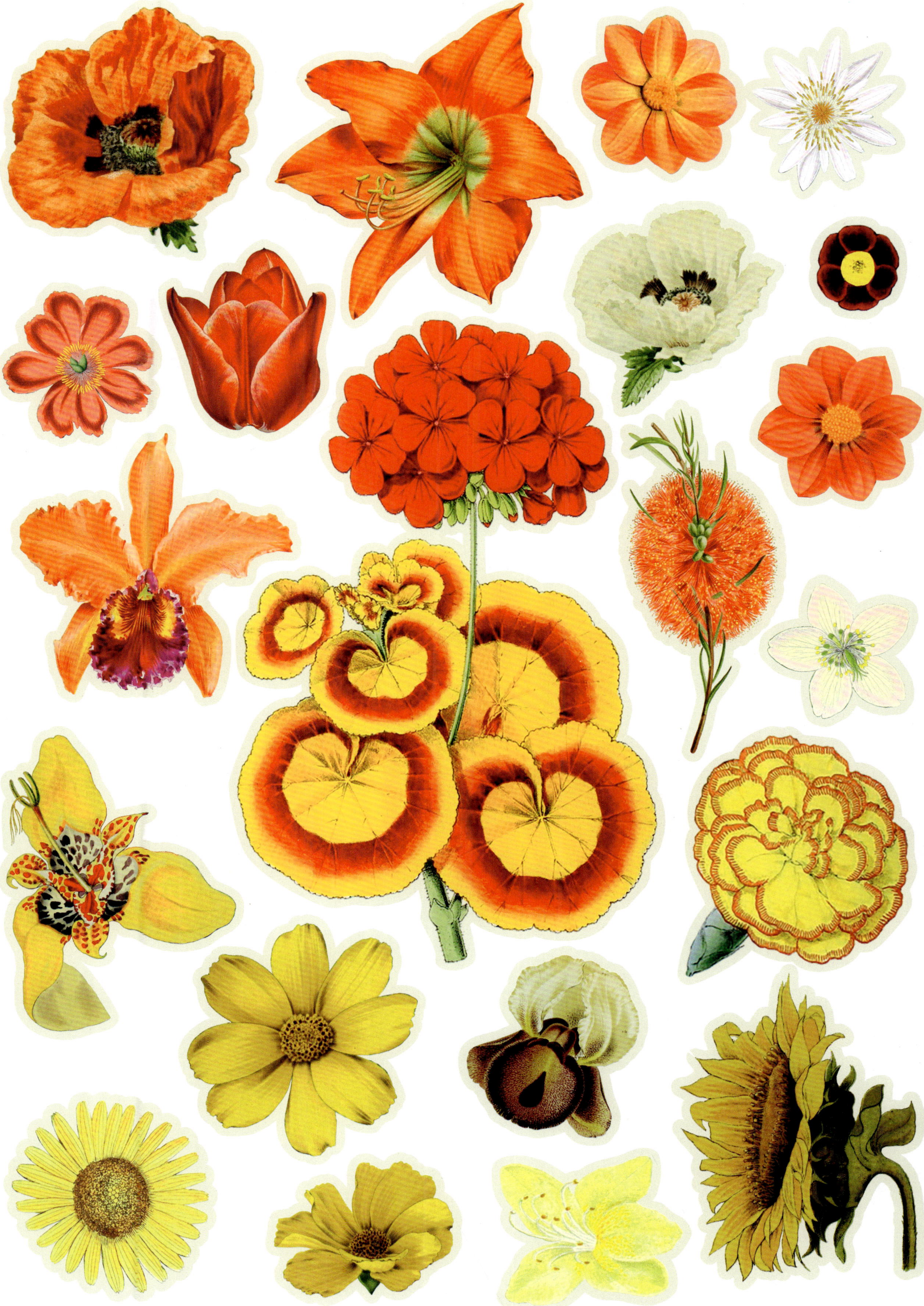

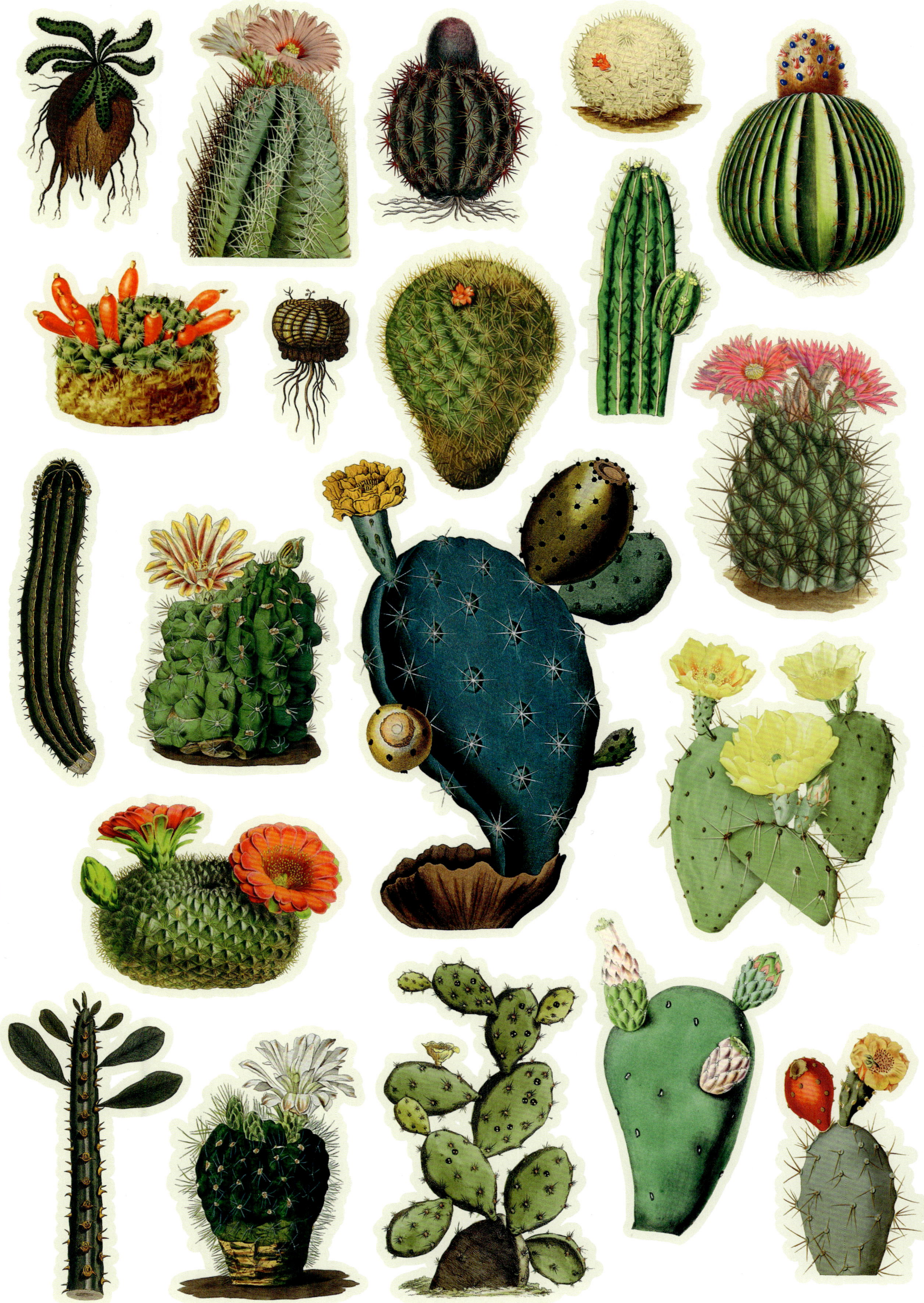

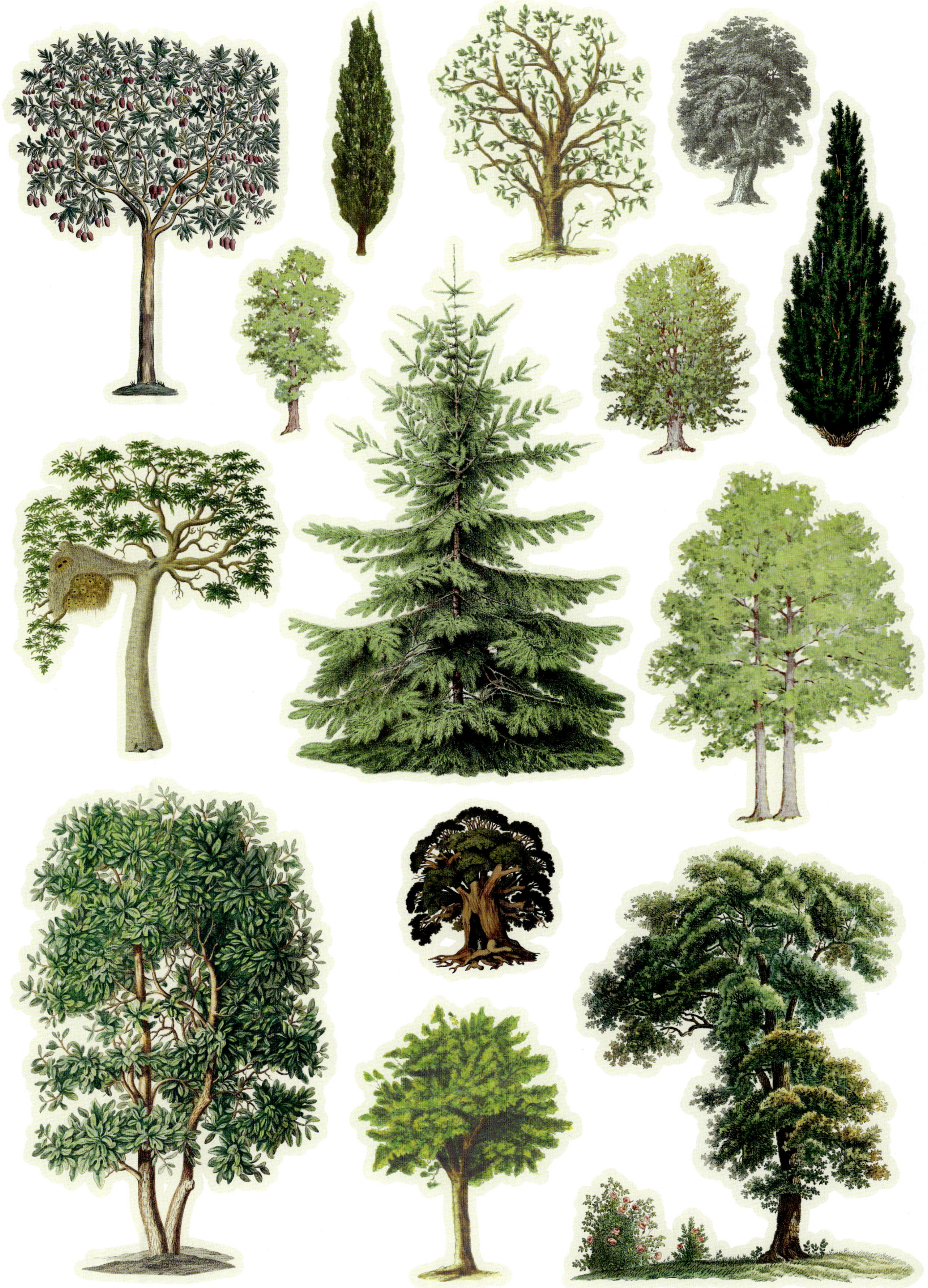

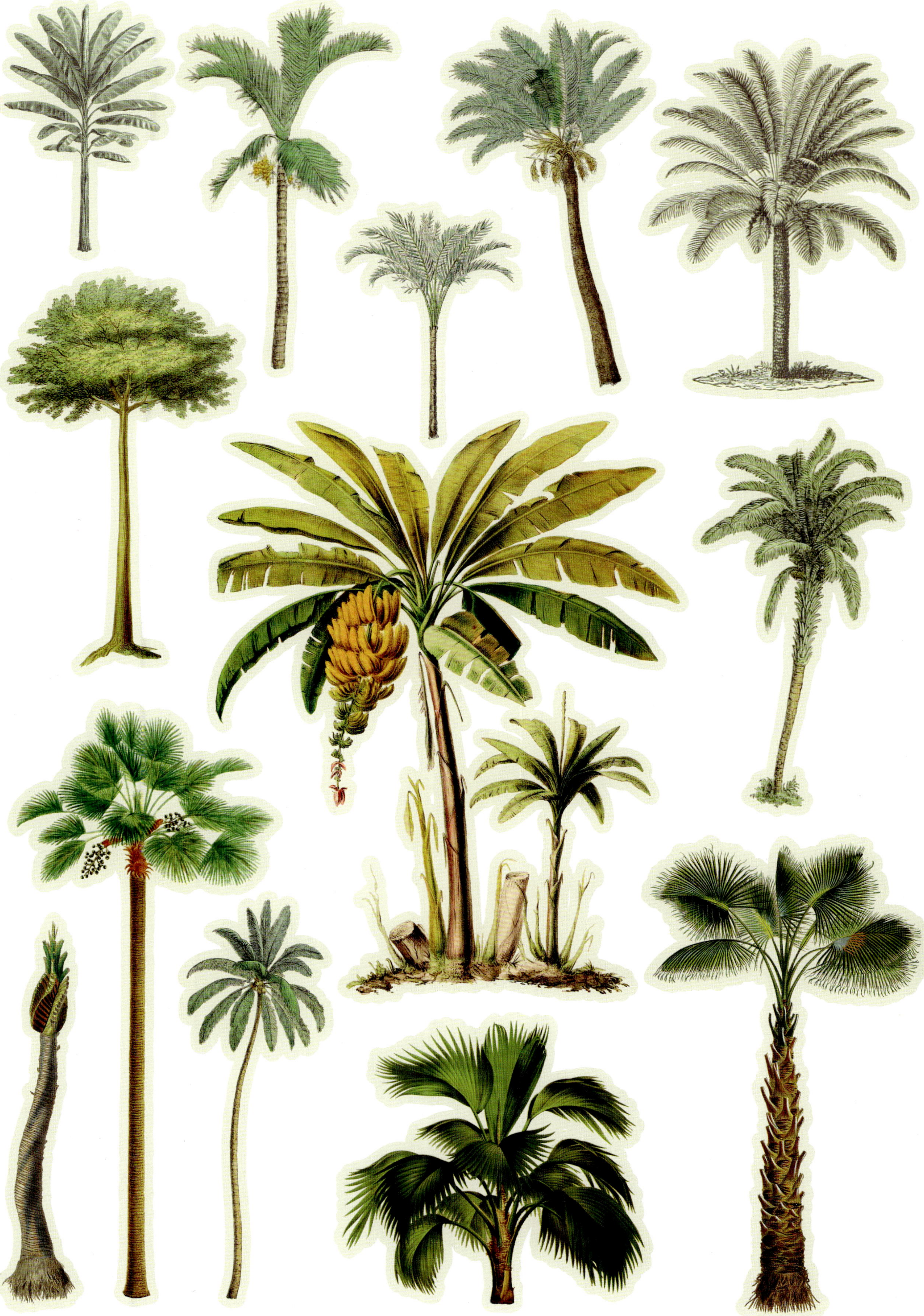

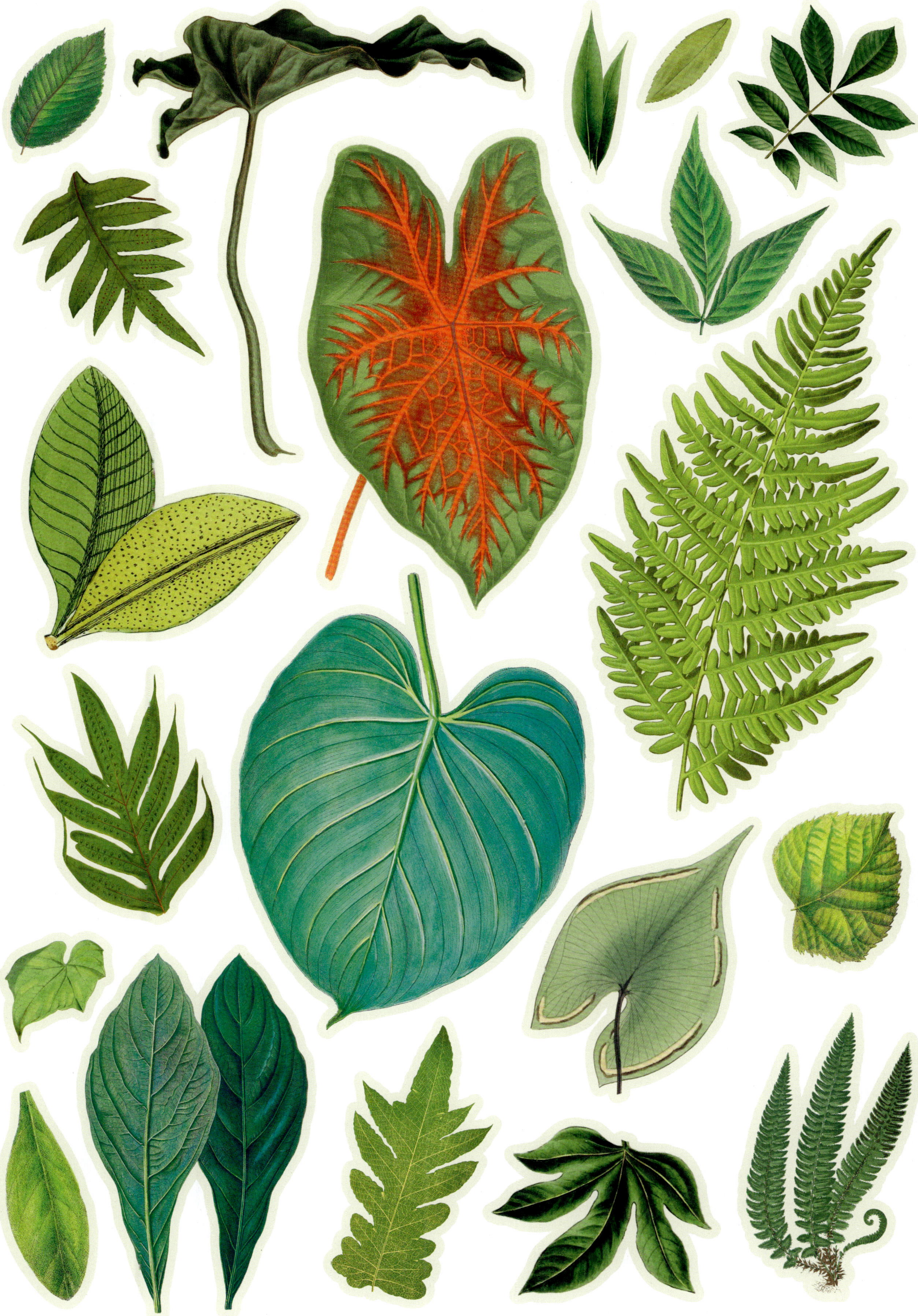

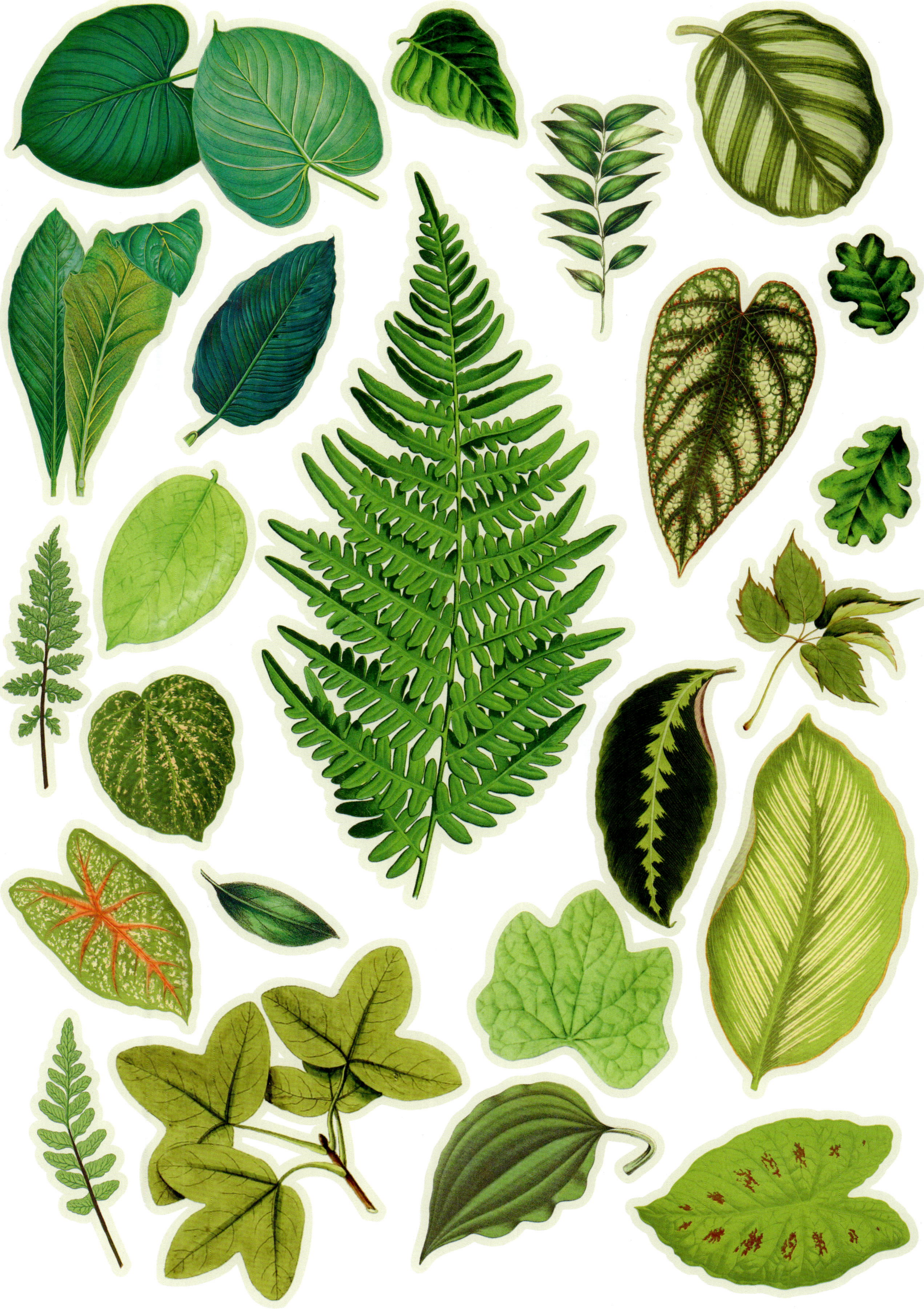

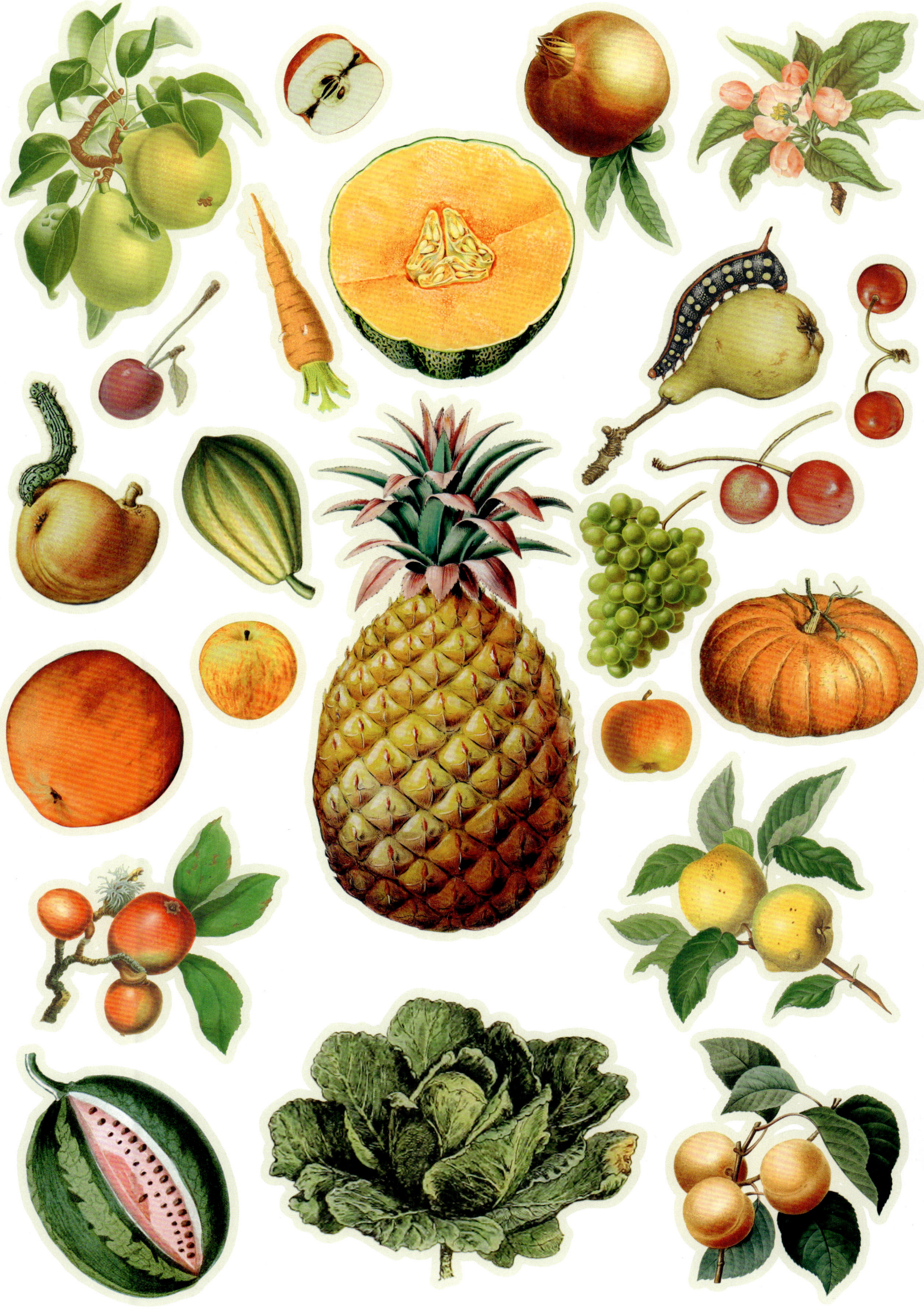

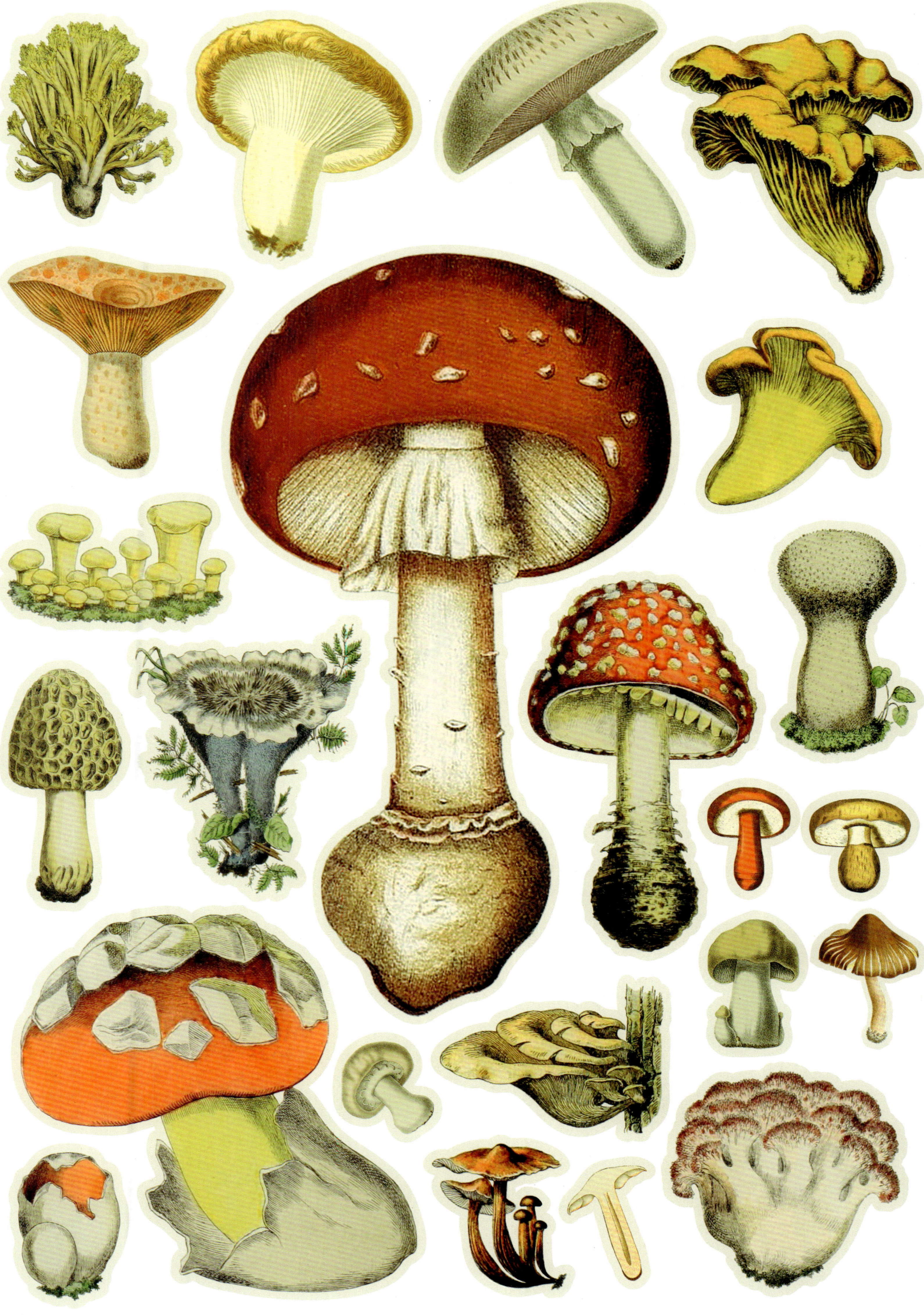

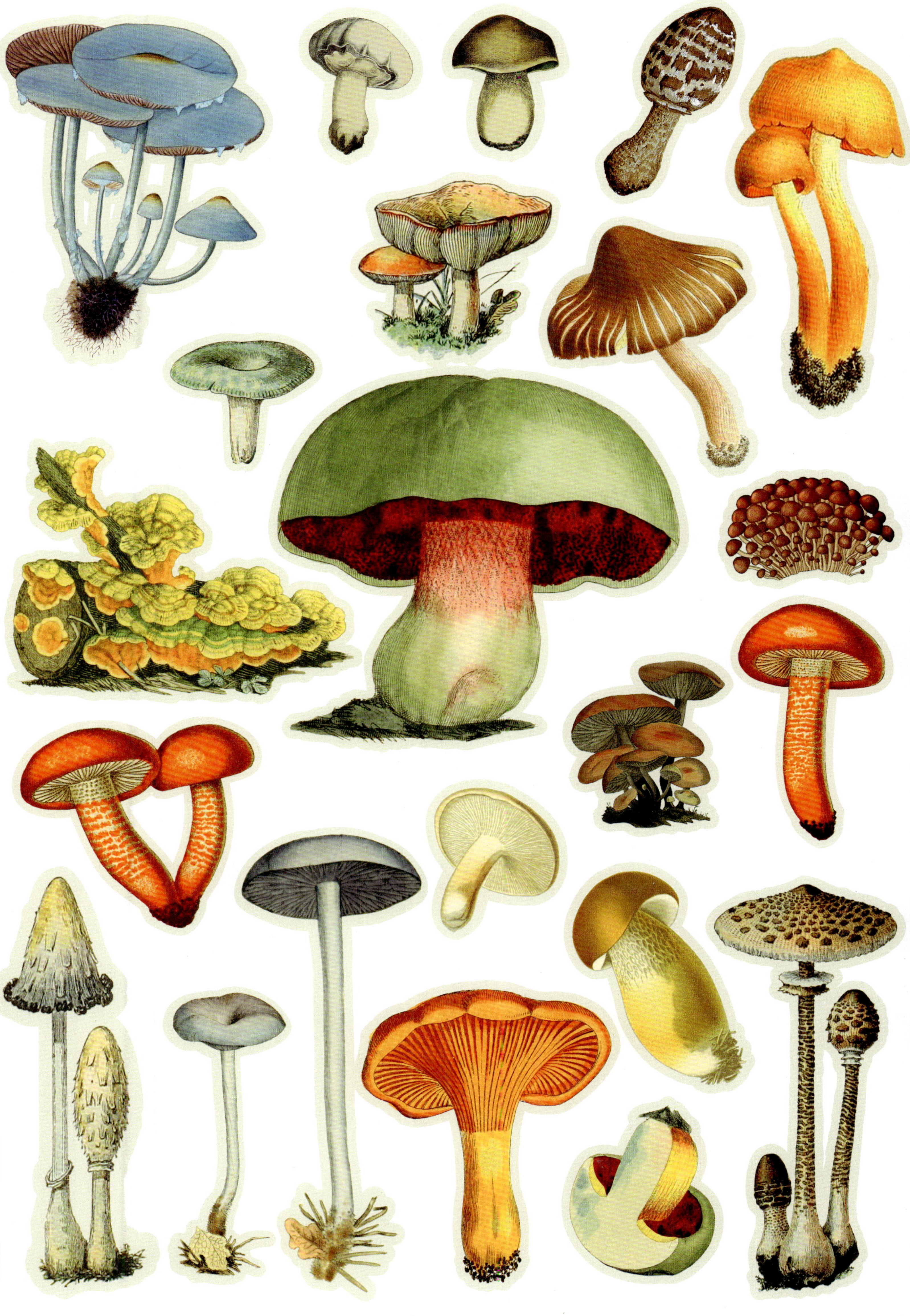

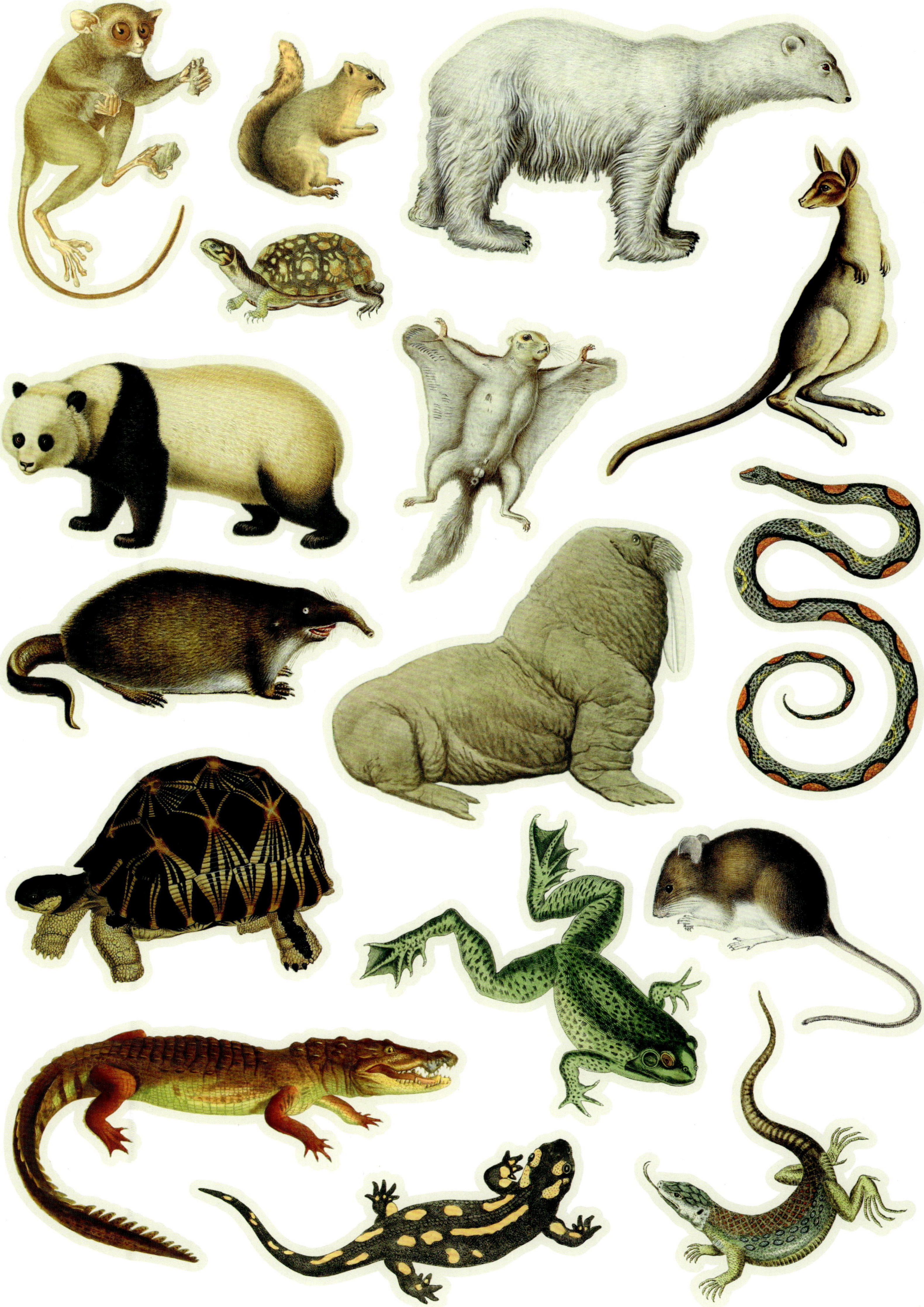

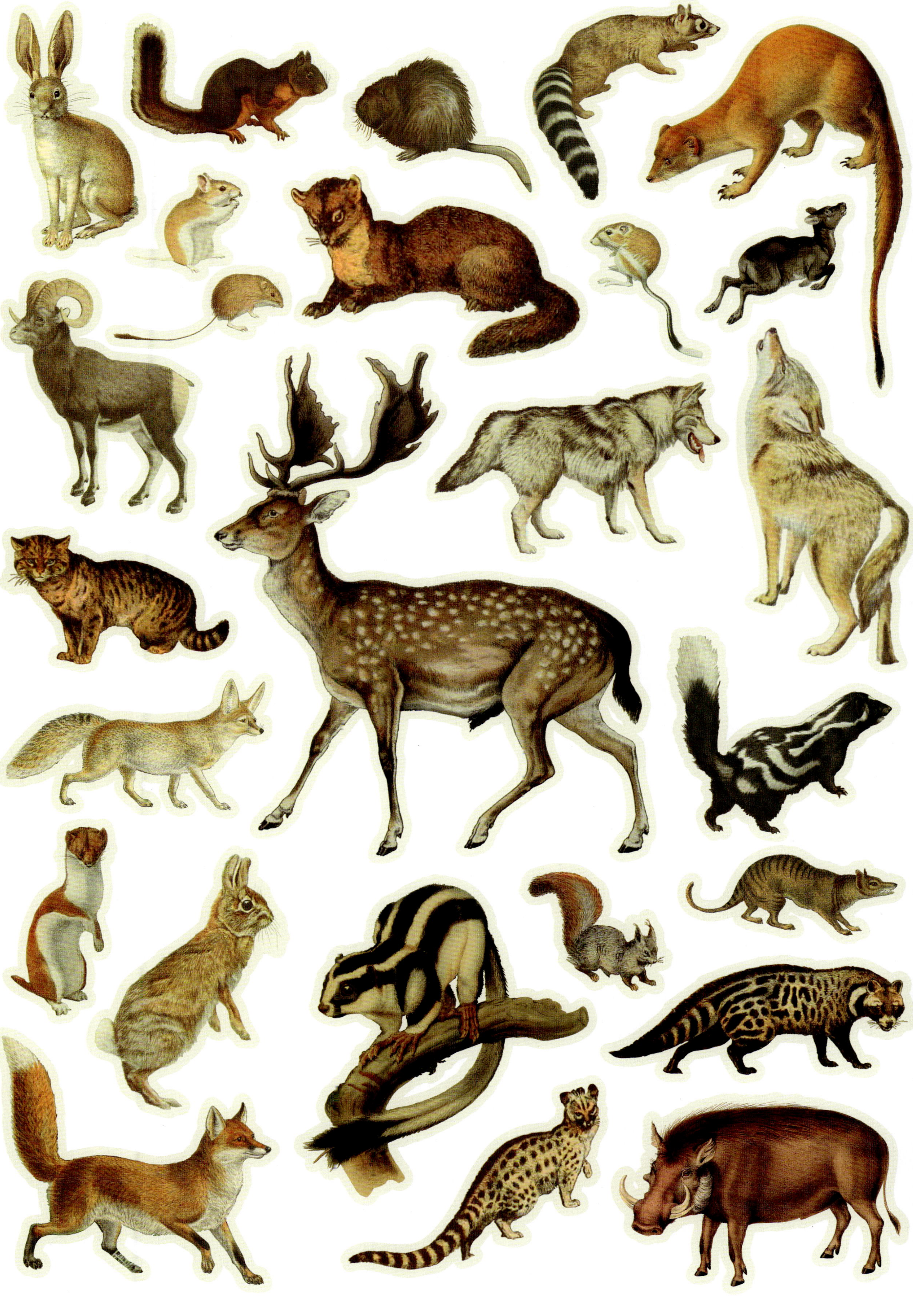

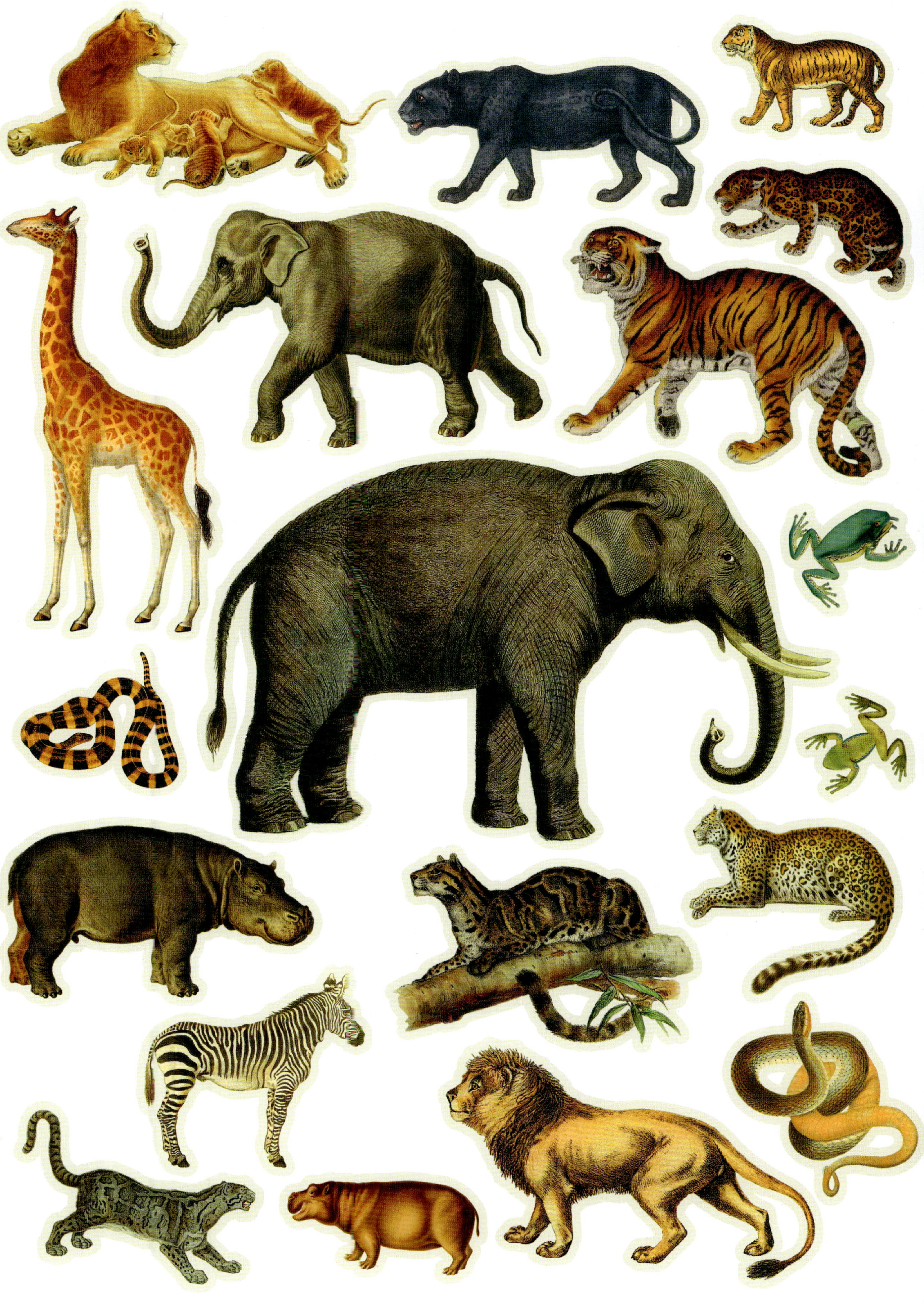

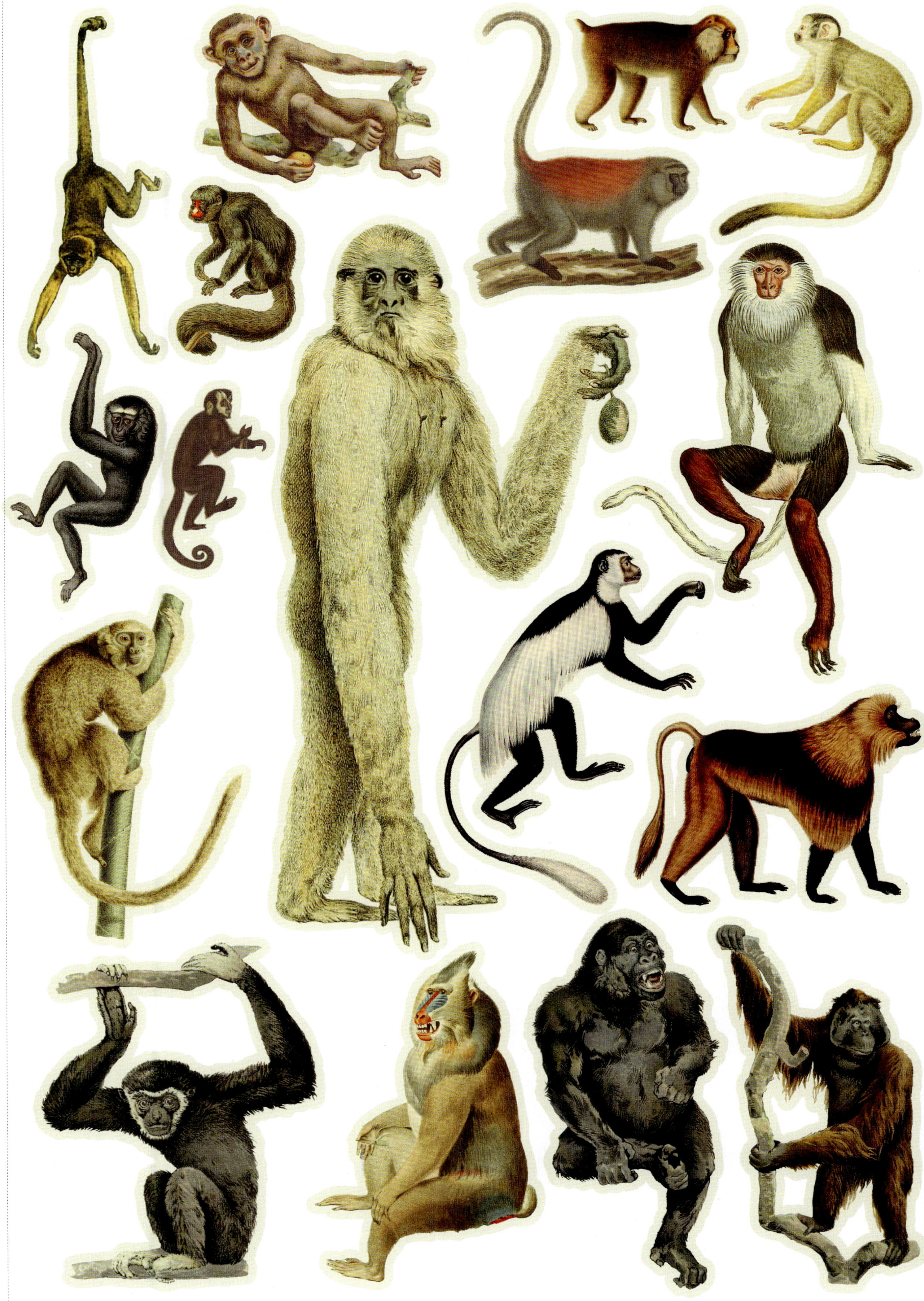

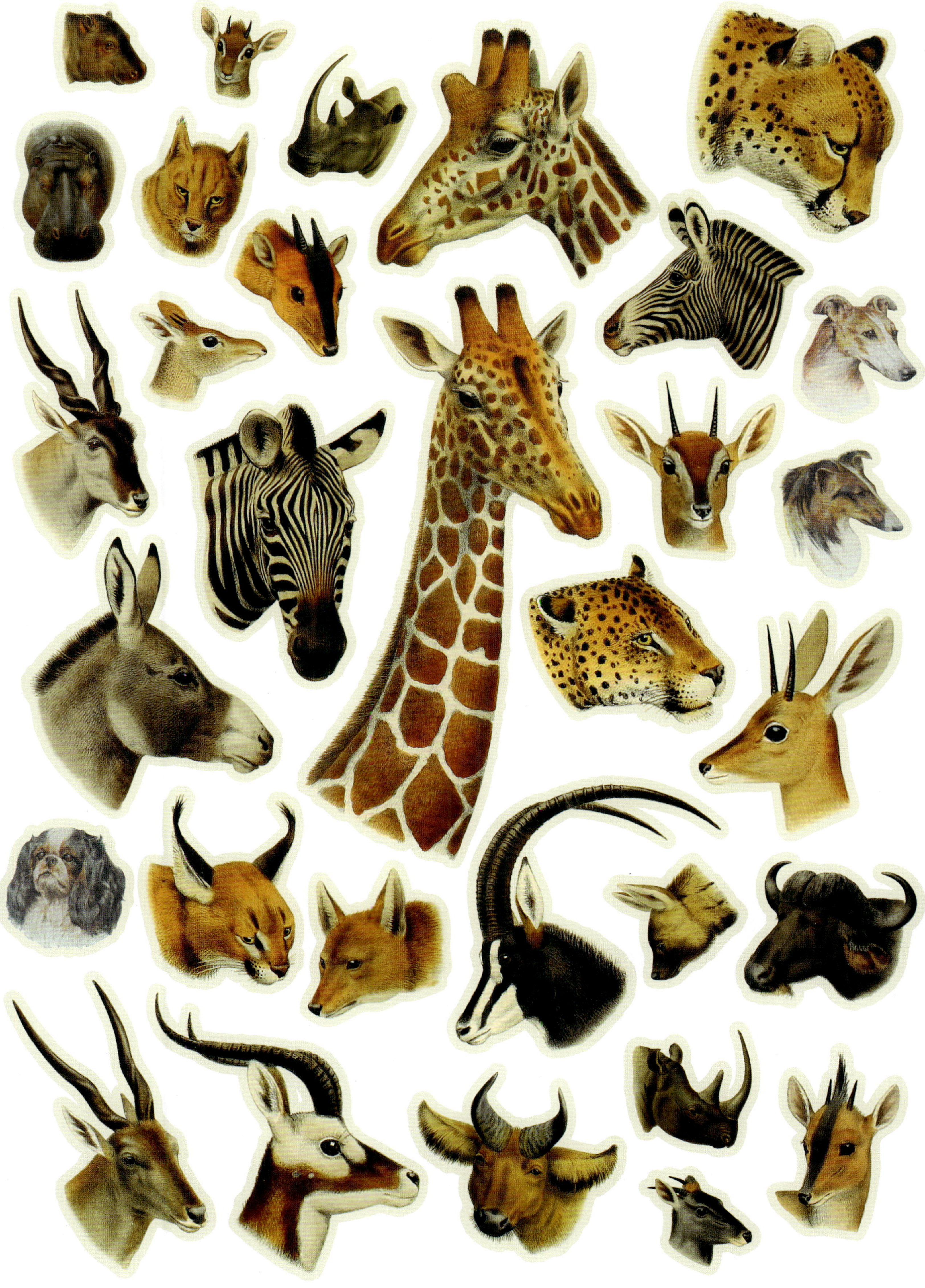

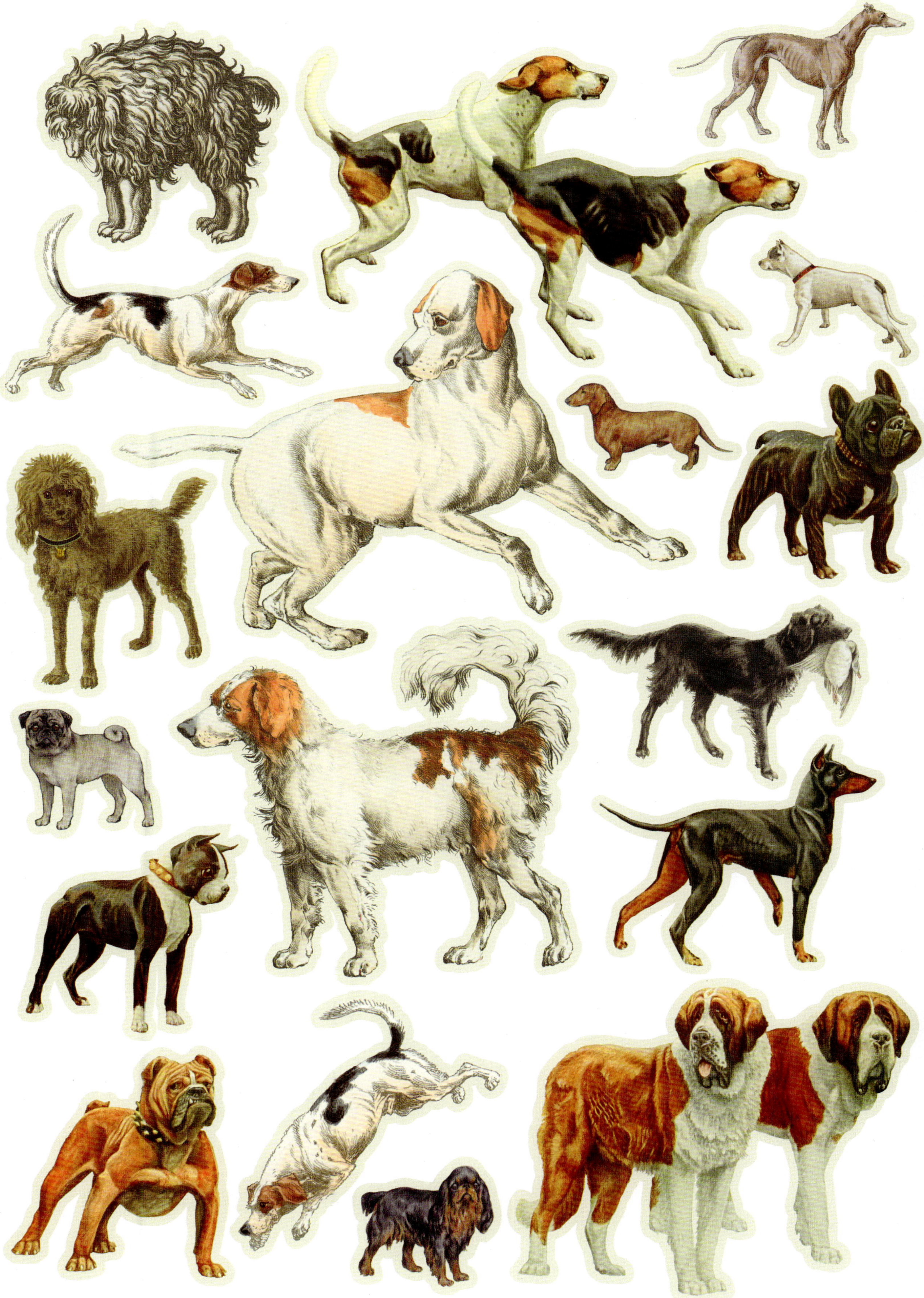

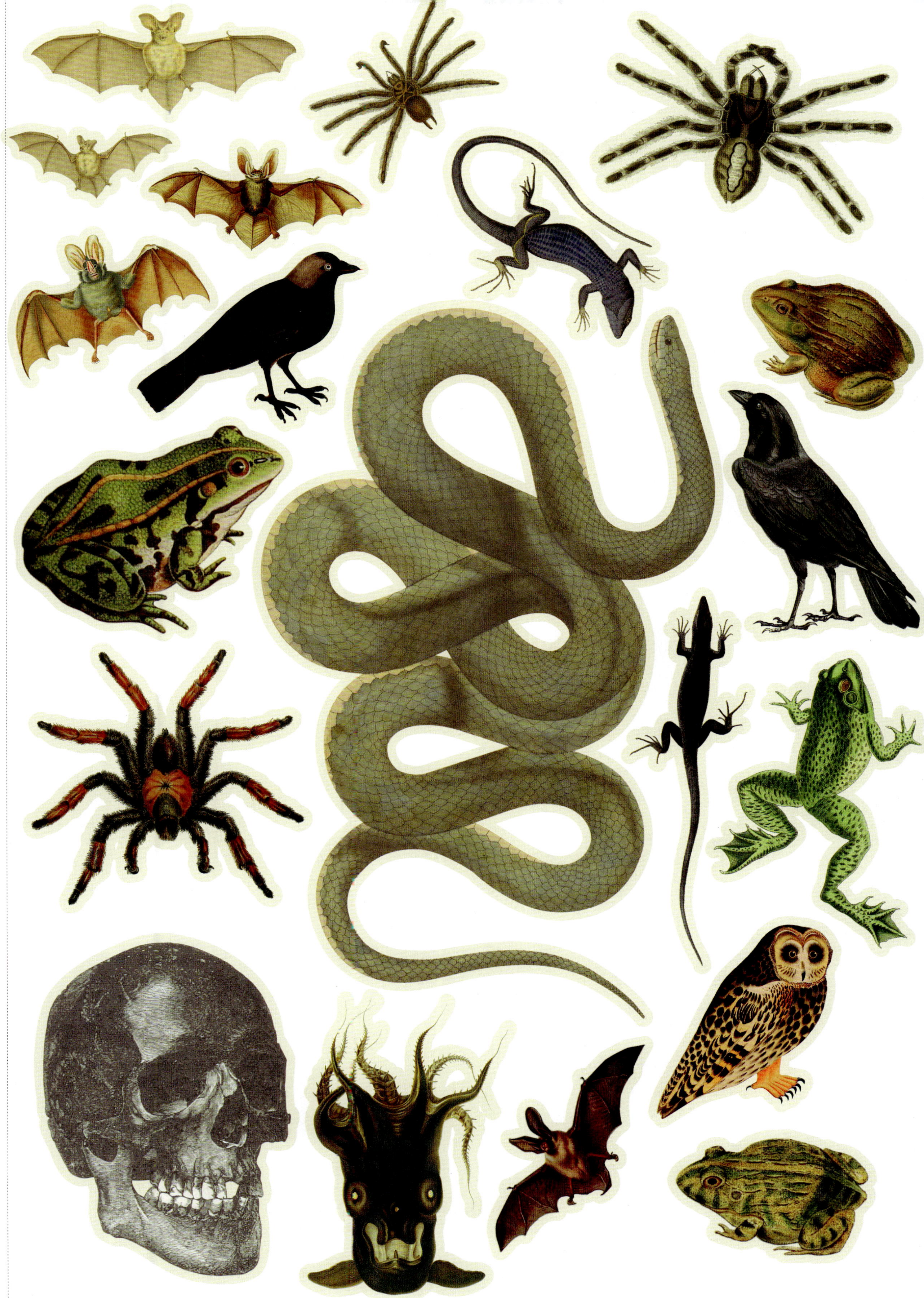

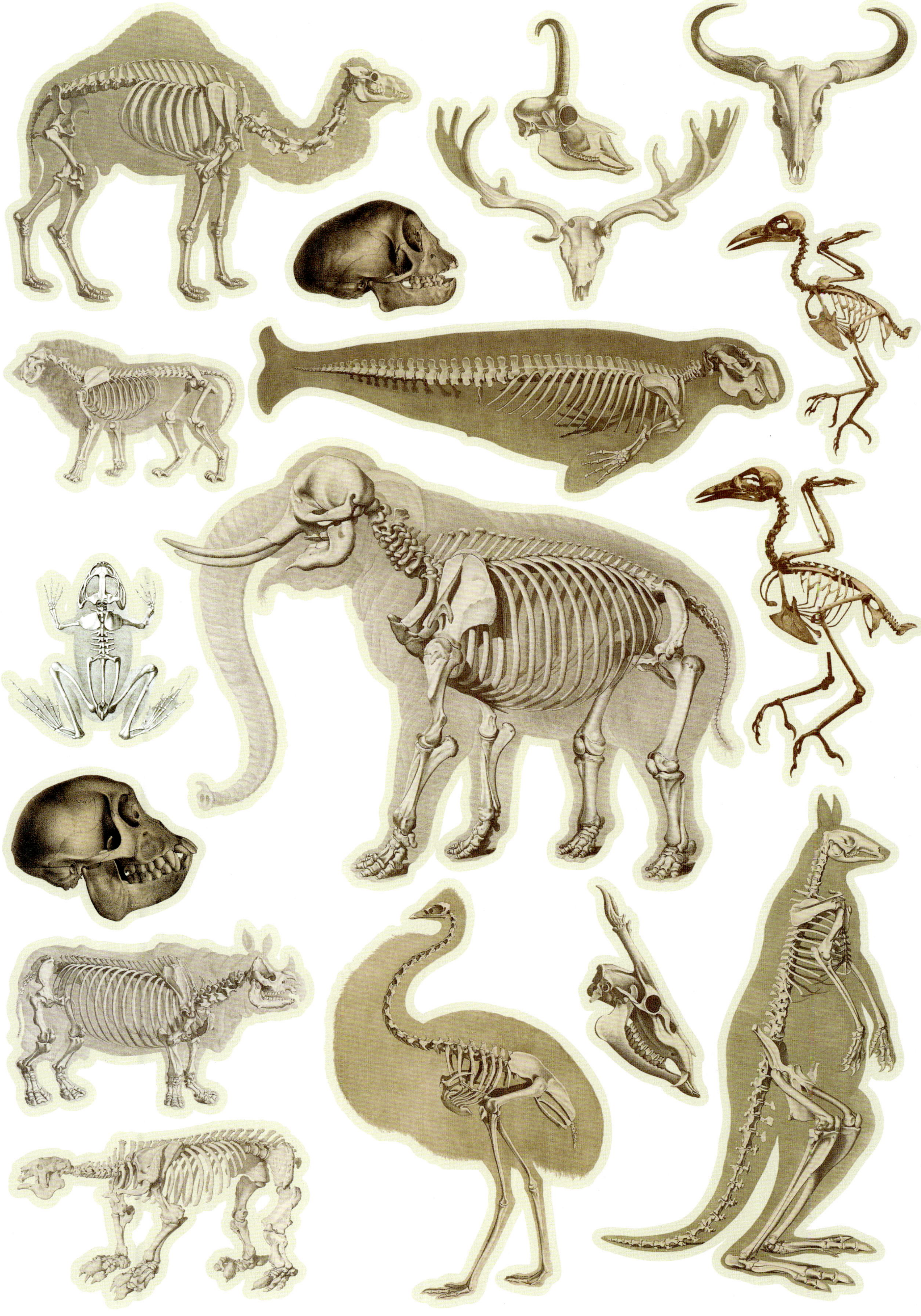

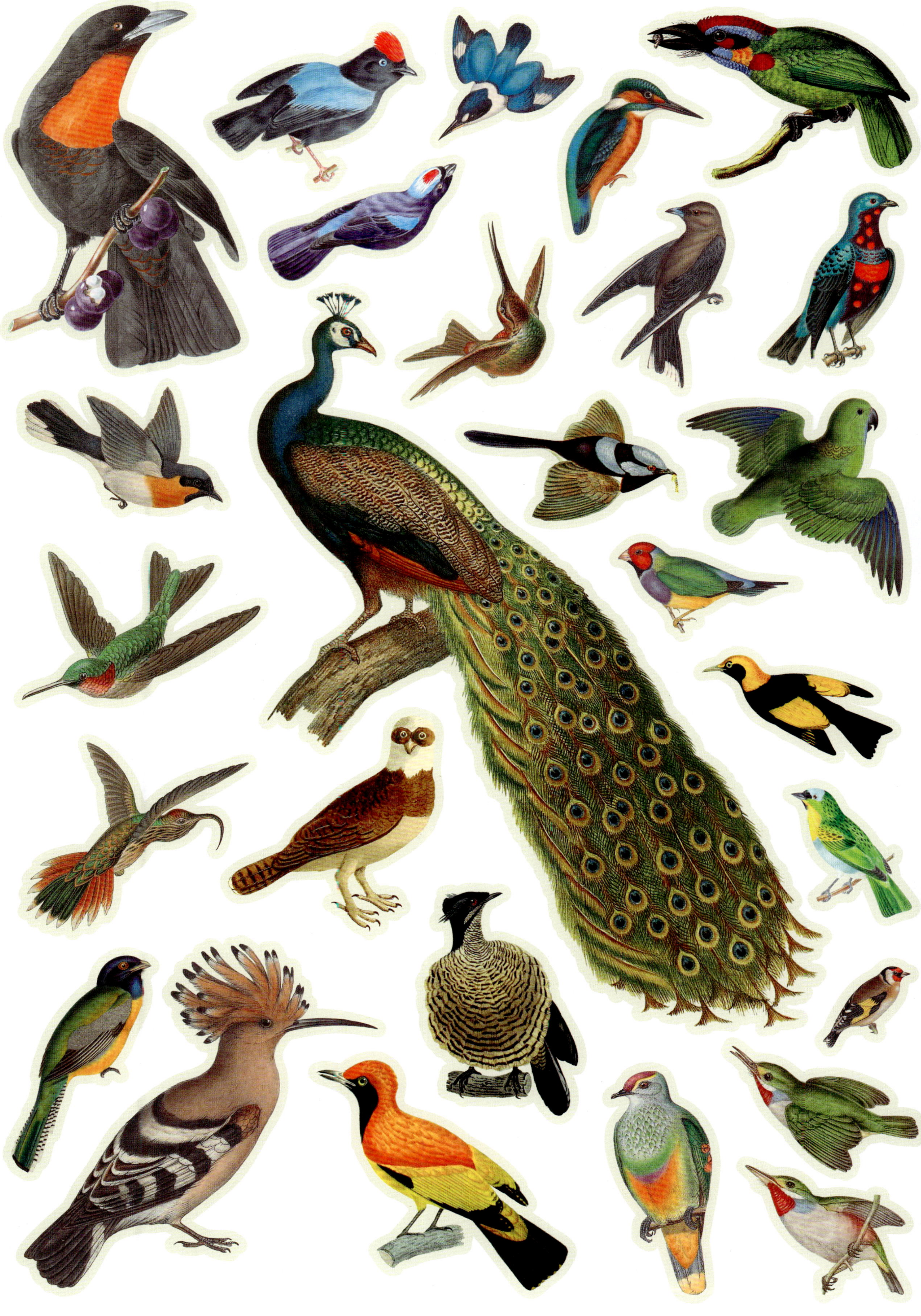

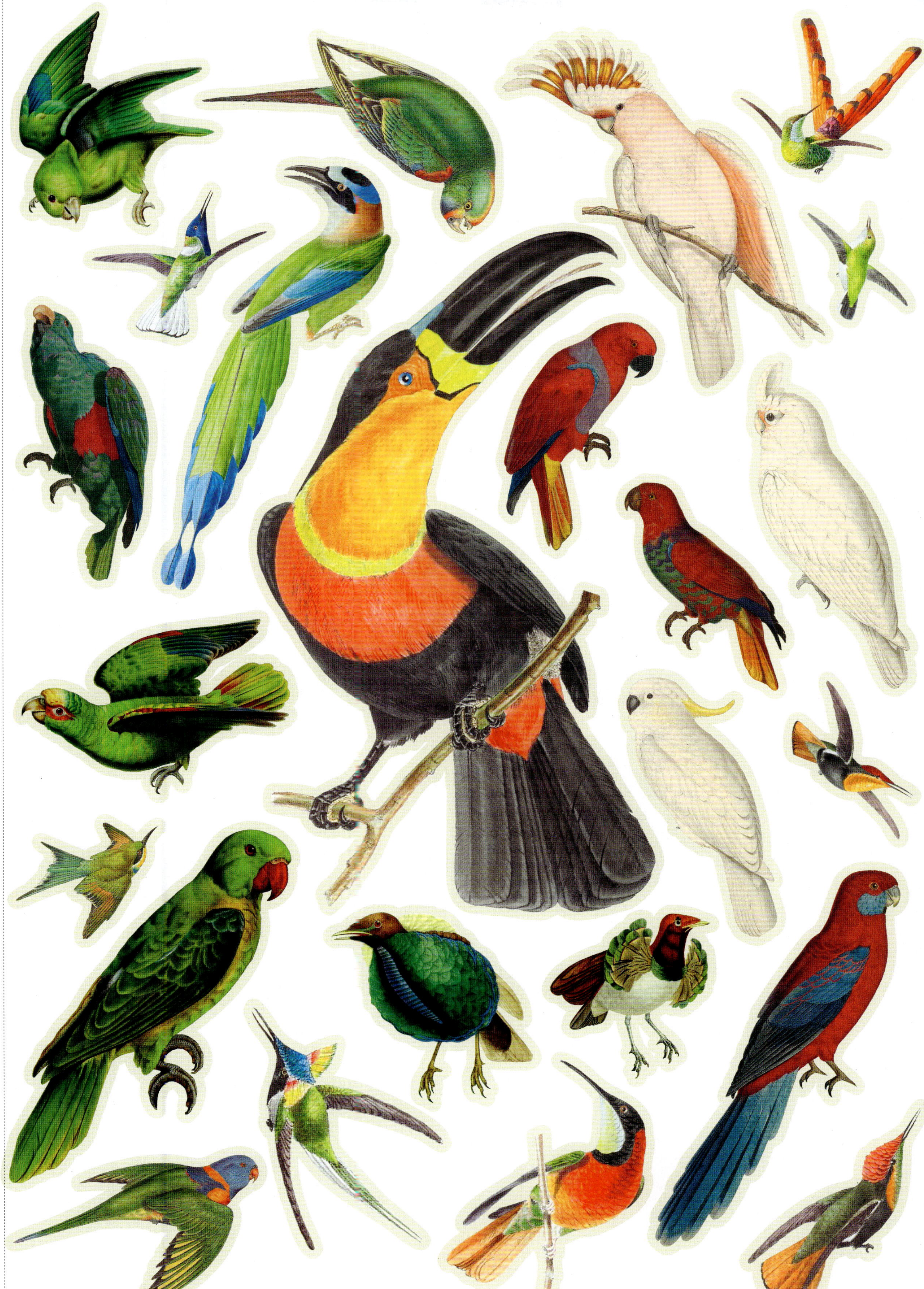

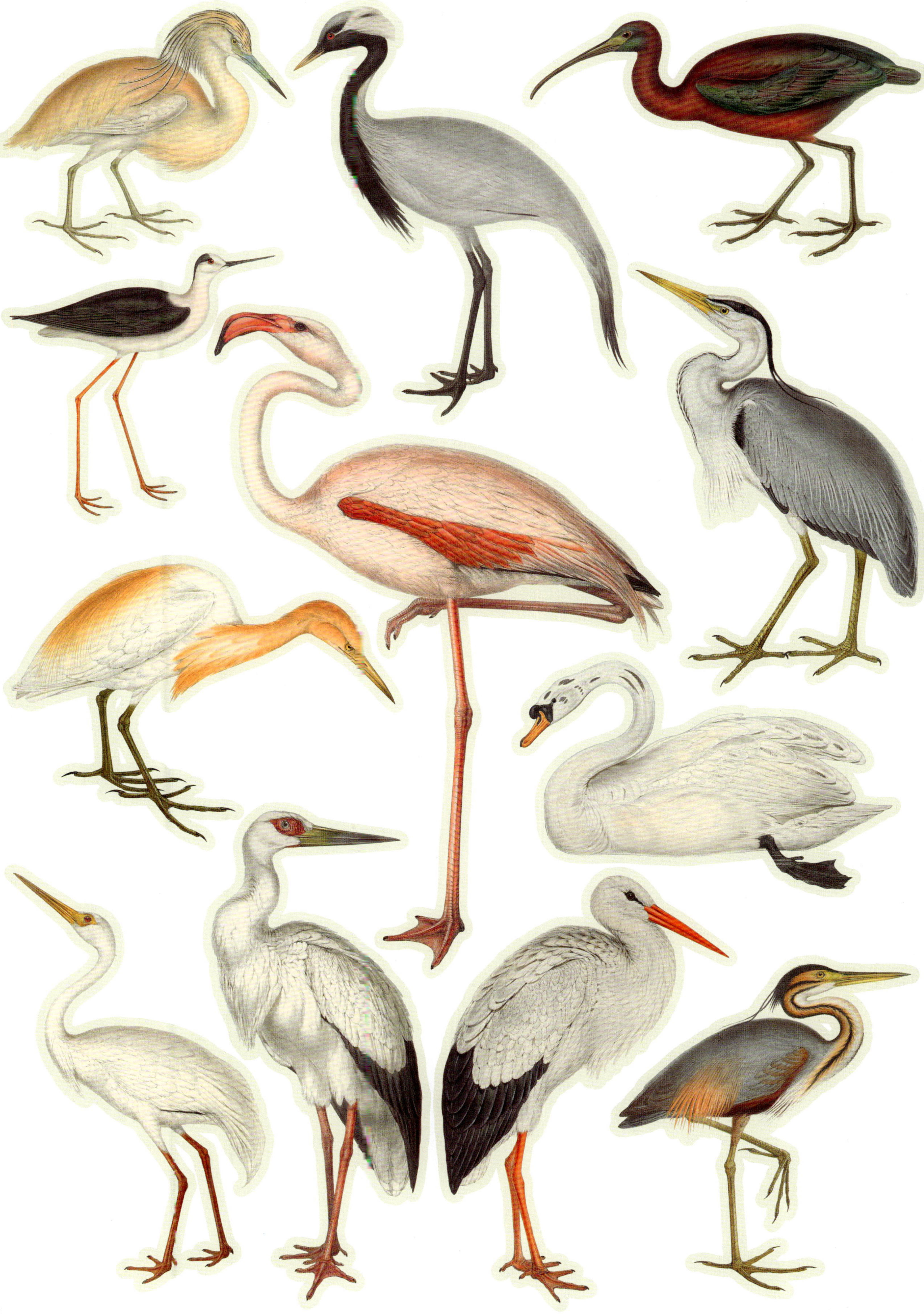

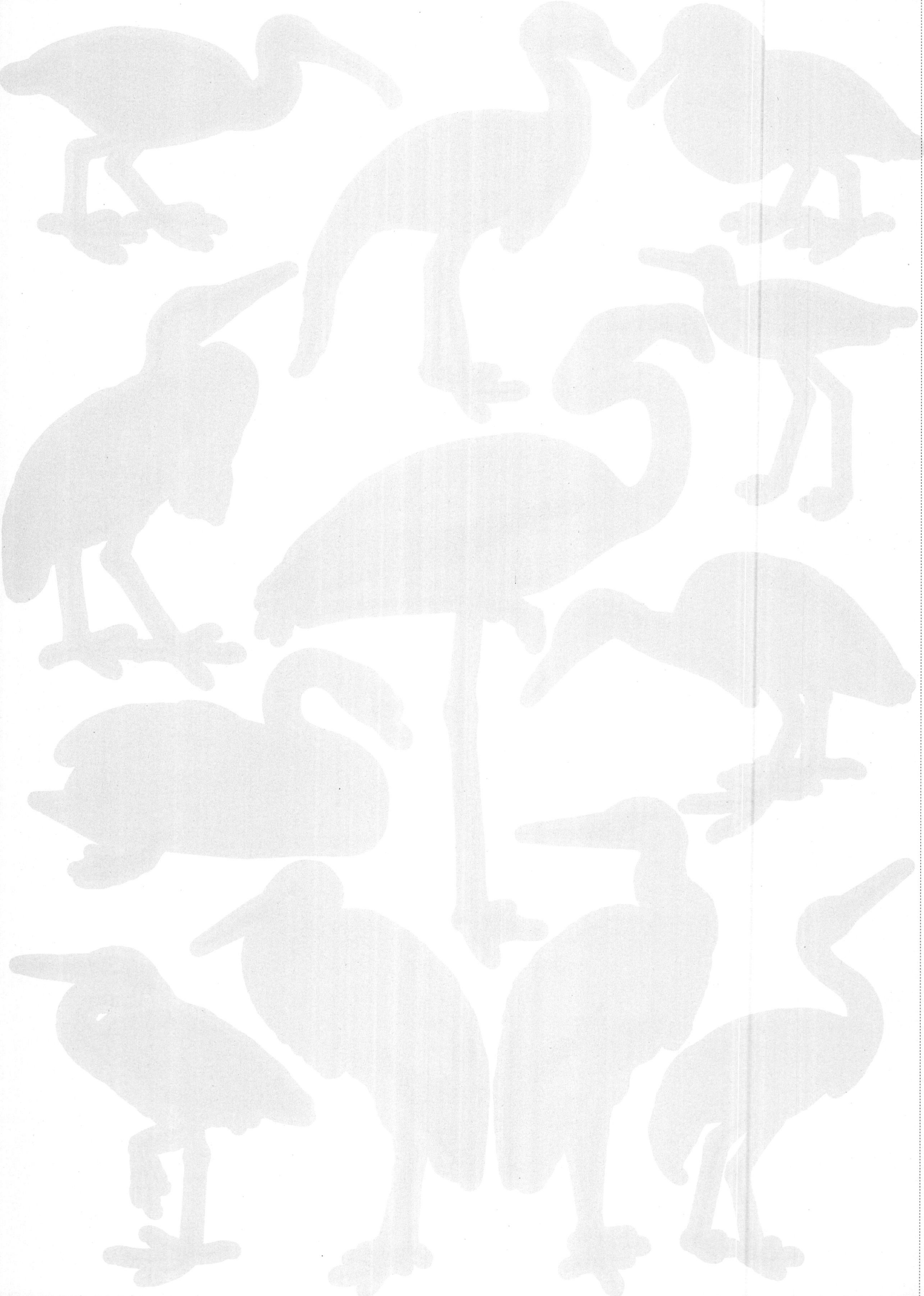

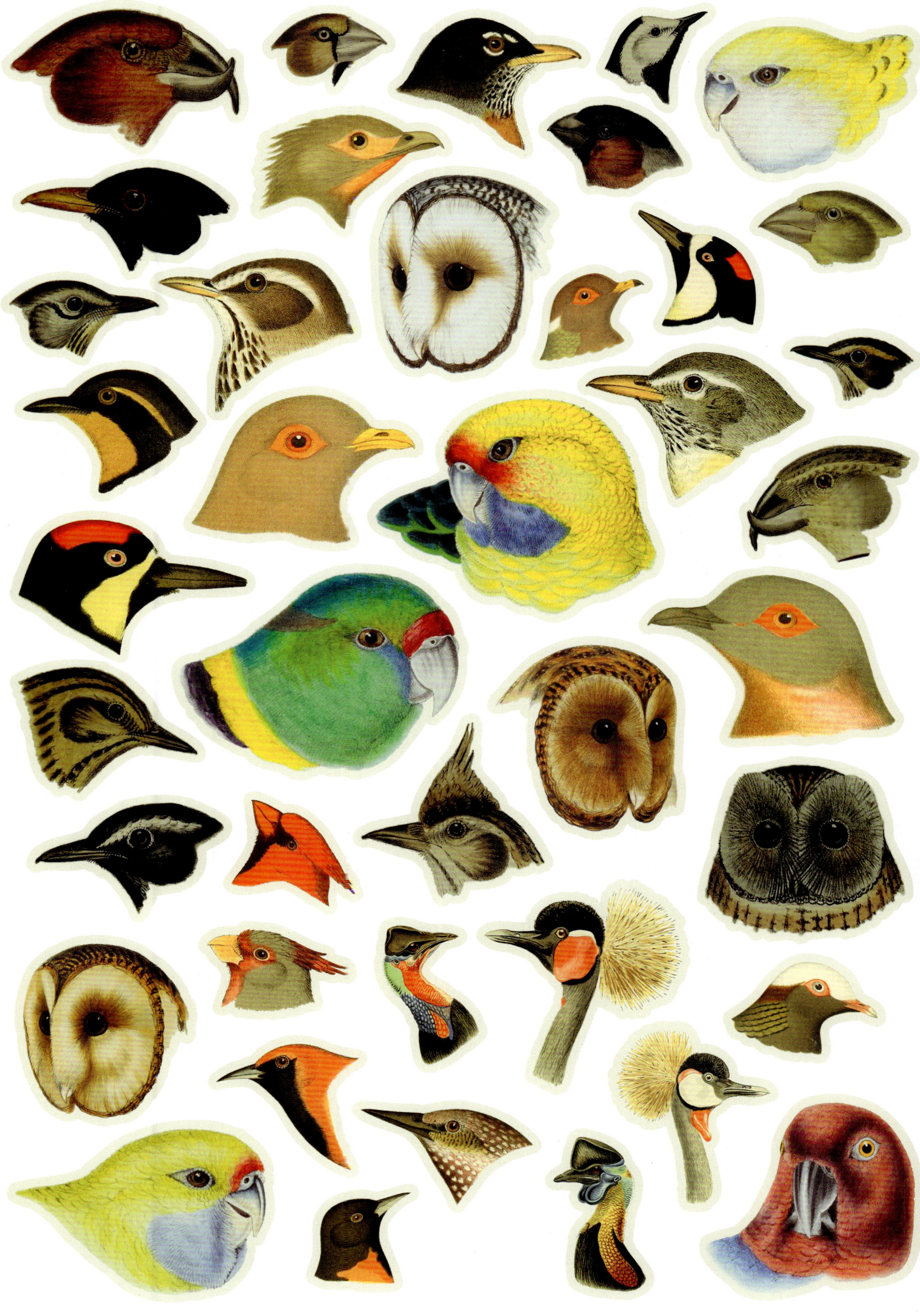

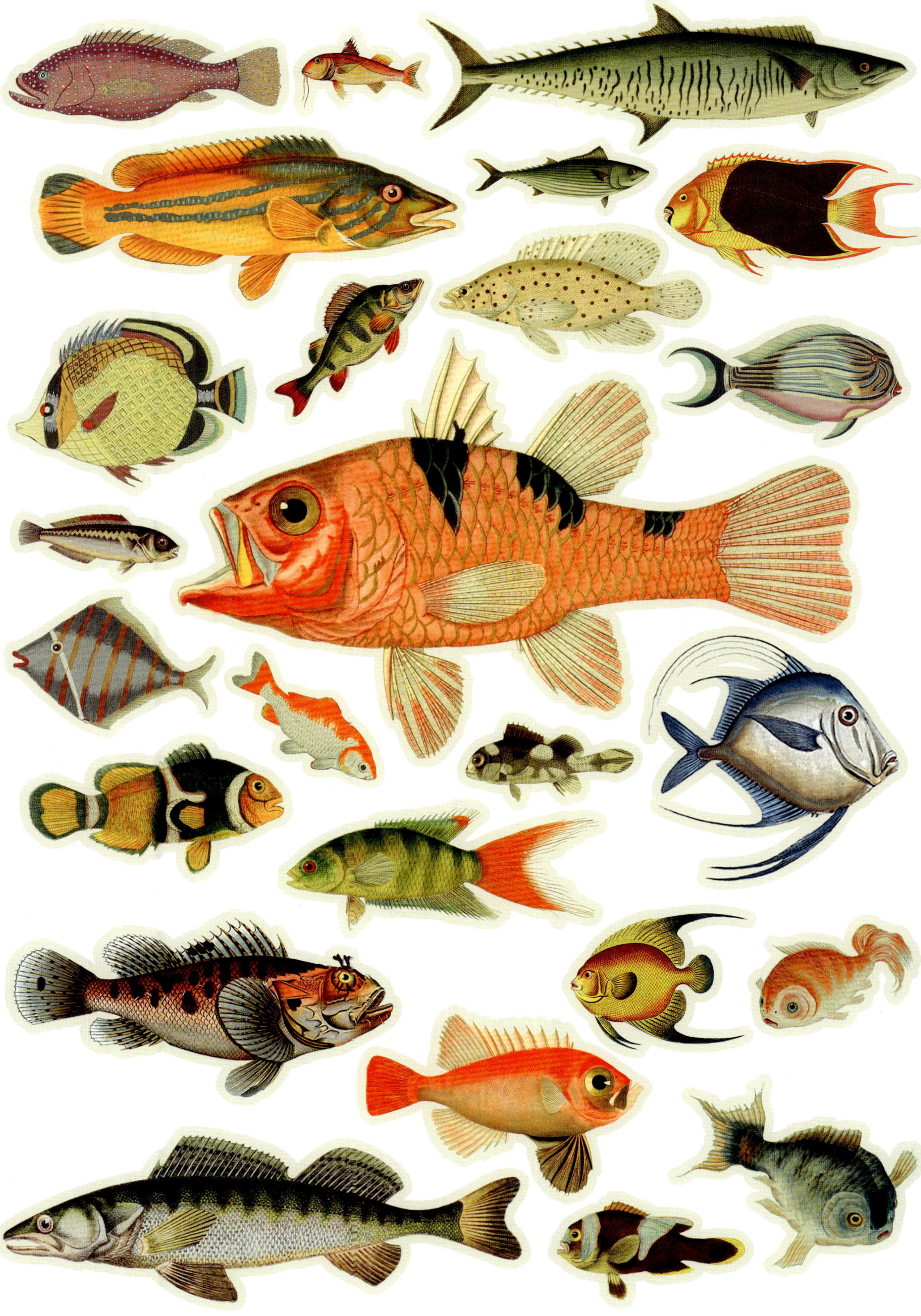

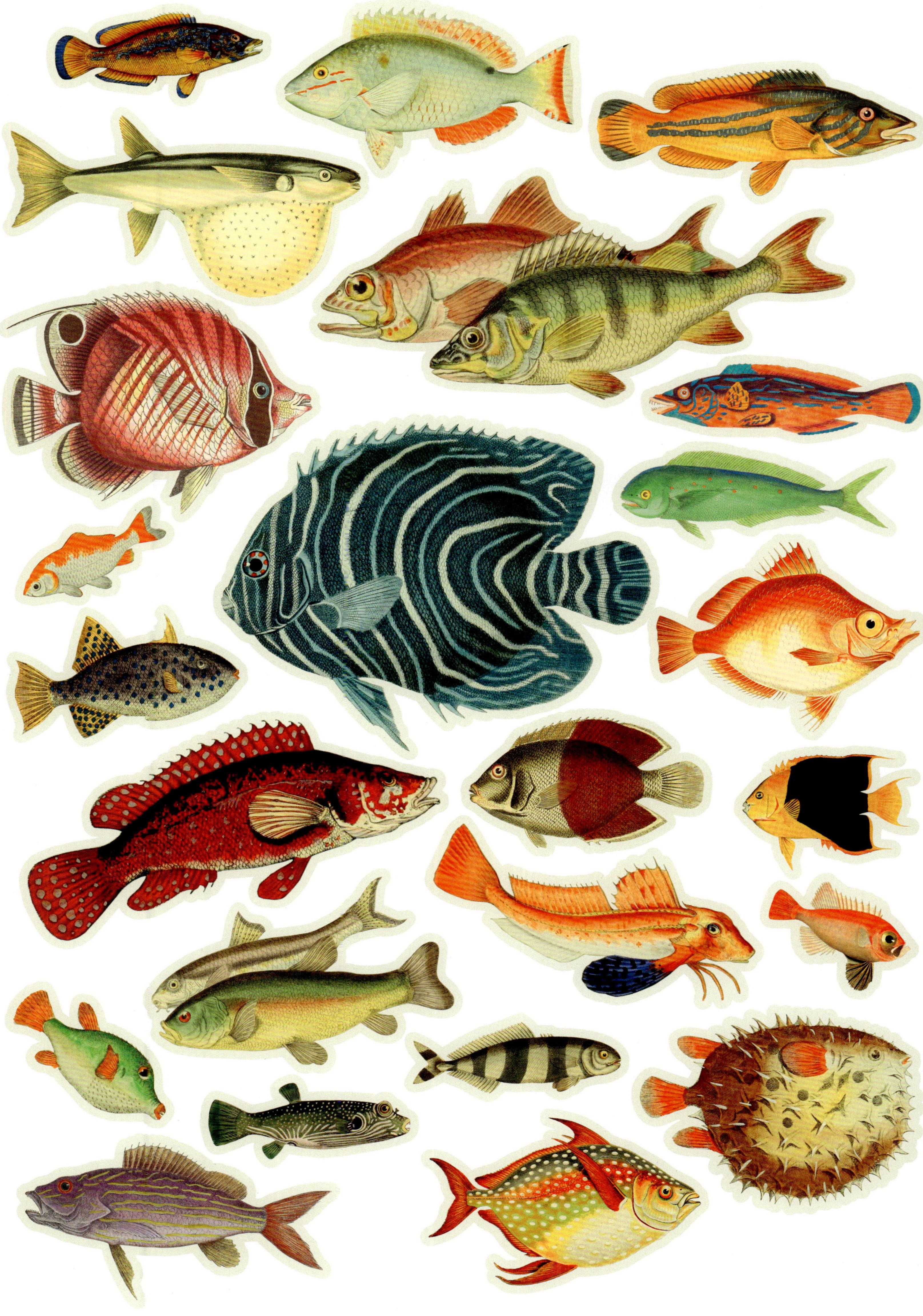

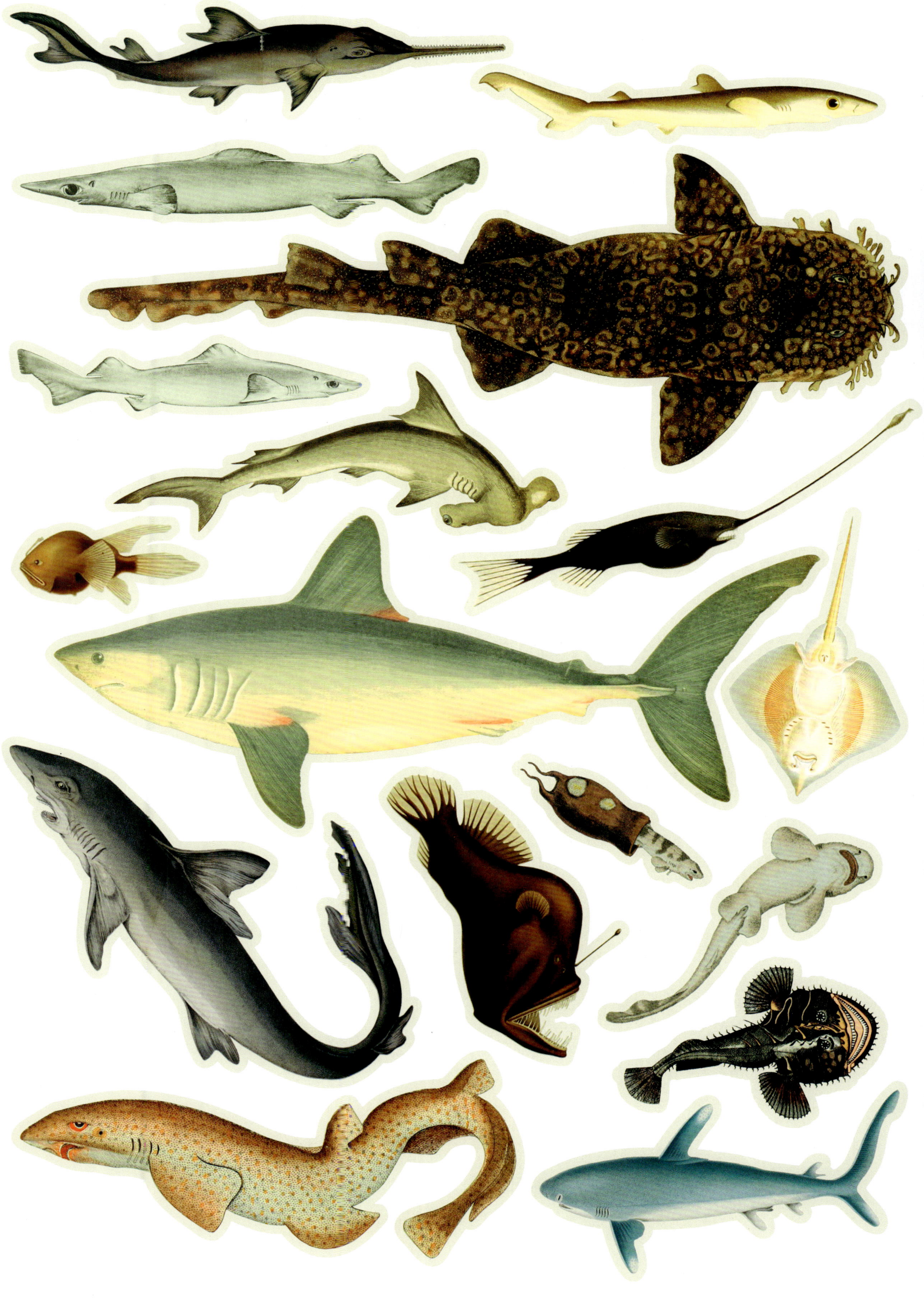

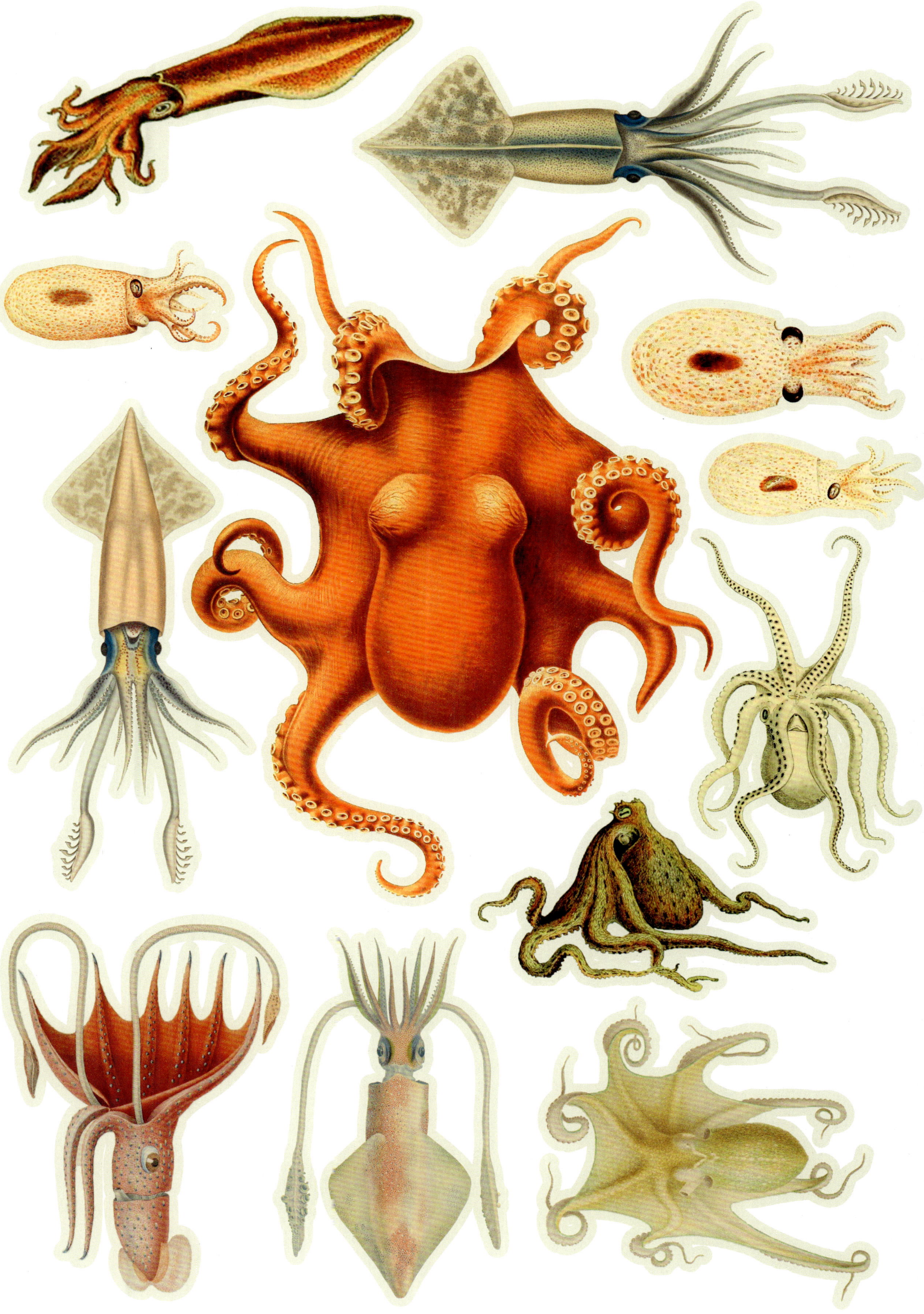

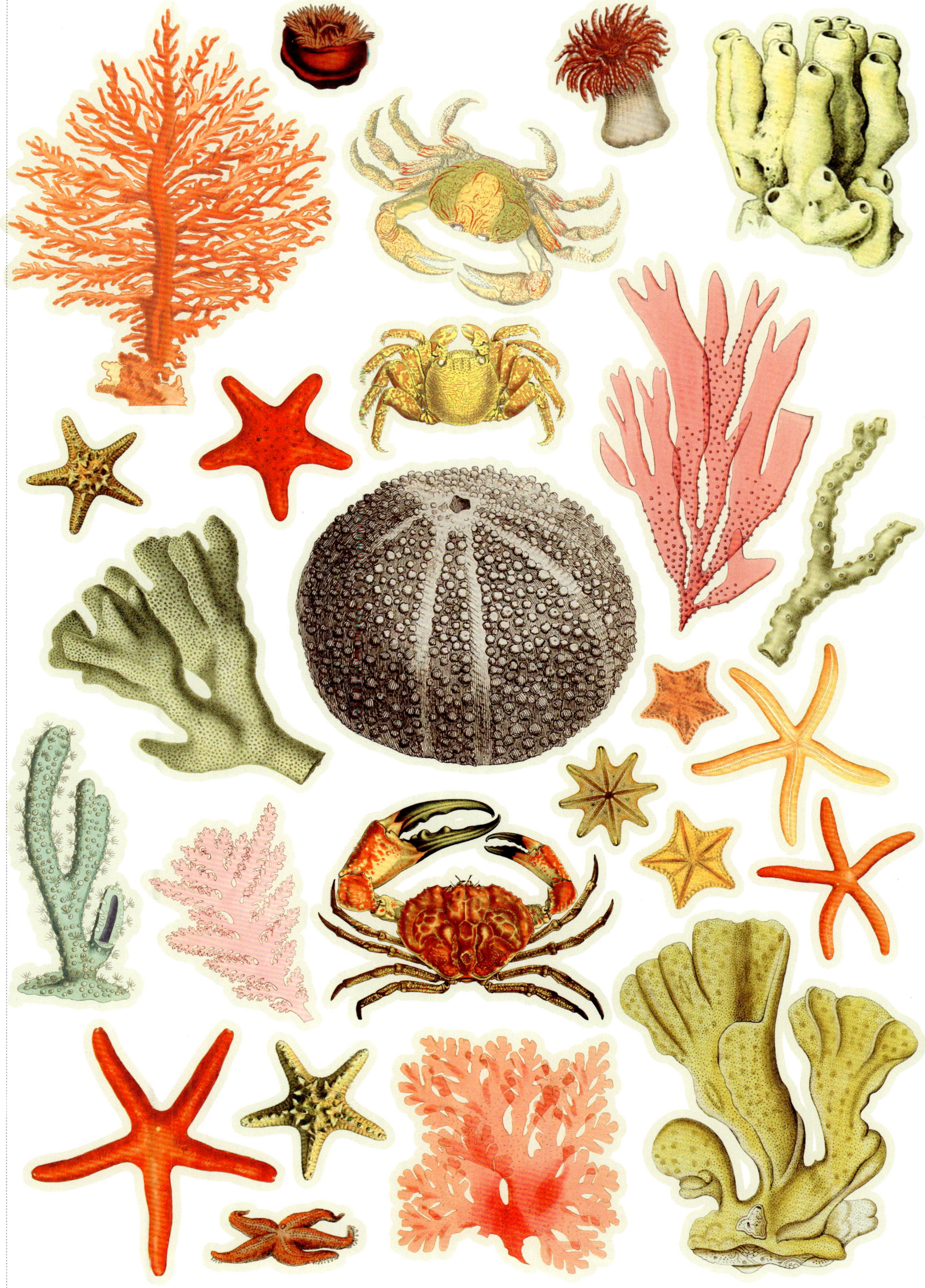

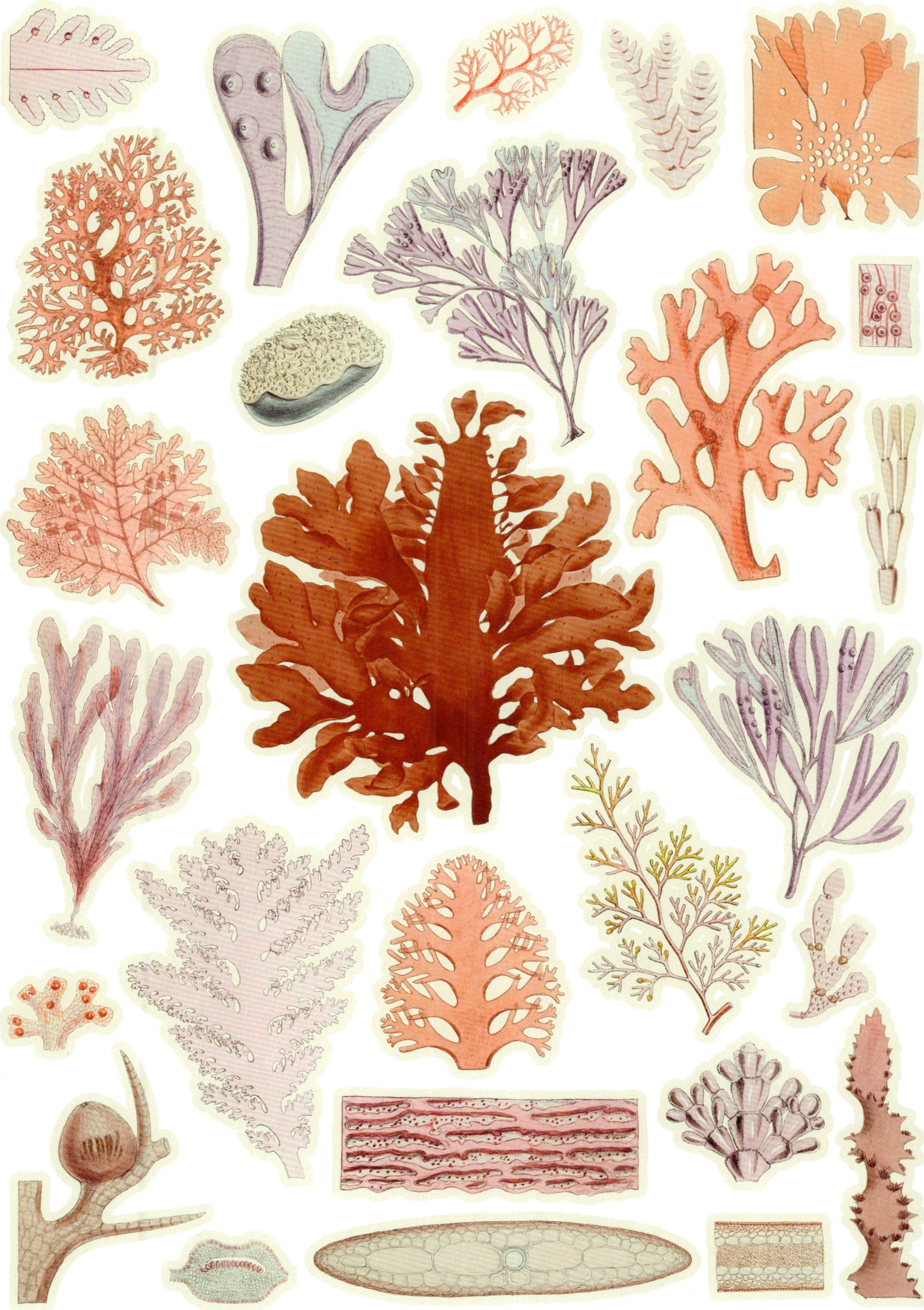

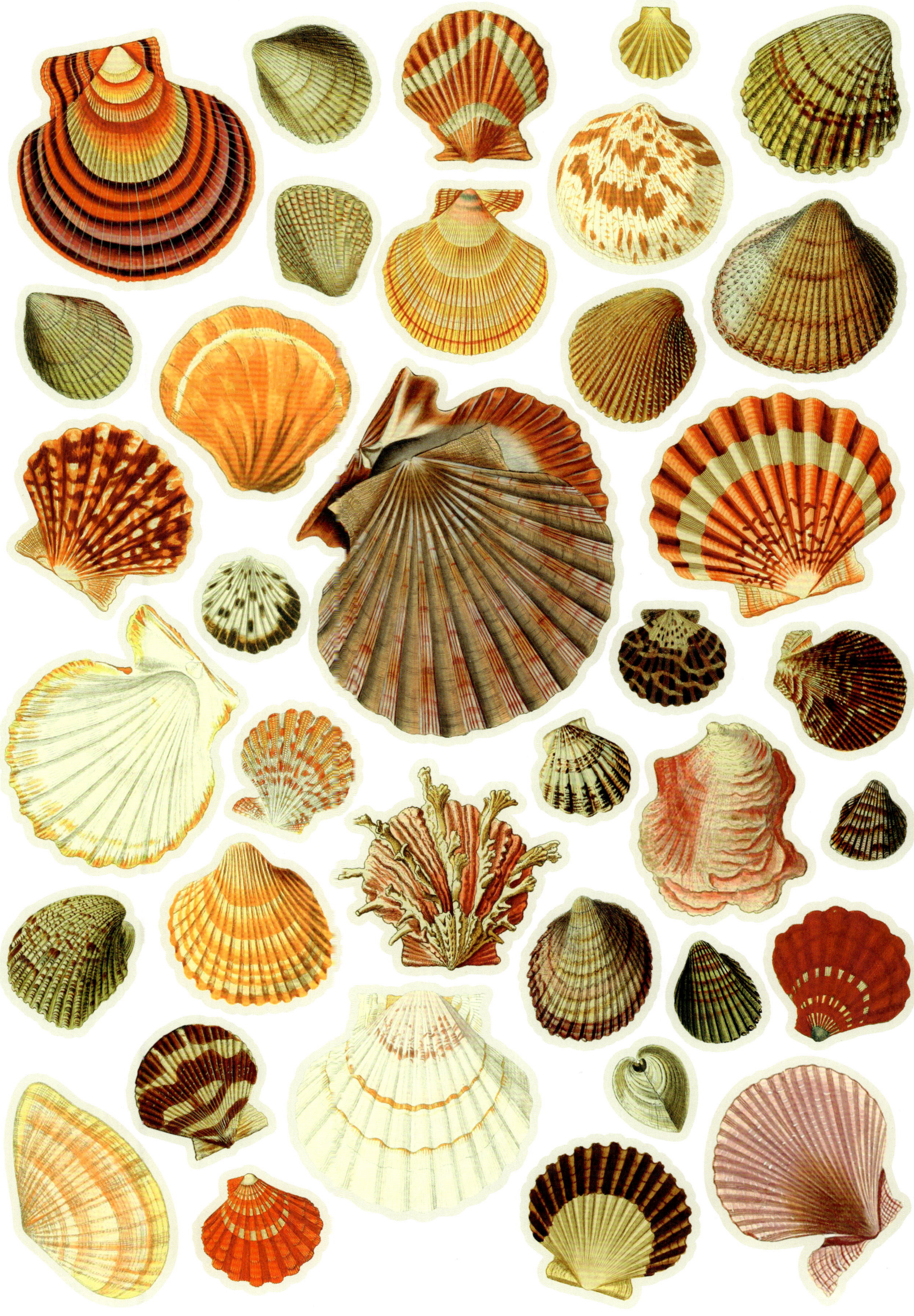

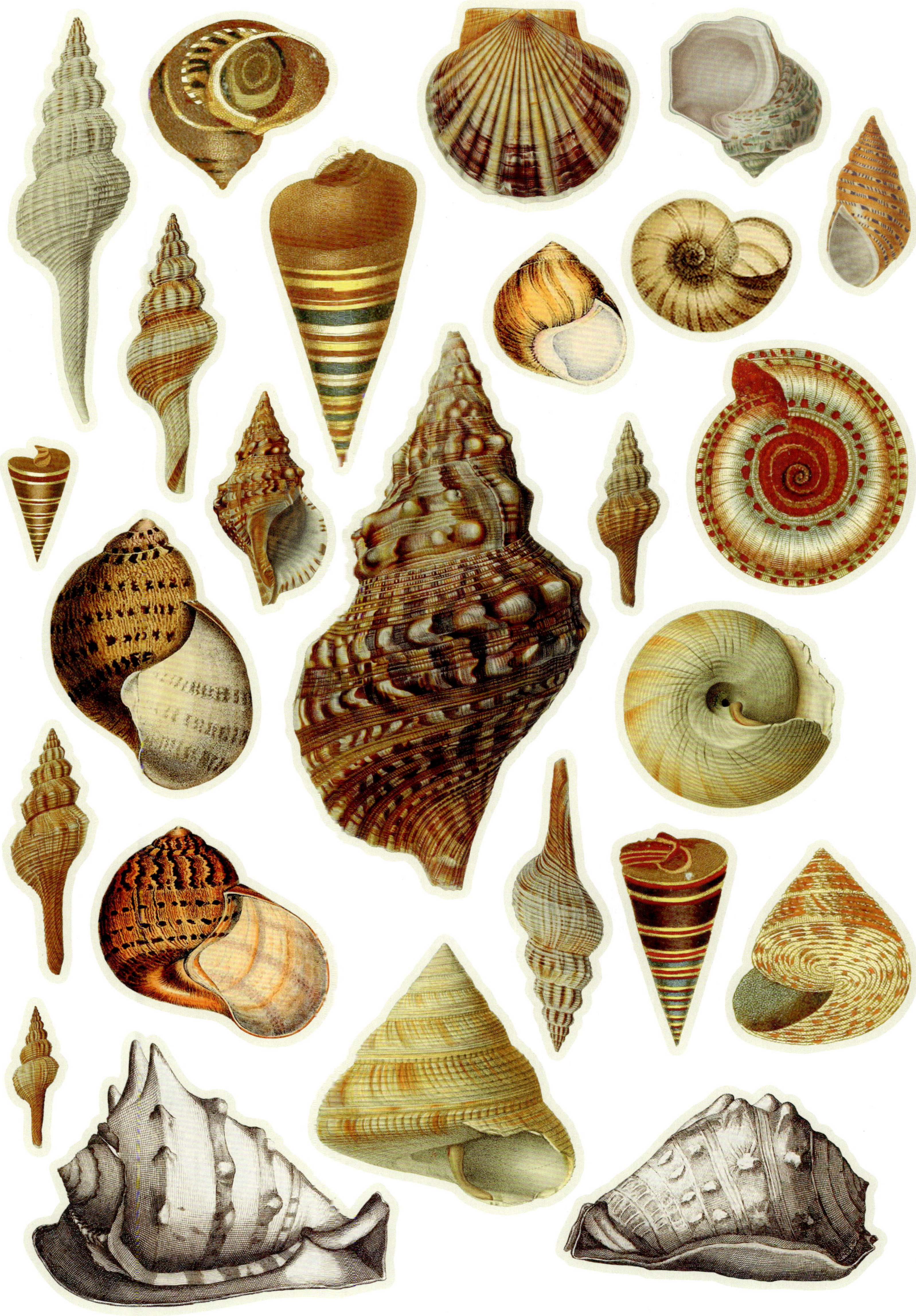

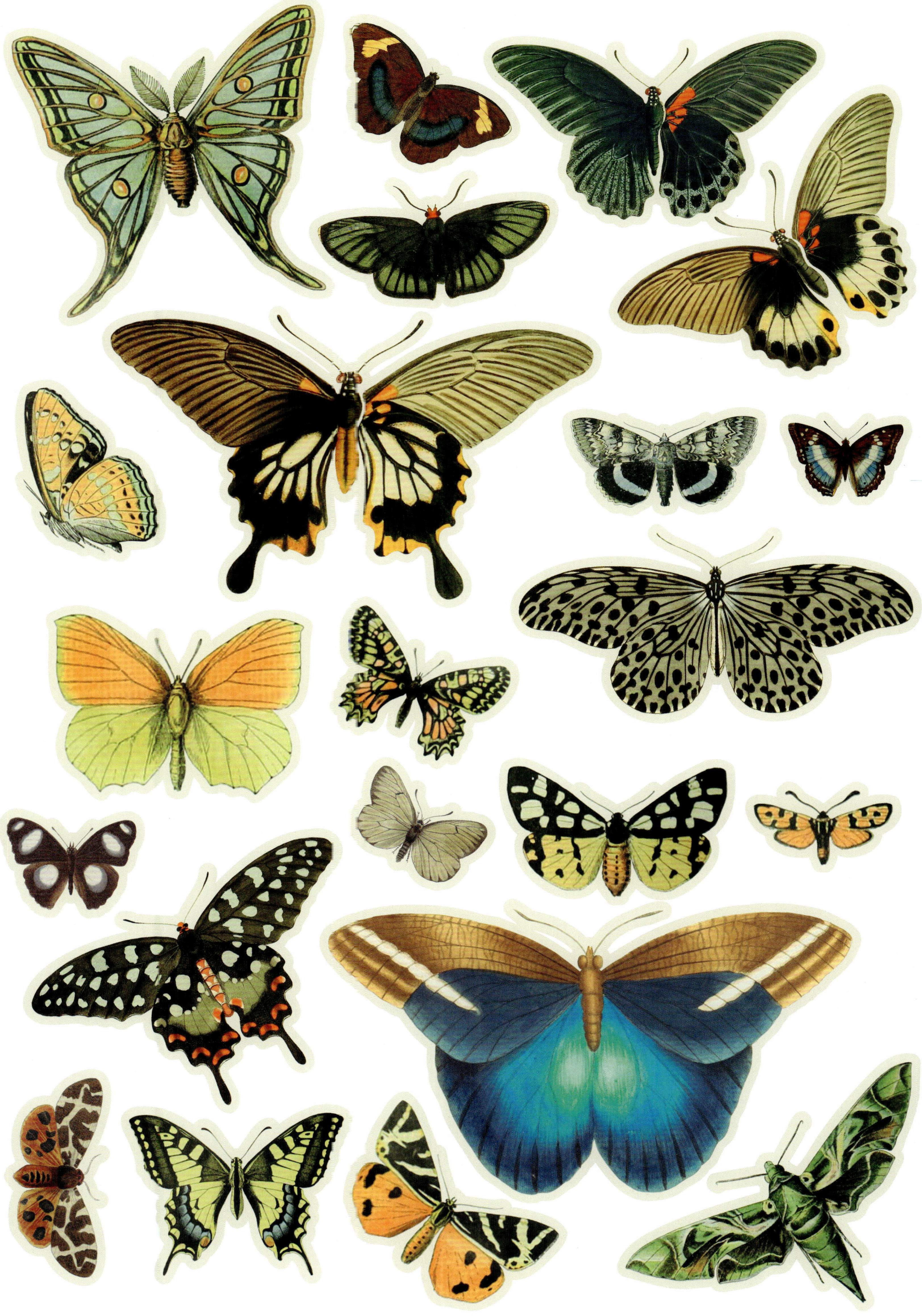

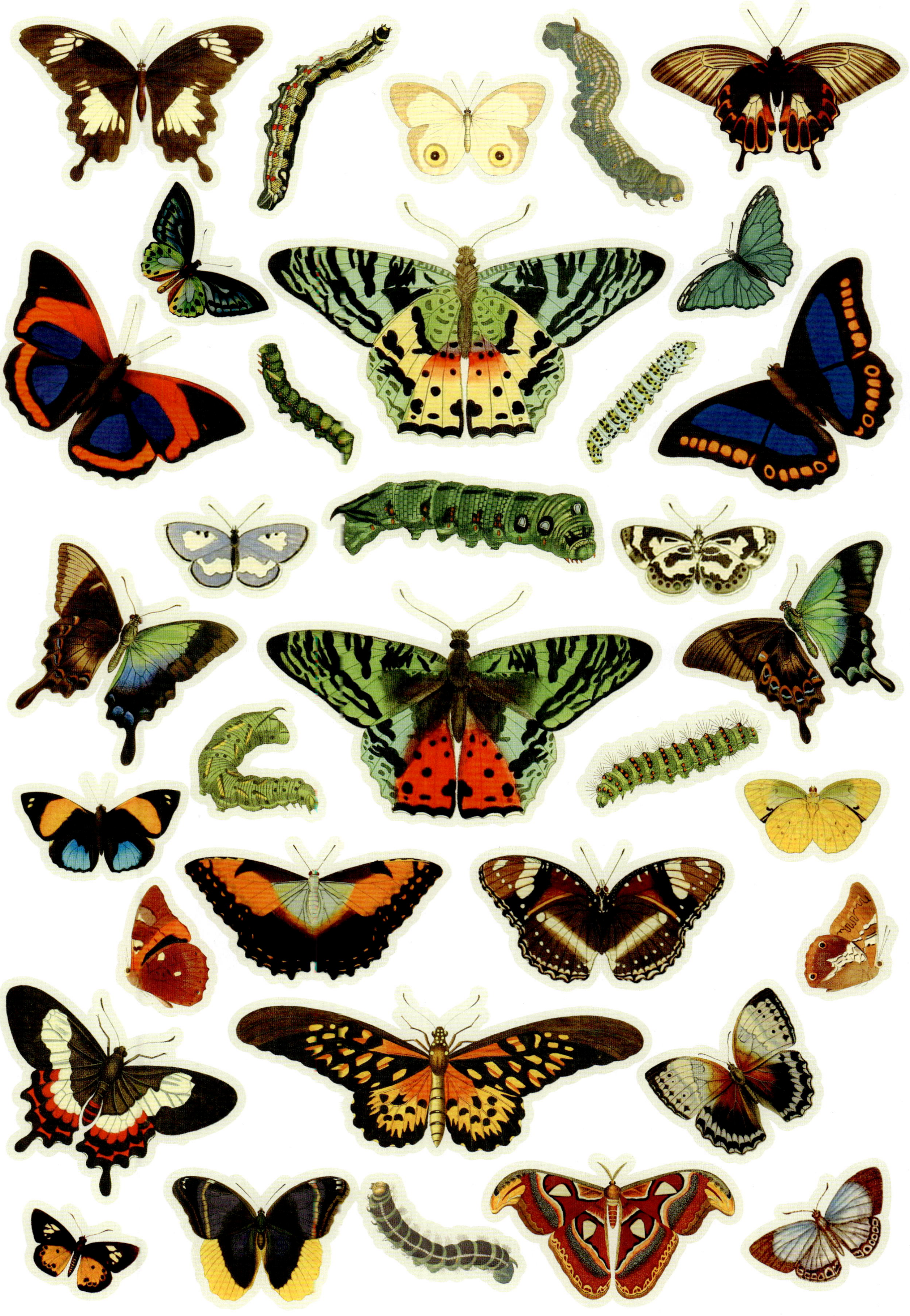

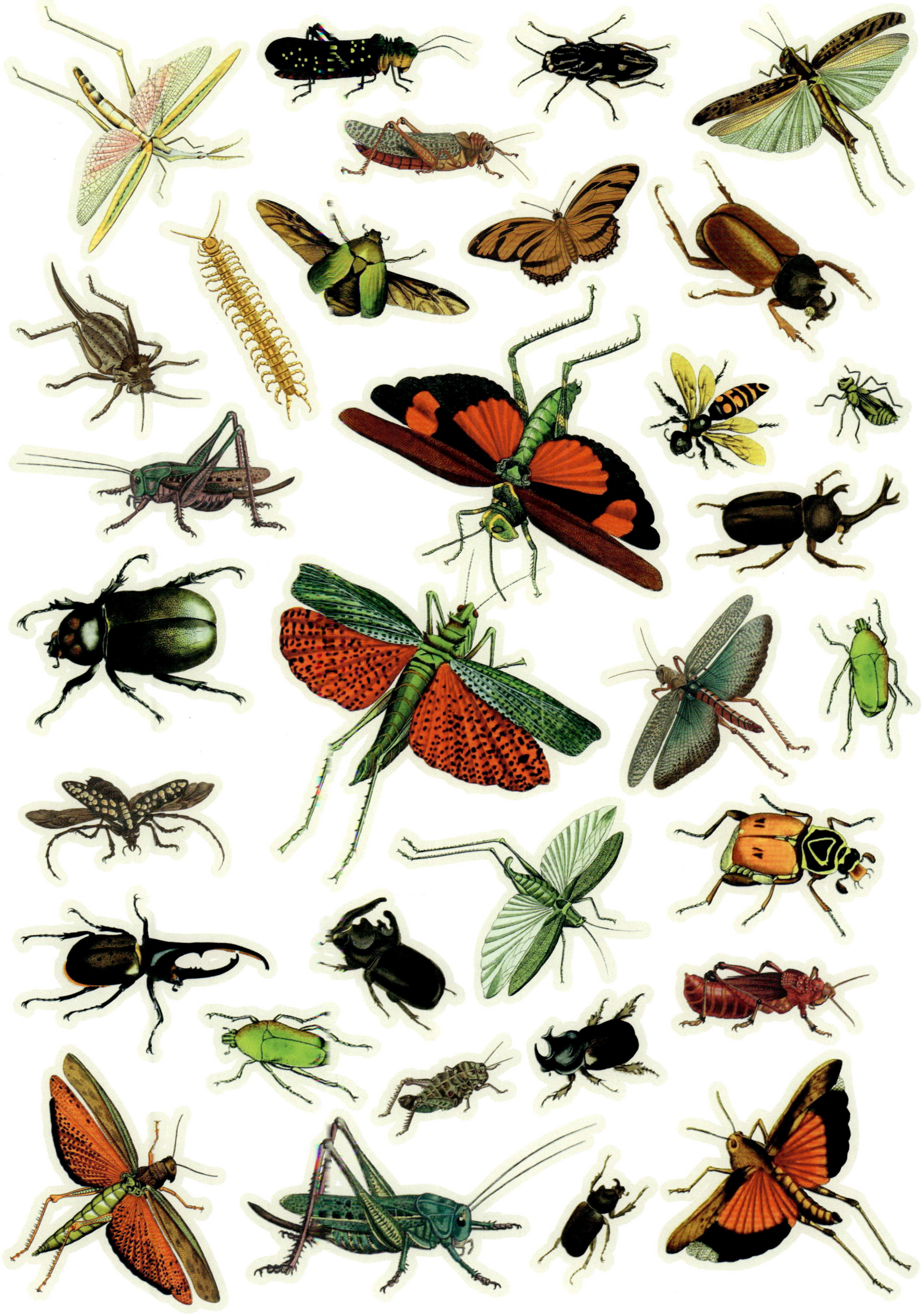

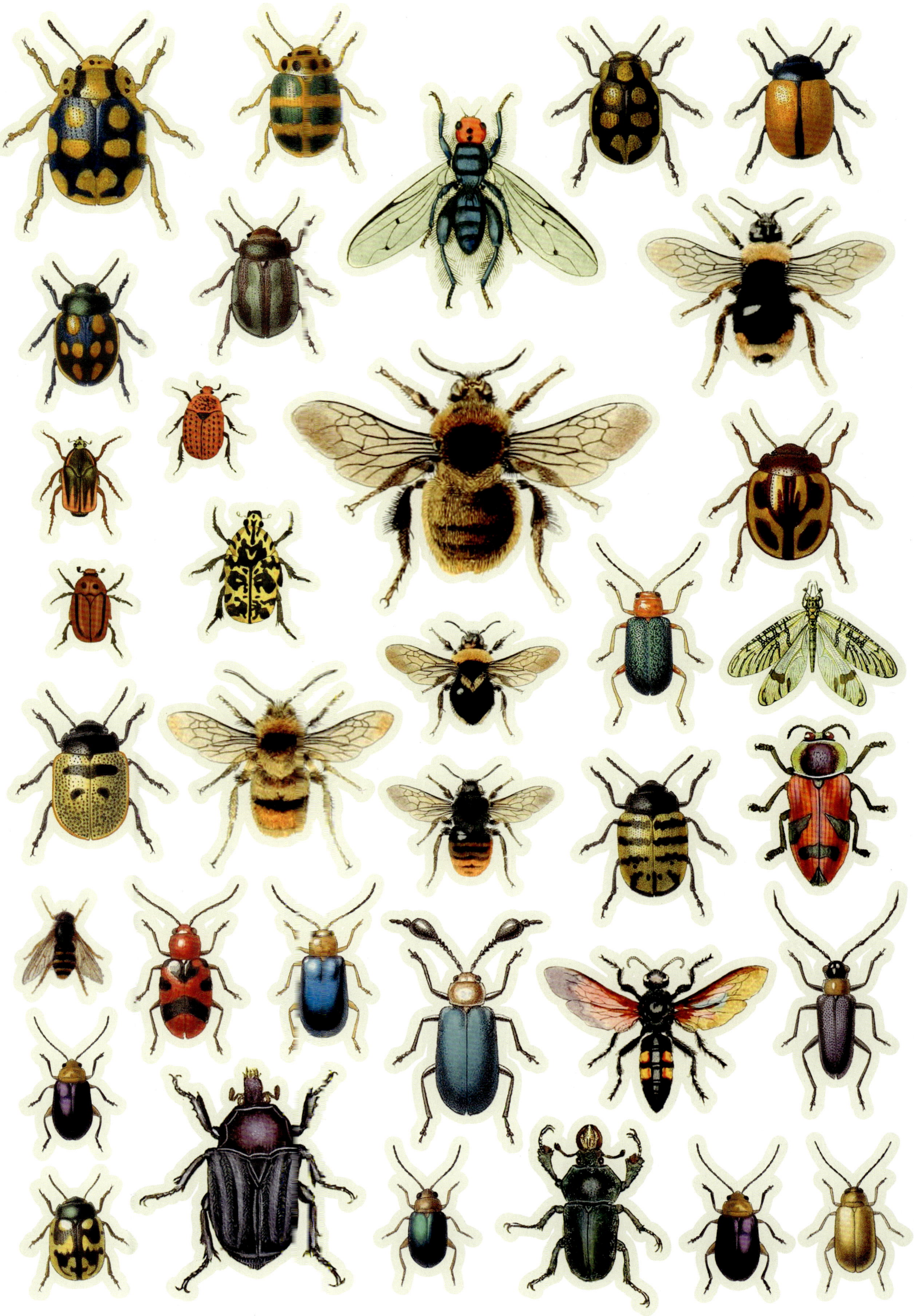

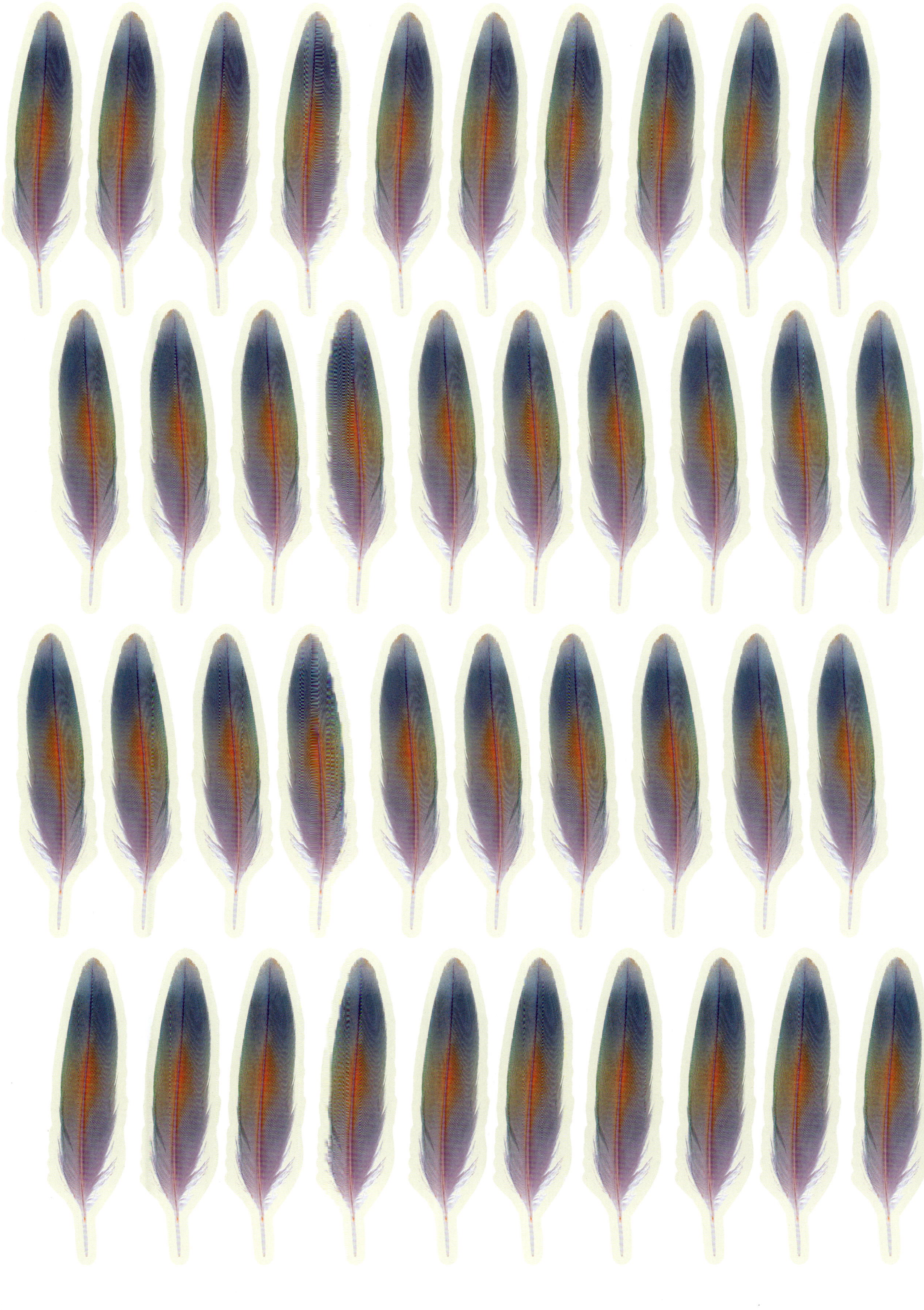

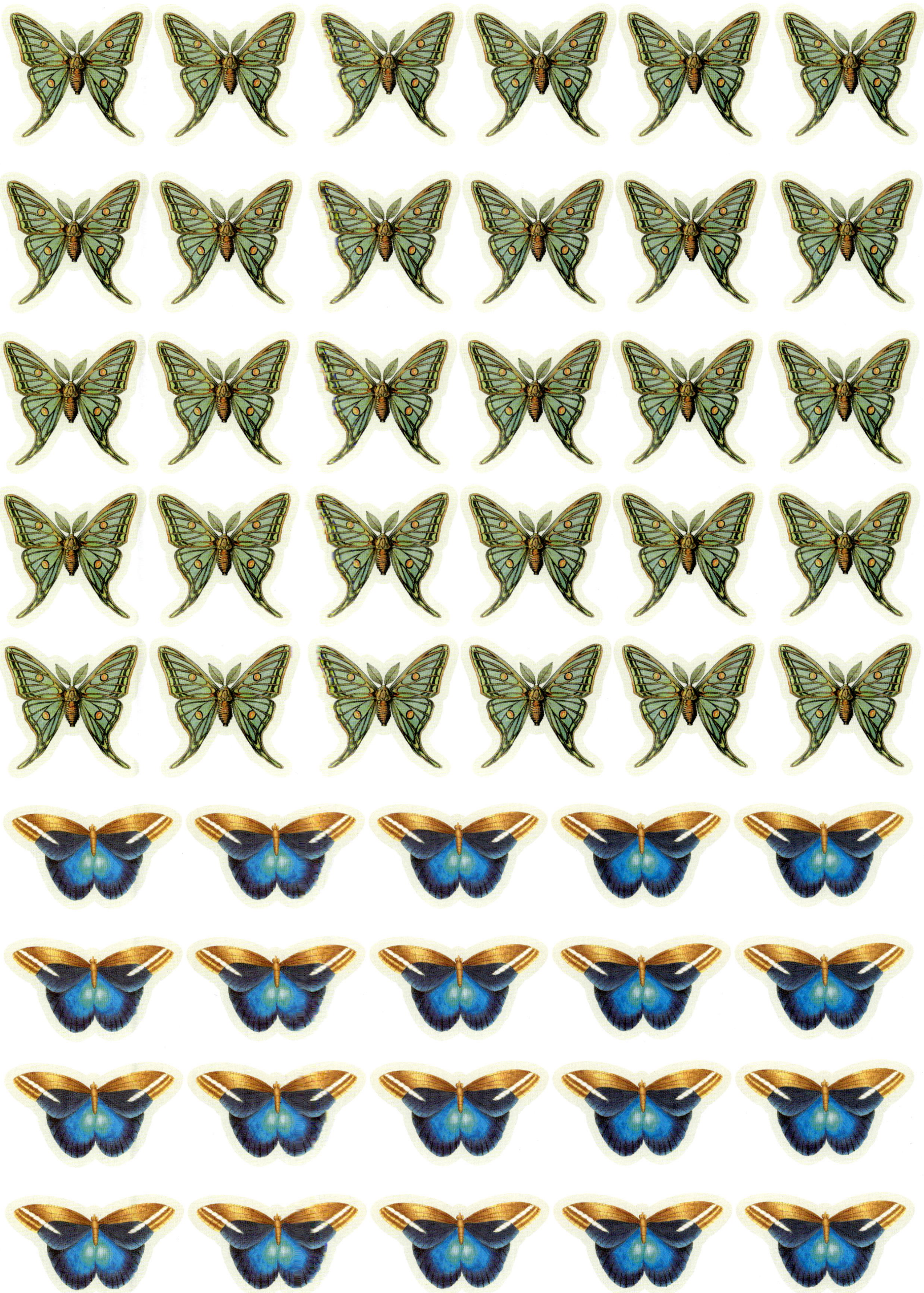

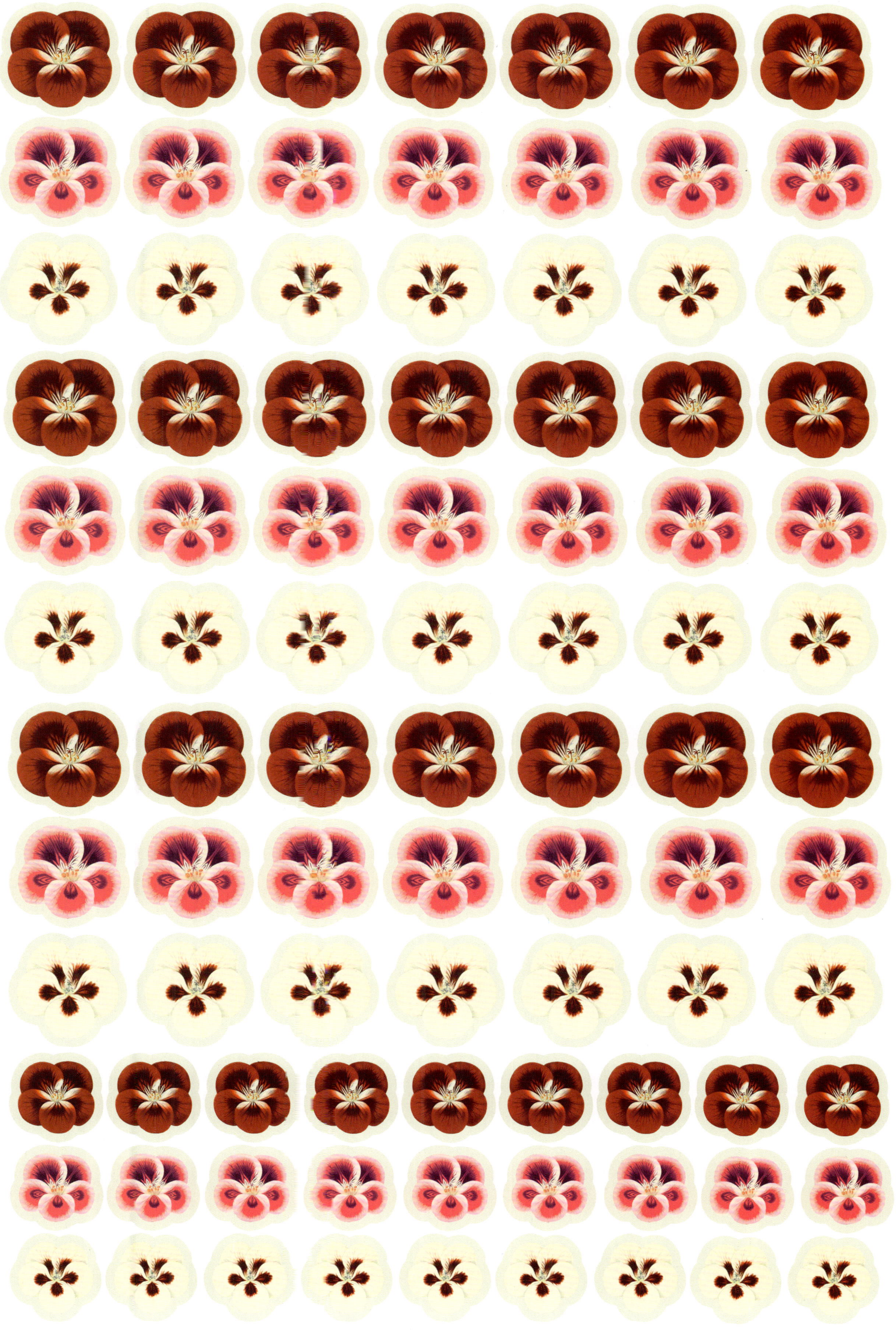

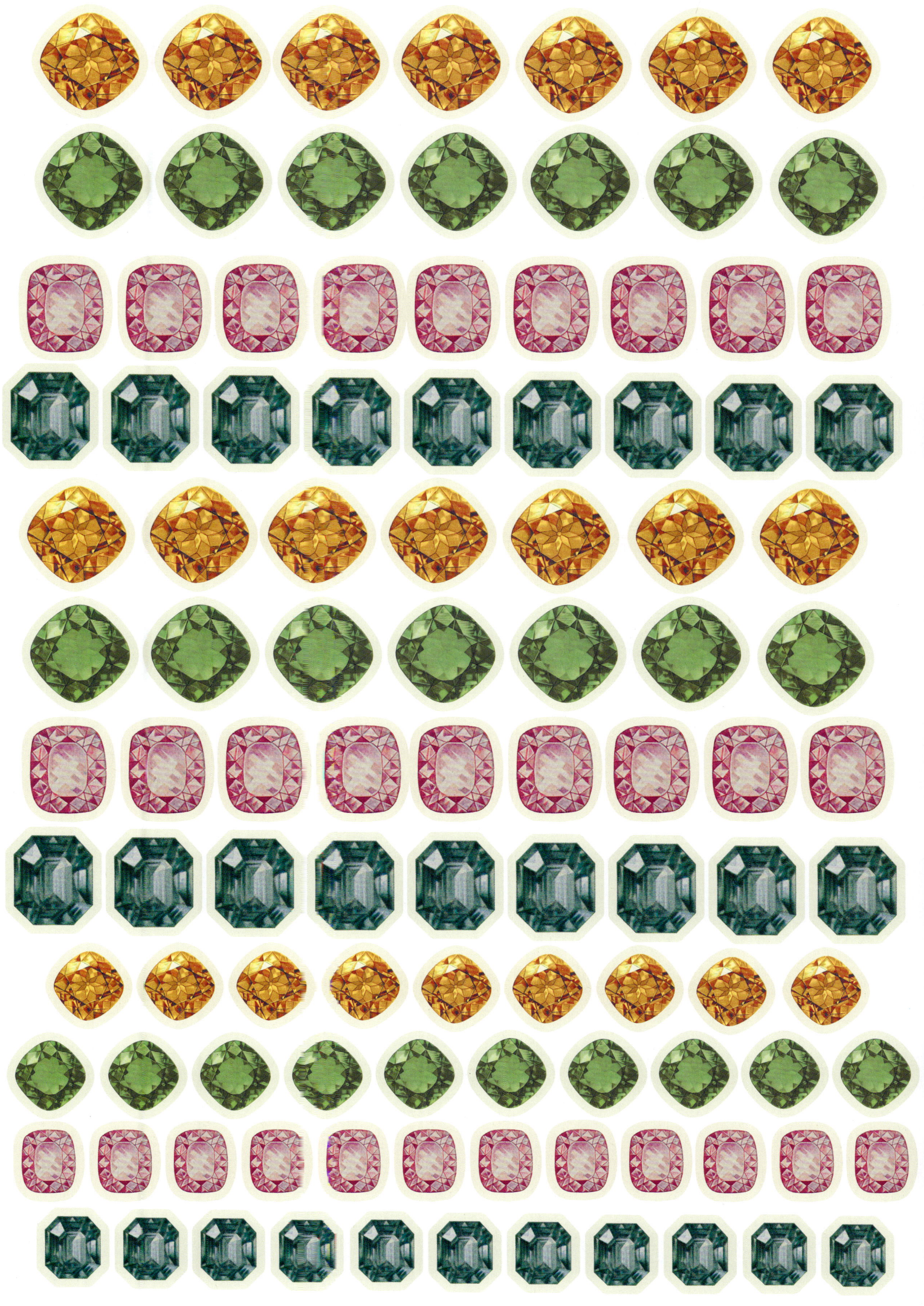

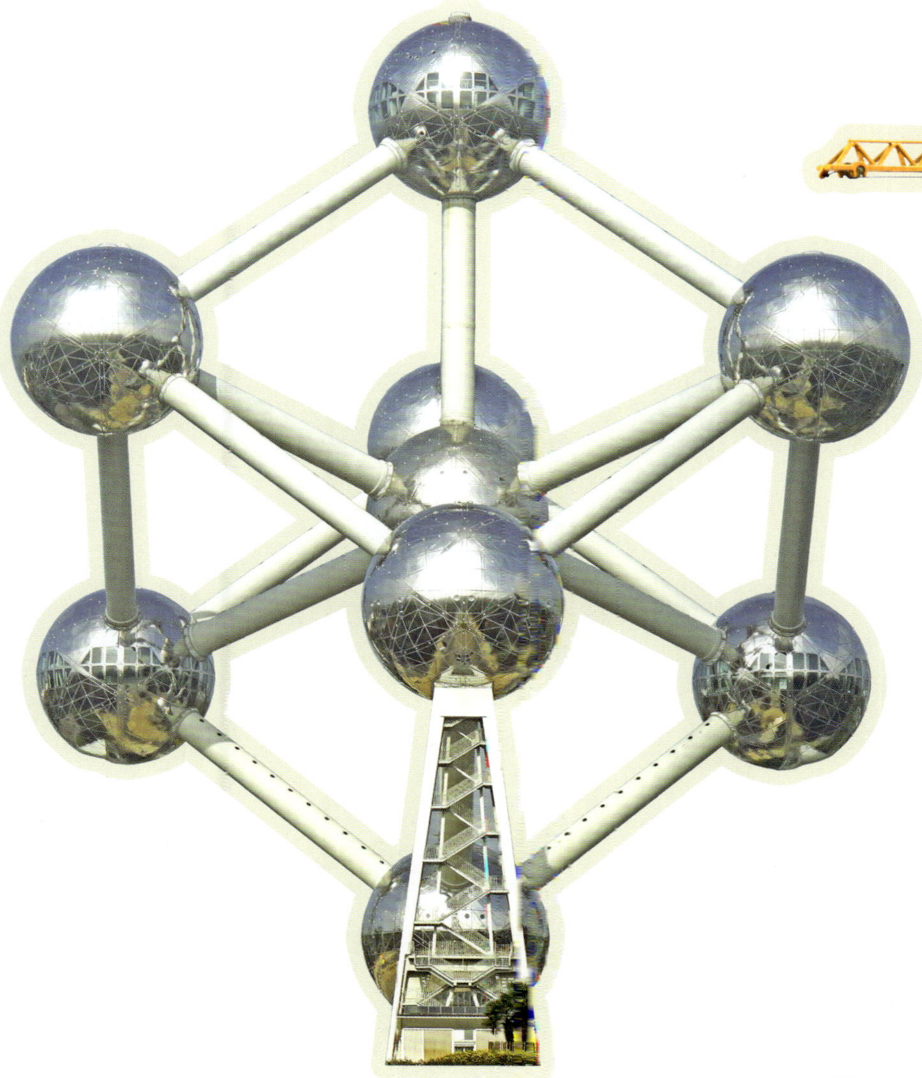

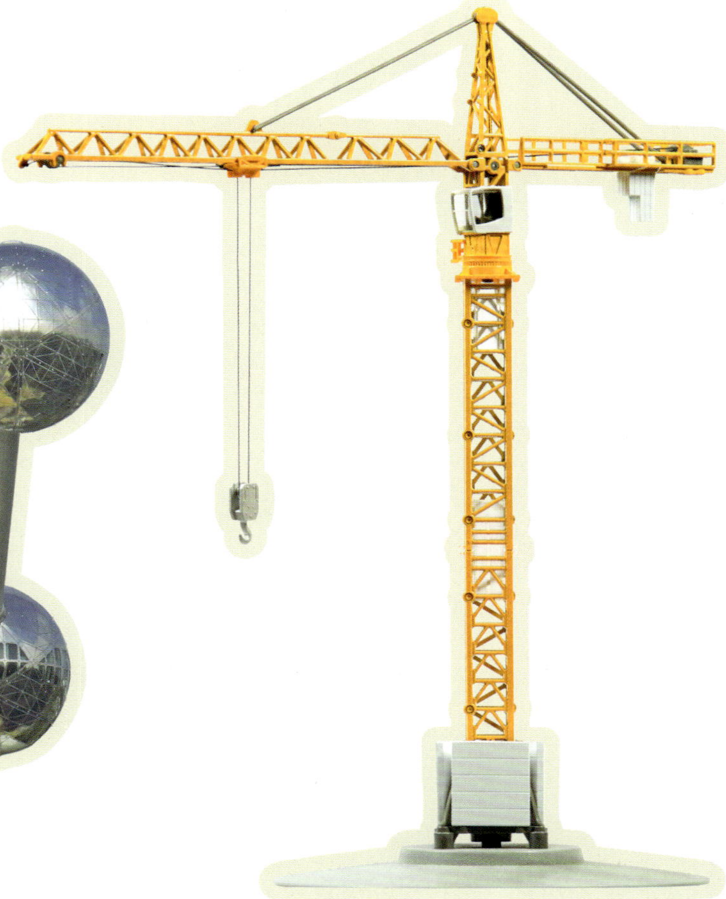

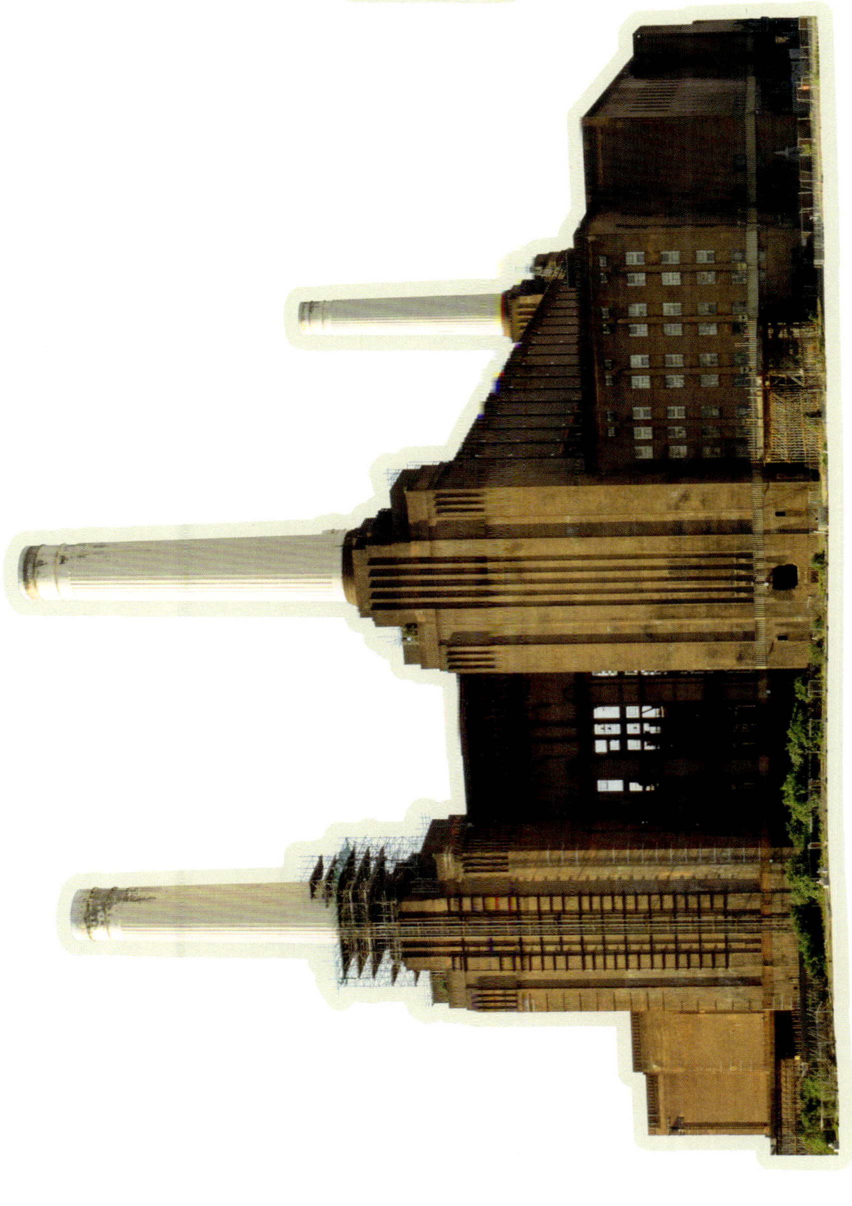

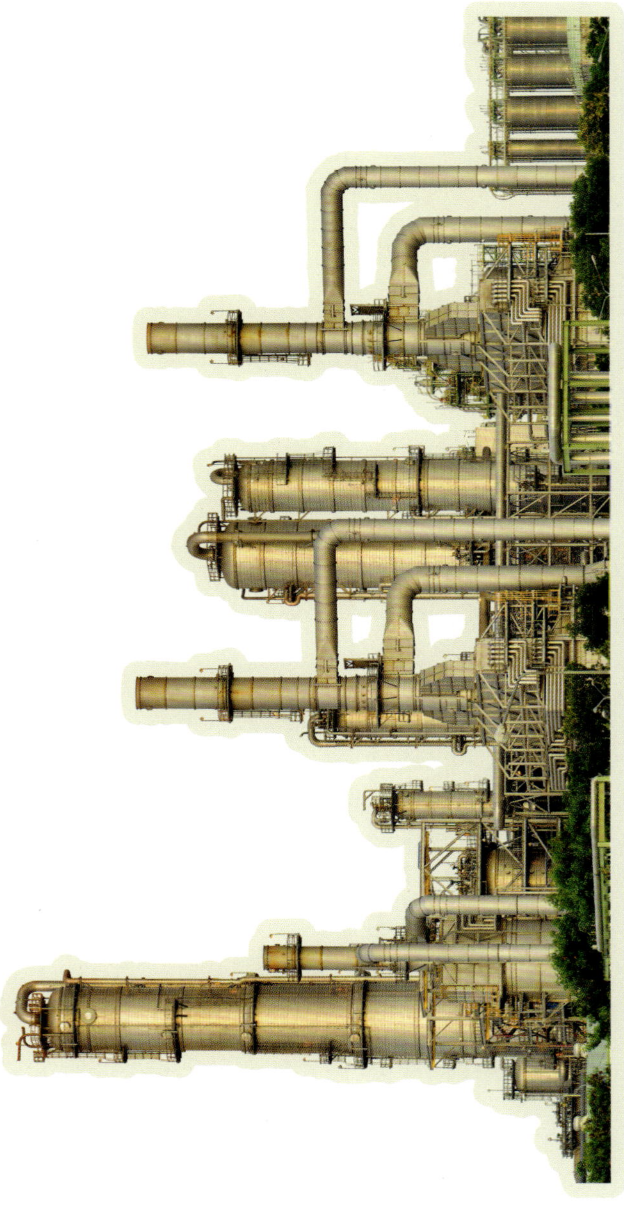

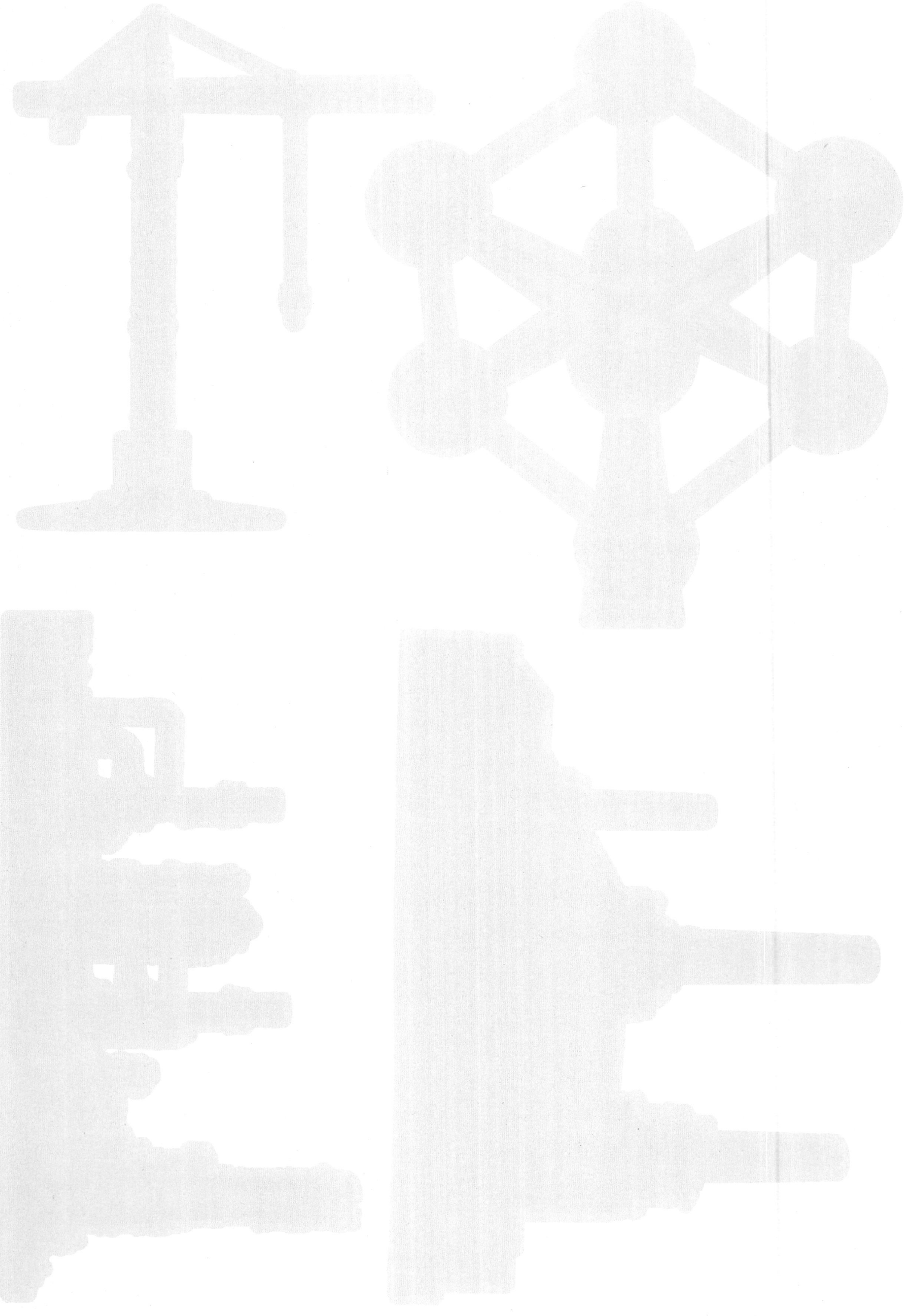

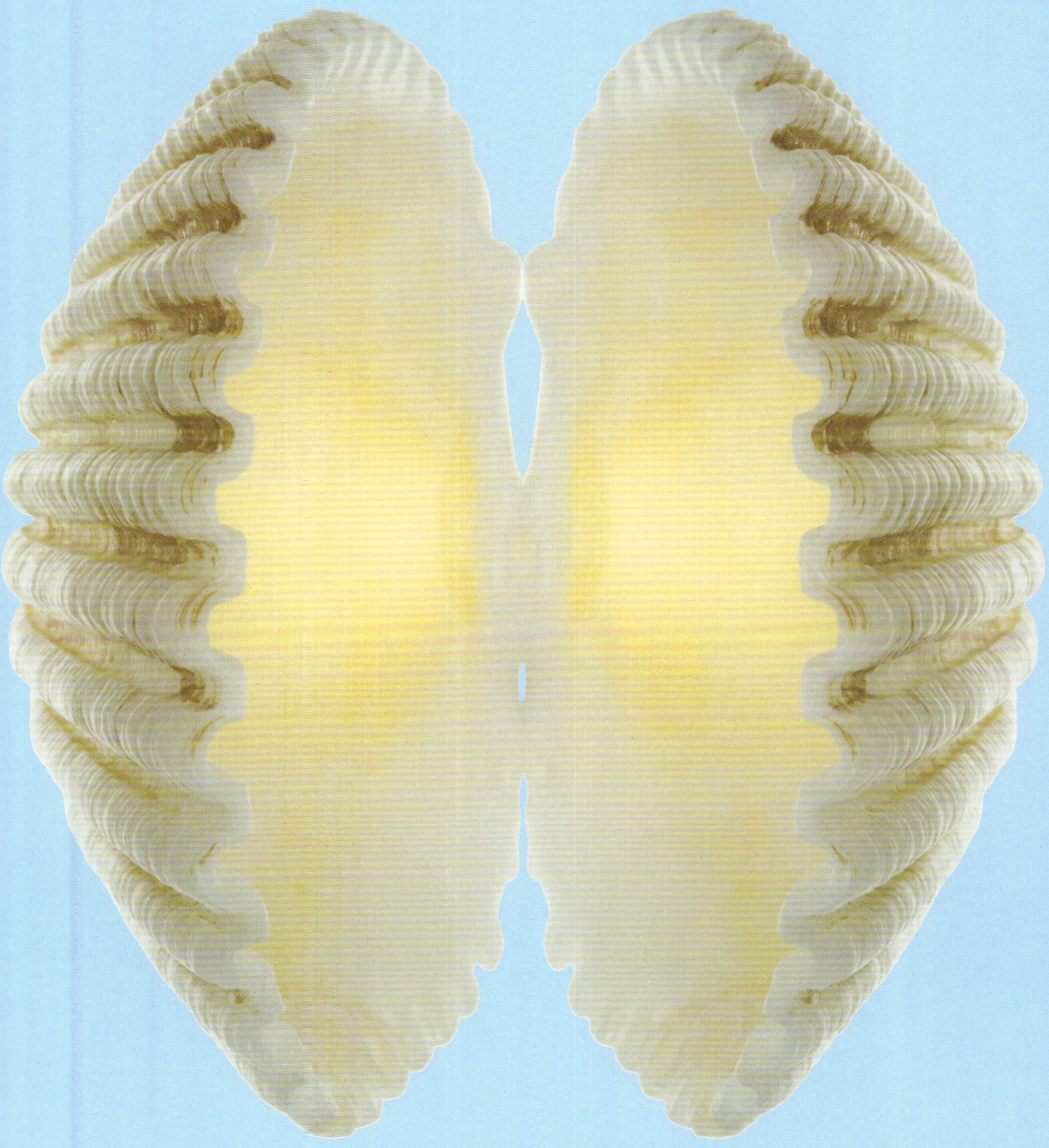

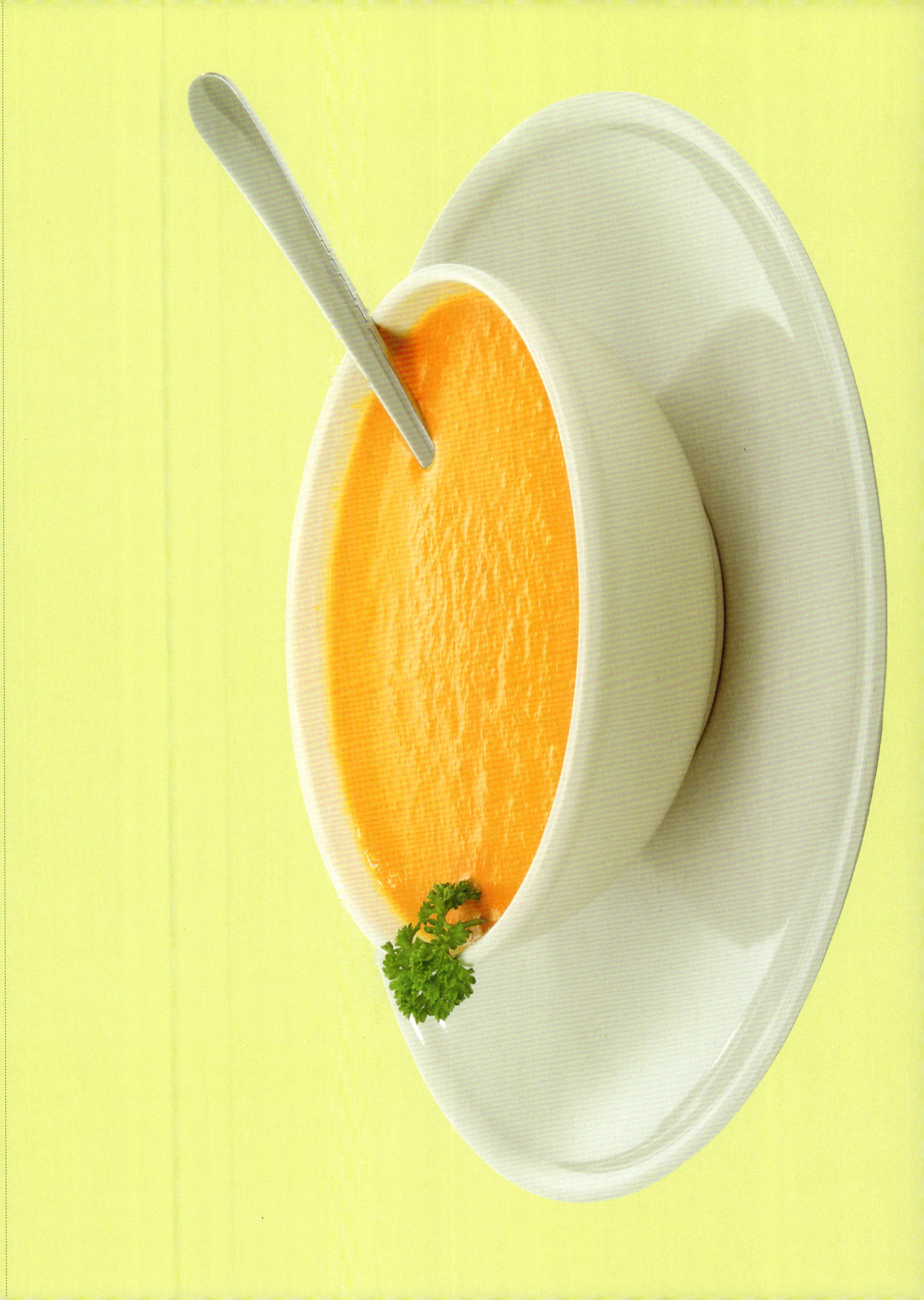

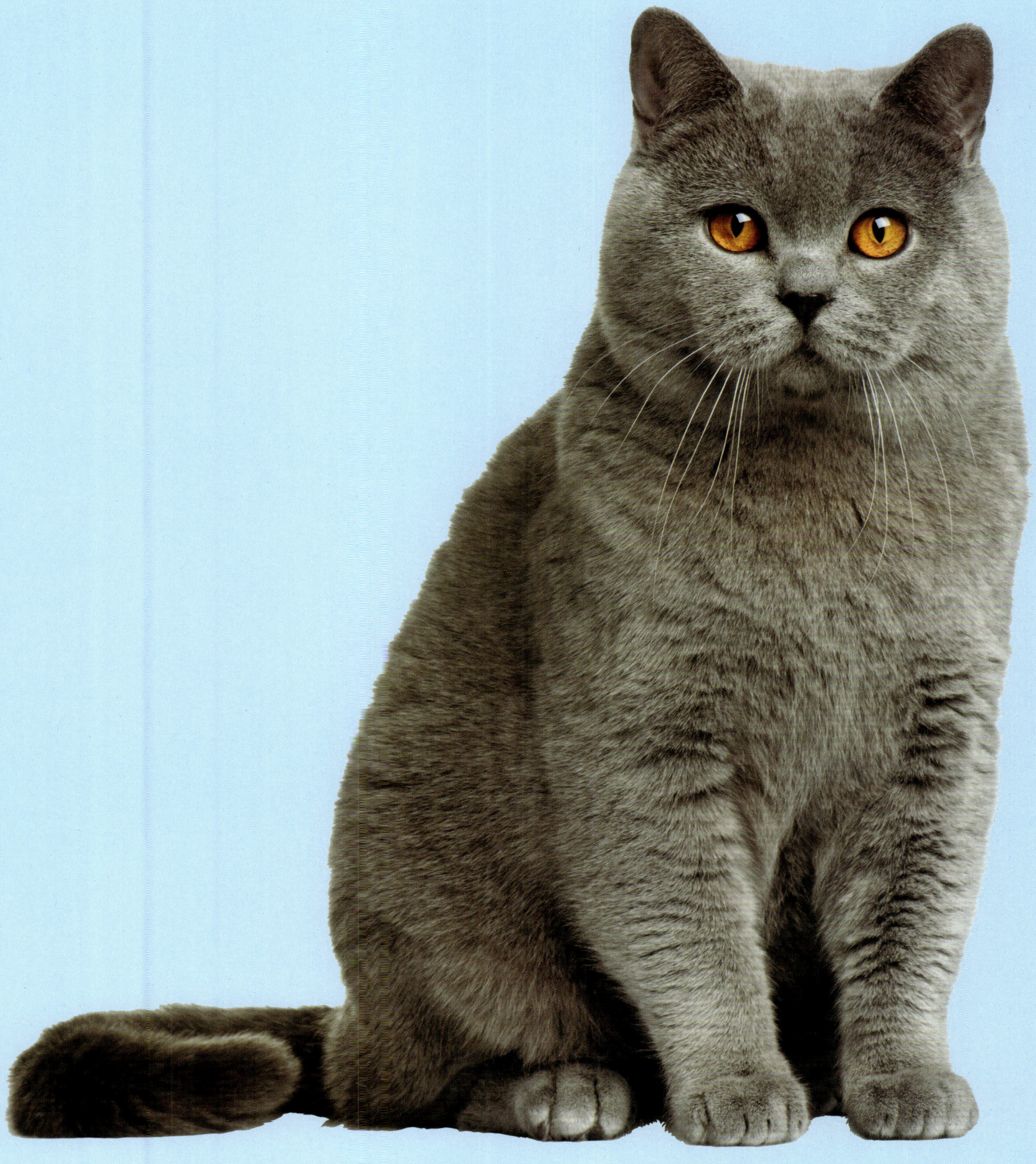

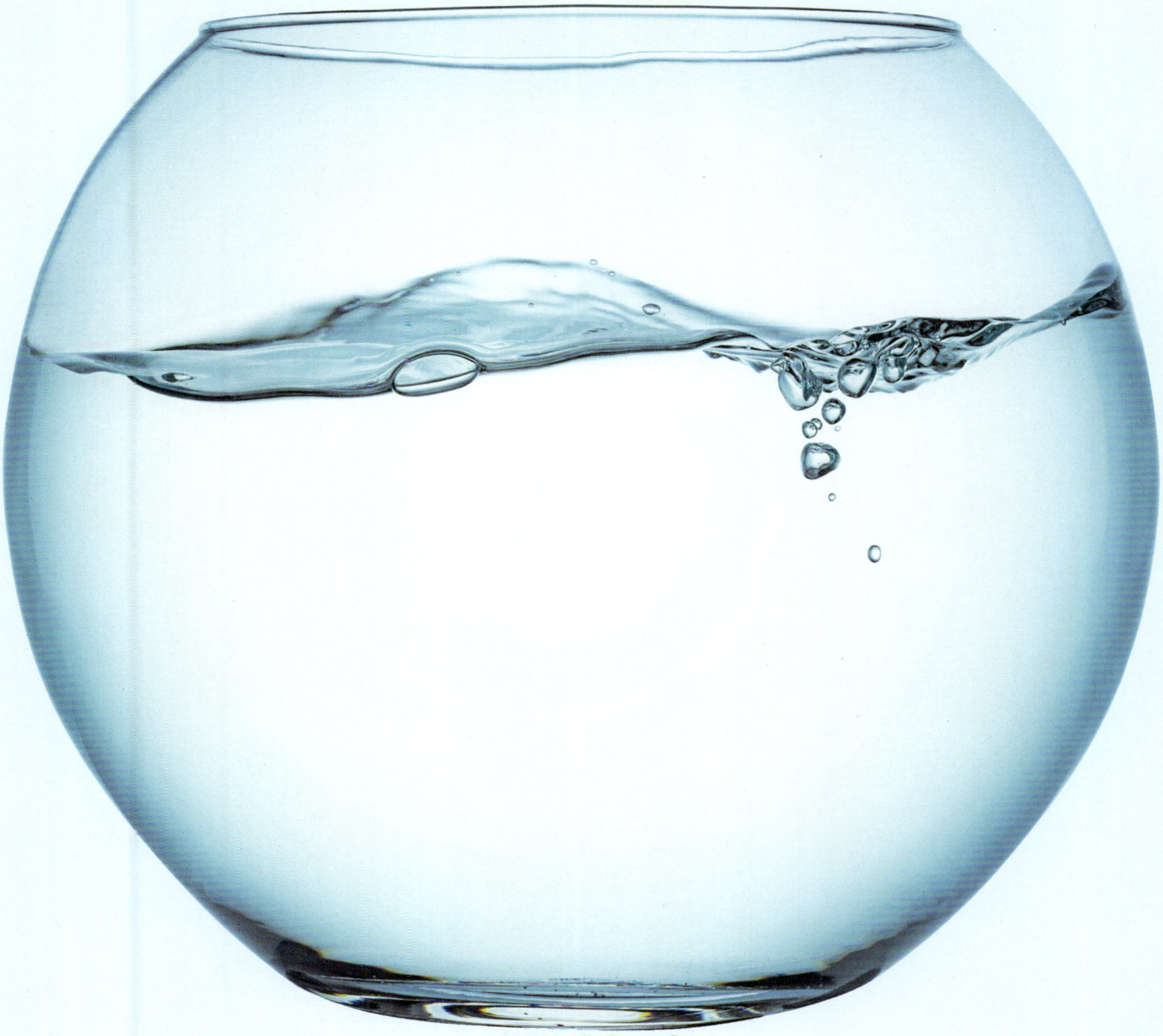

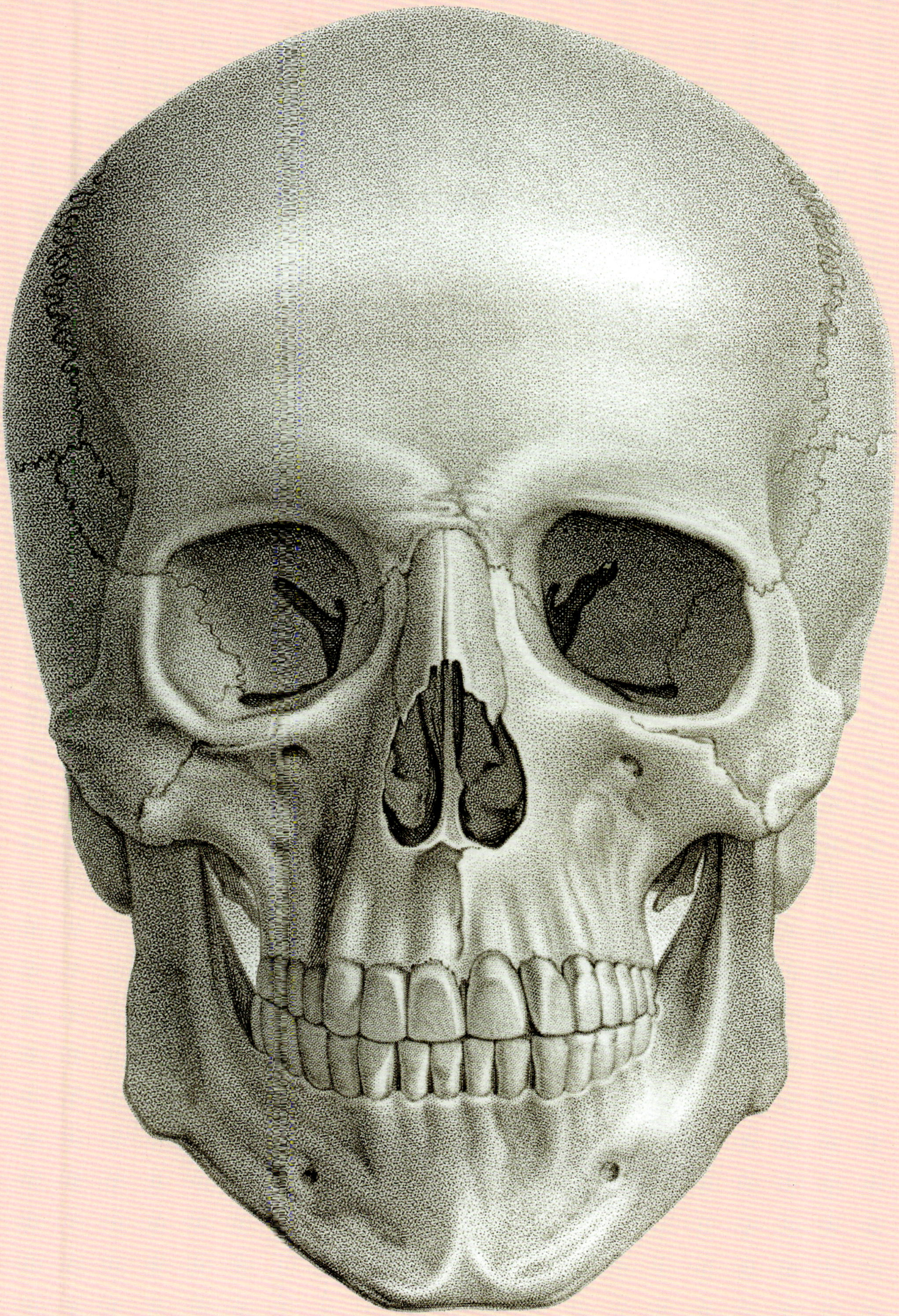

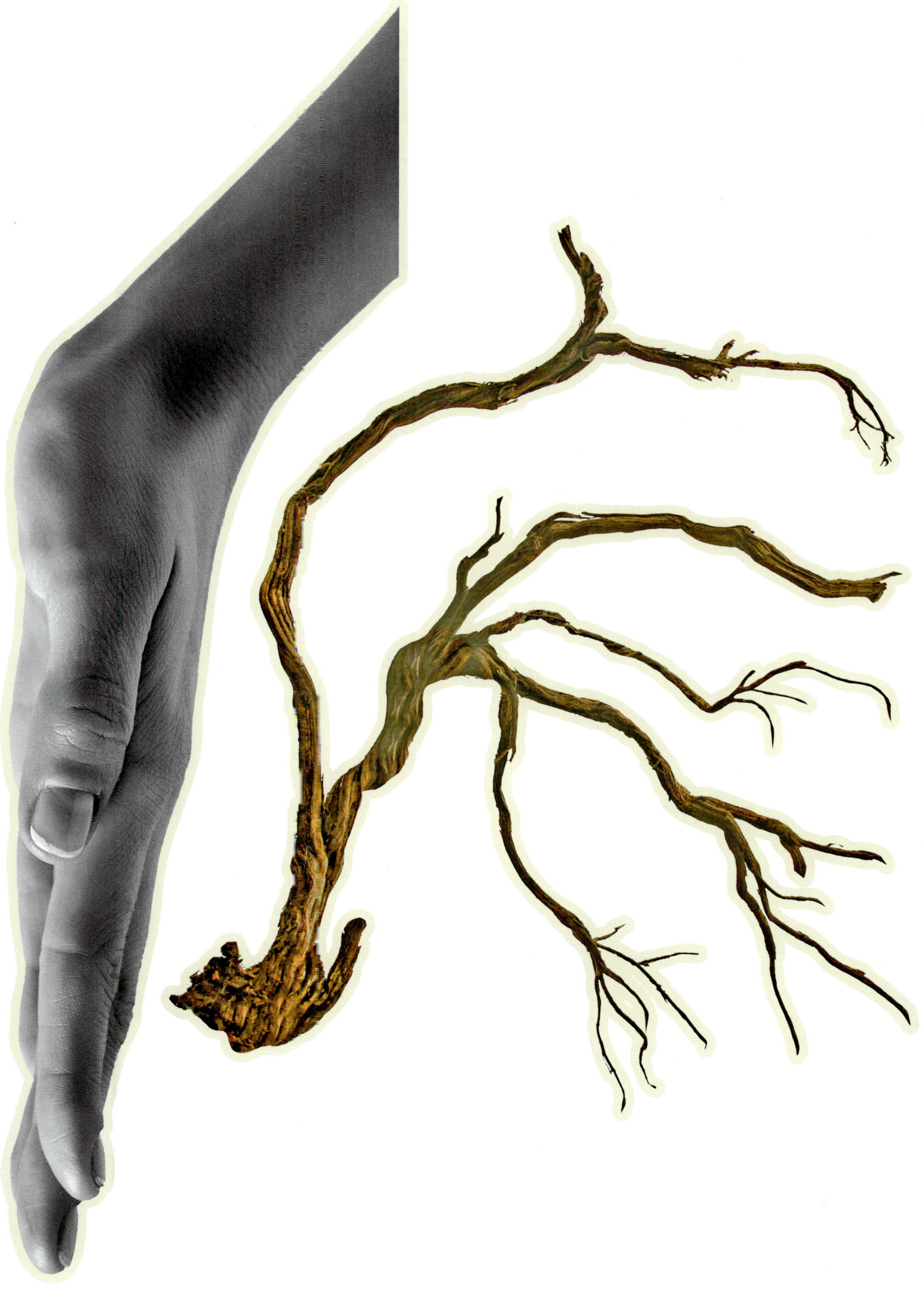

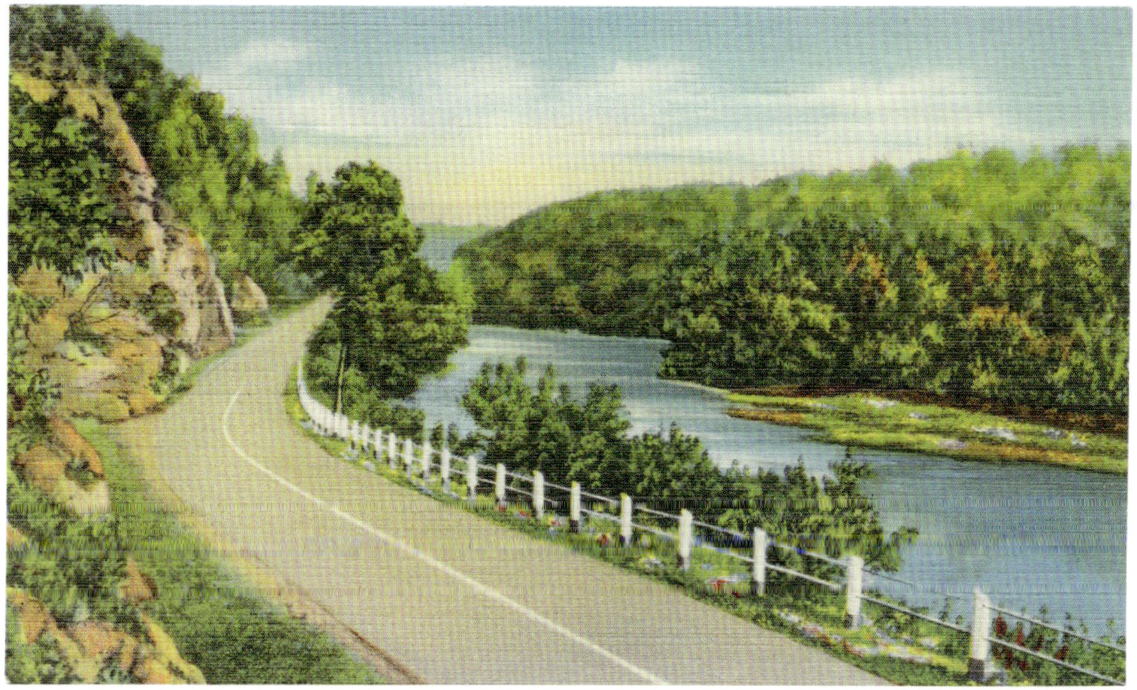

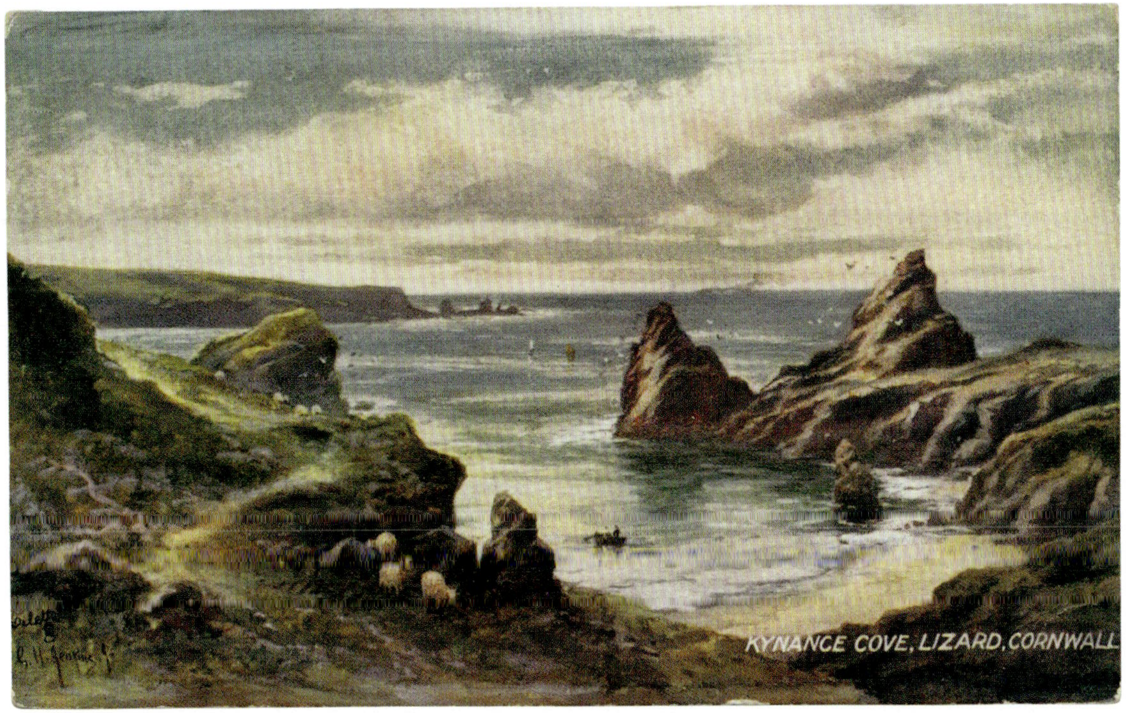
KYNANCE COVE, LIZARD, CORNWALL

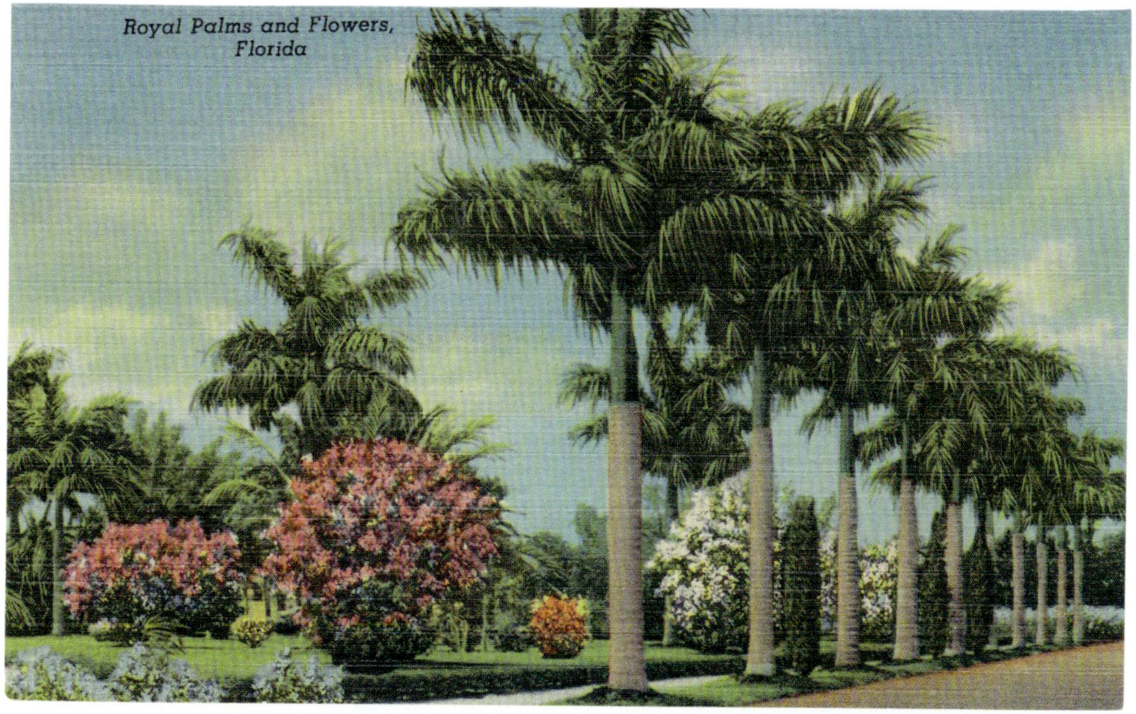
Royal Palms and Flowers,
Florida

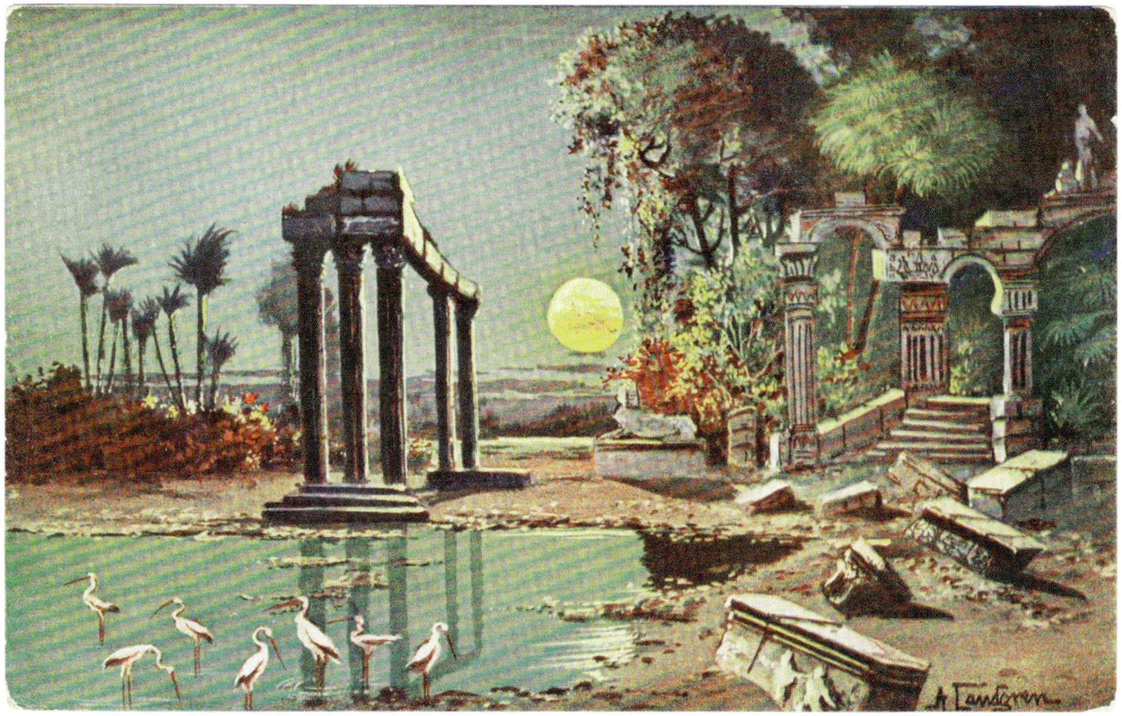
A. Lundgren

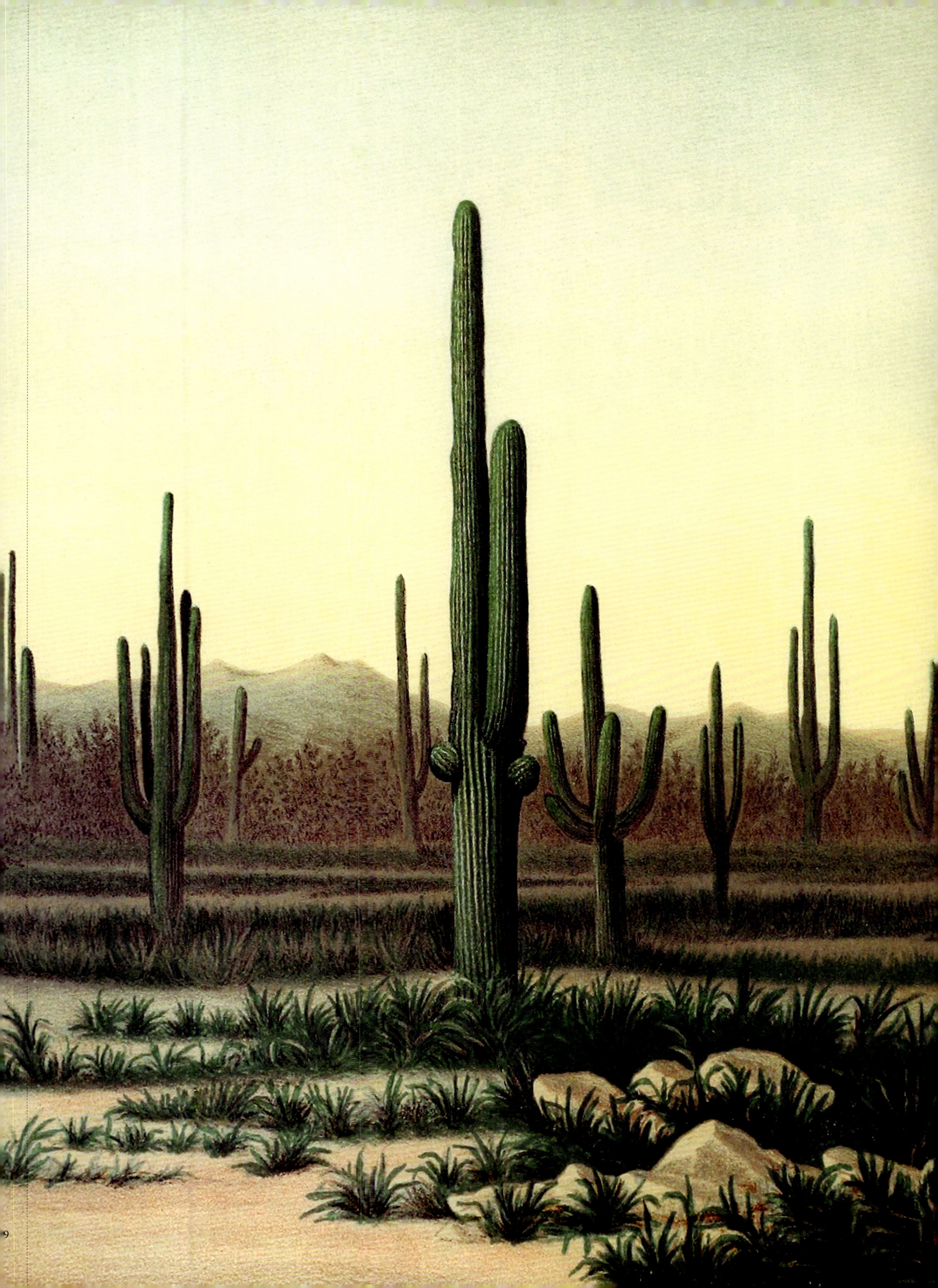

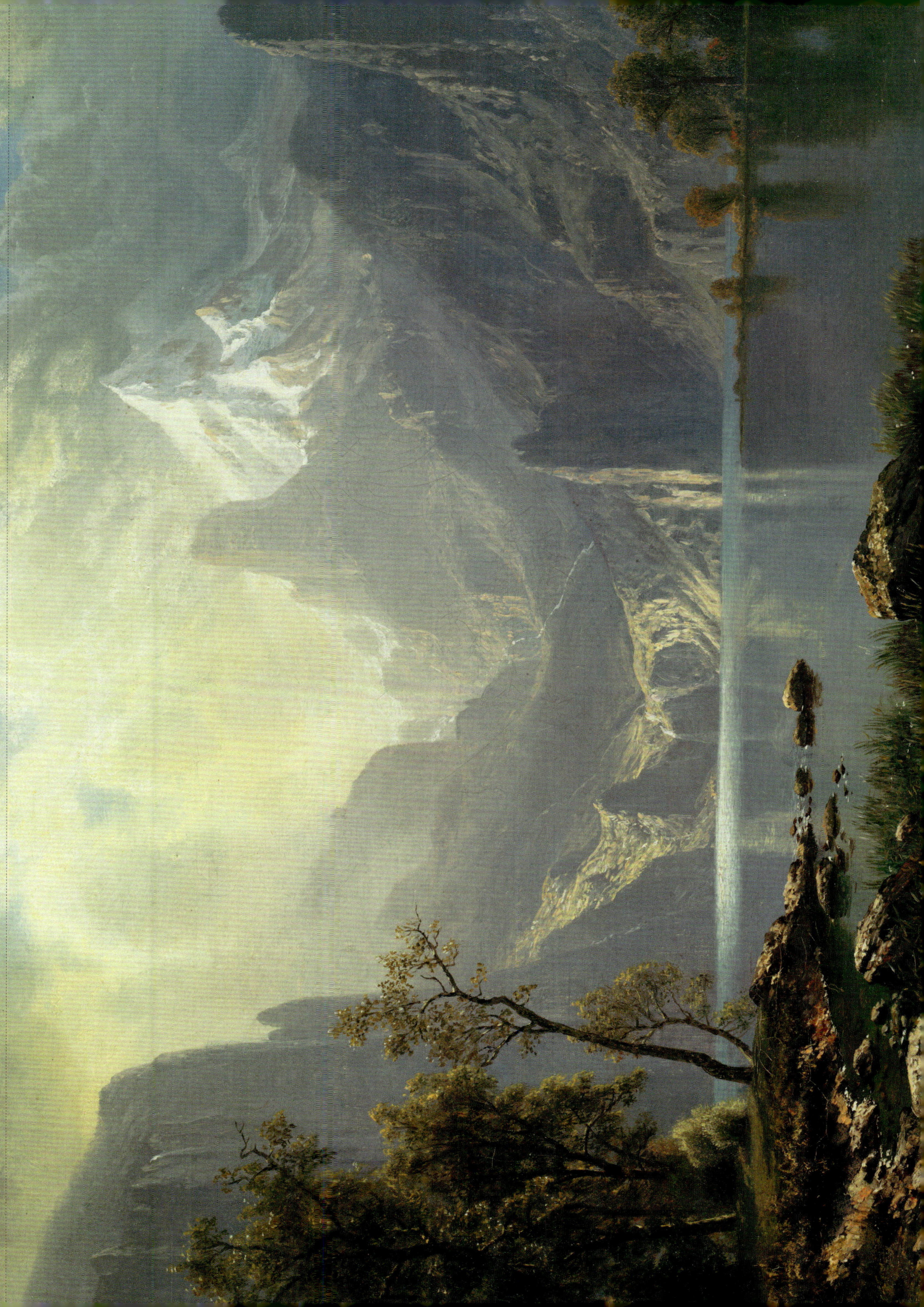

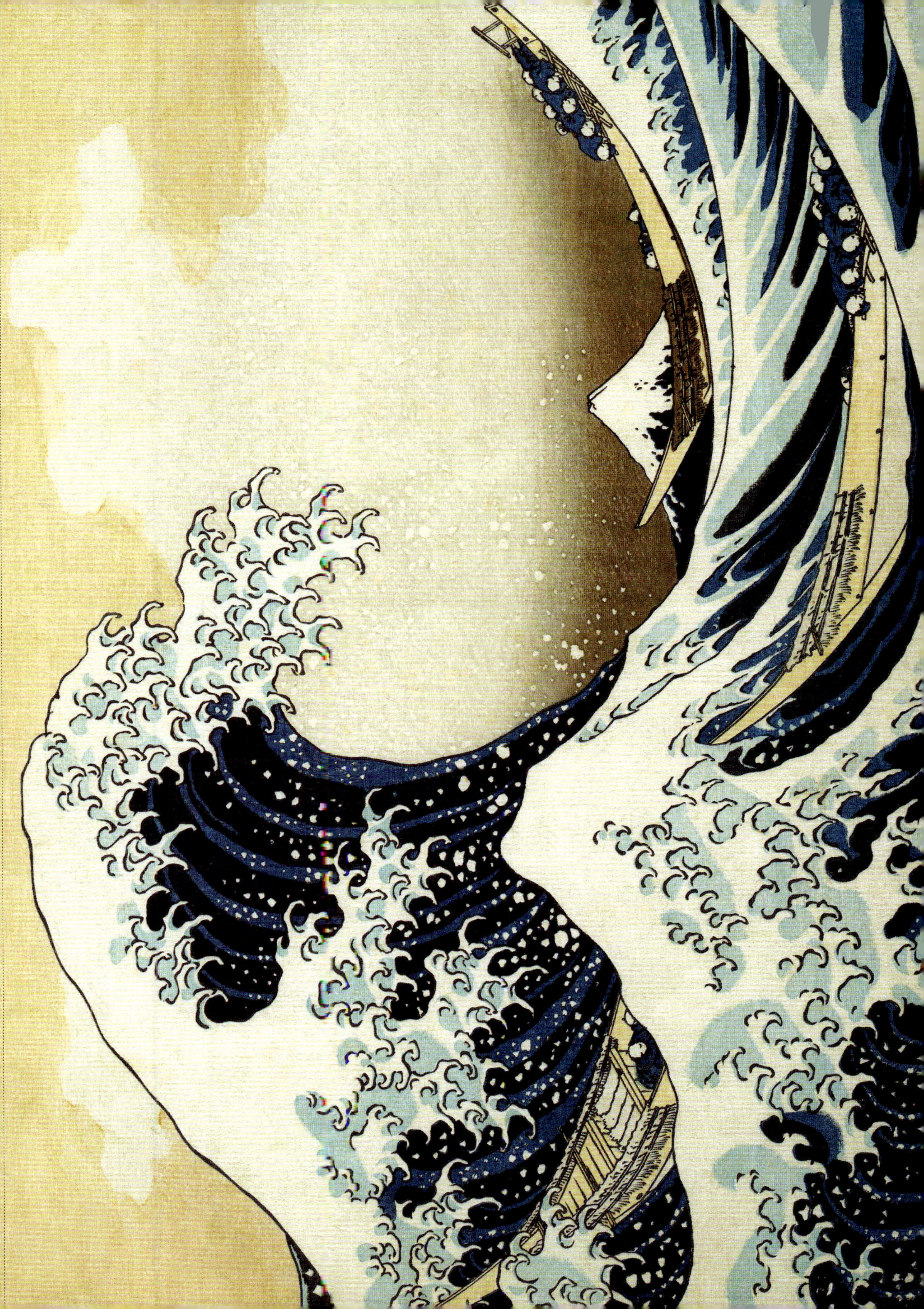

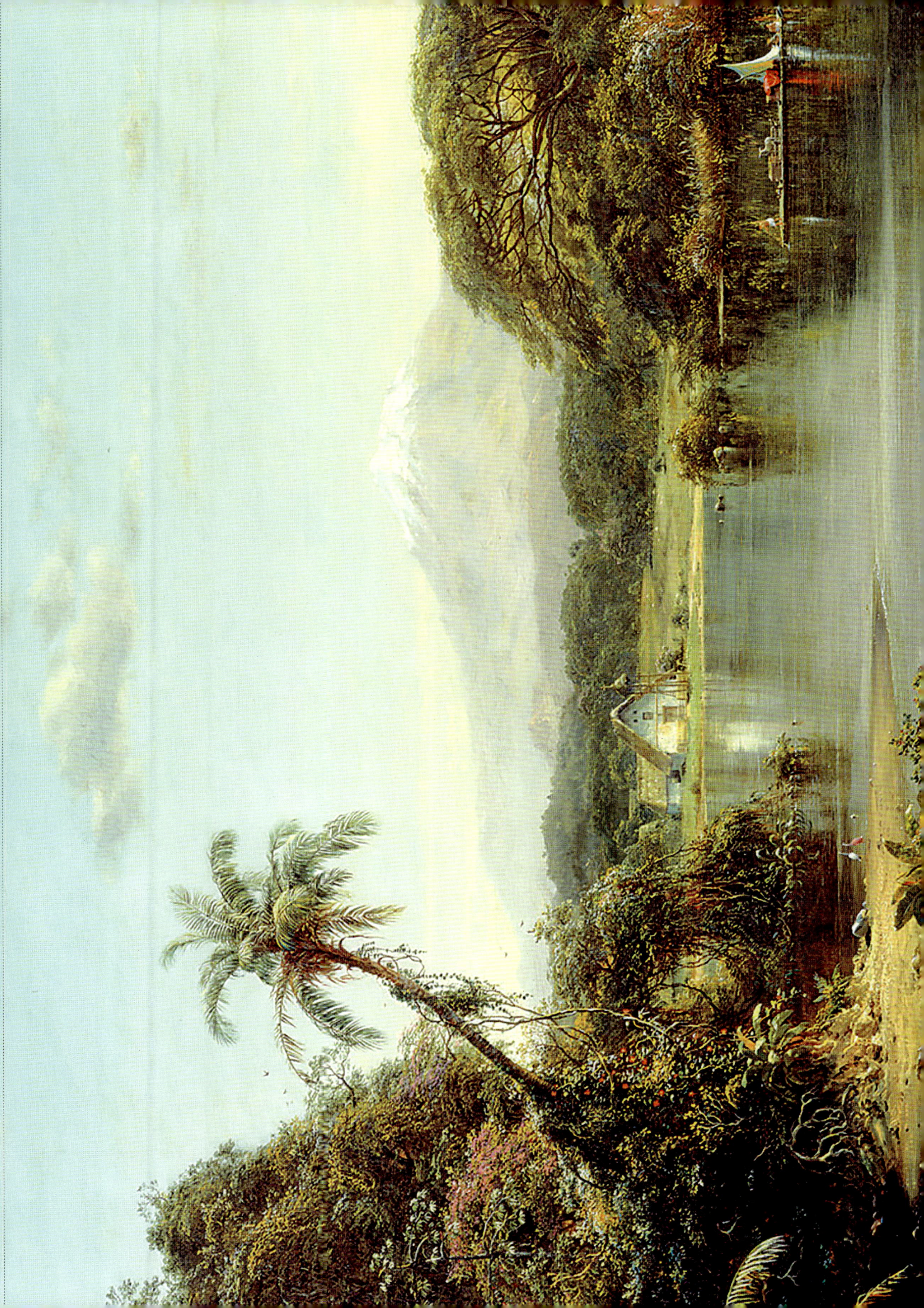

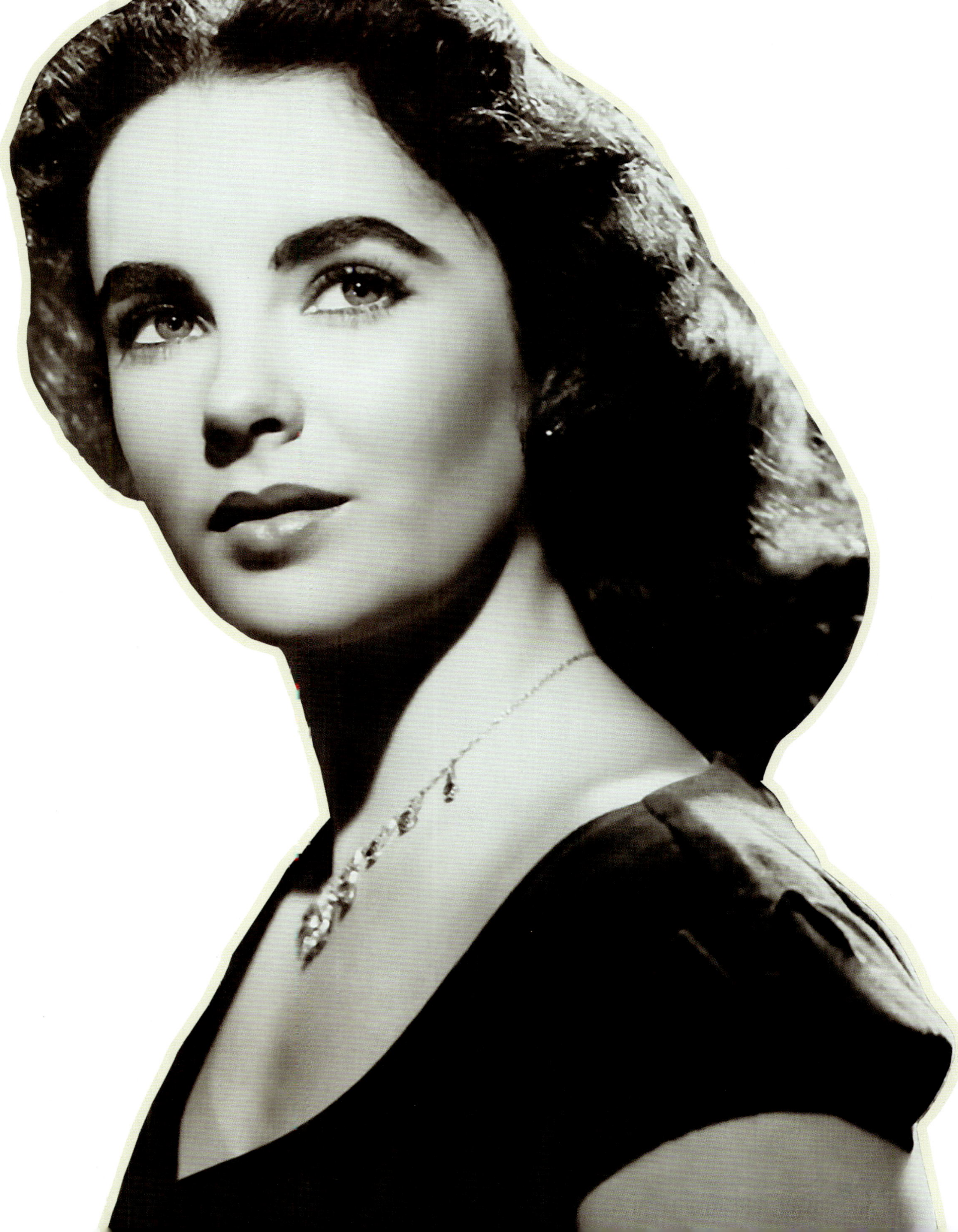

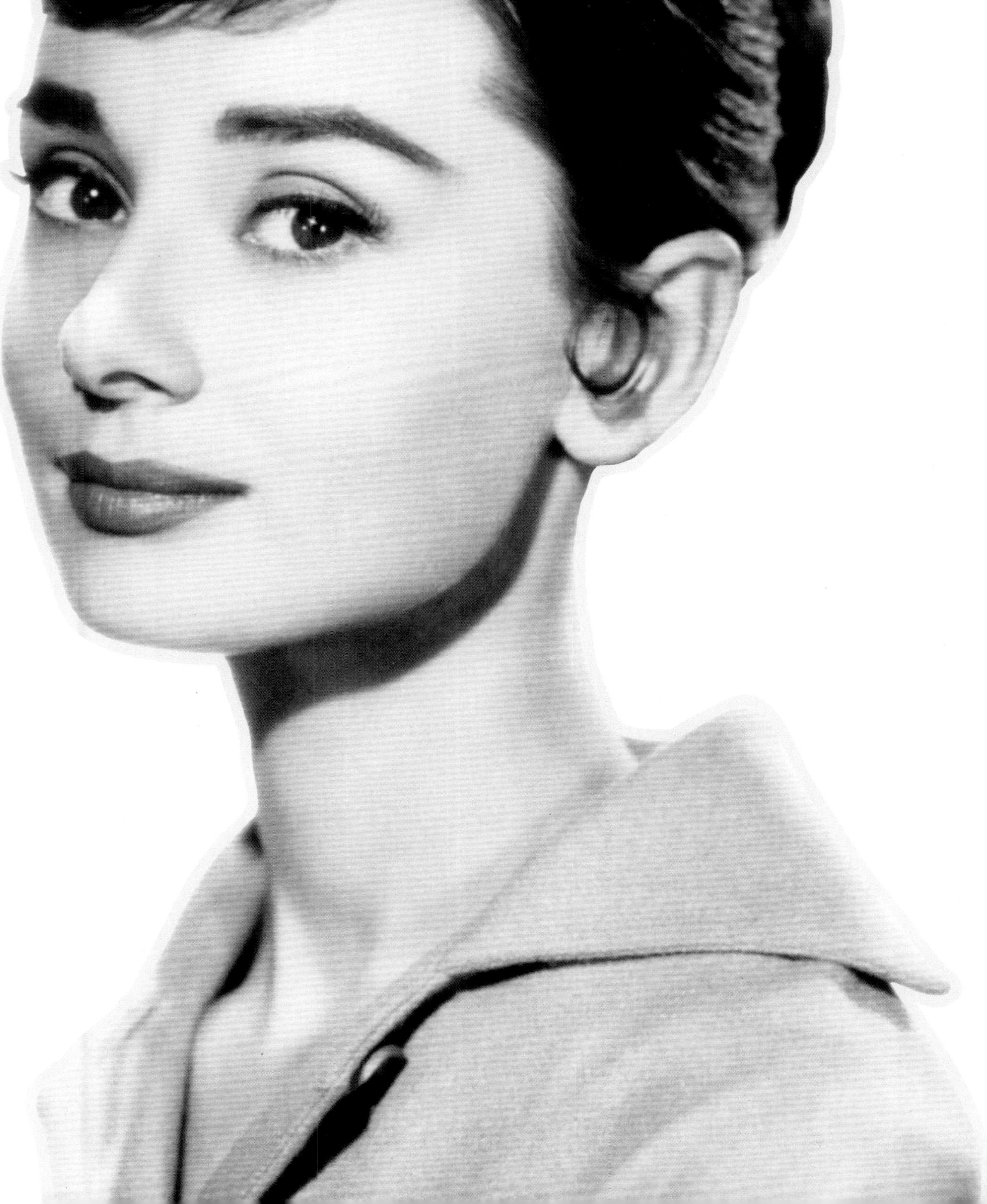

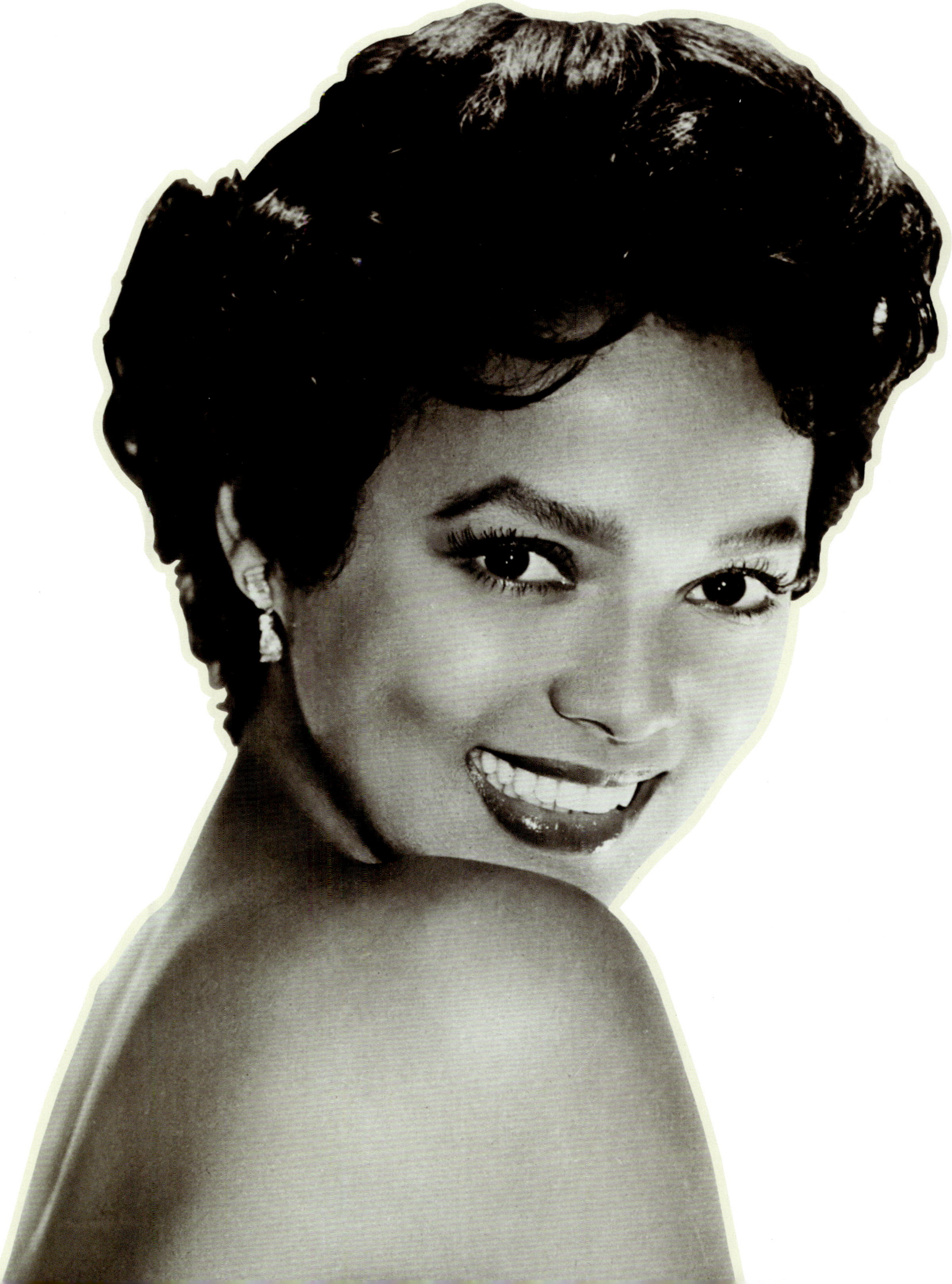

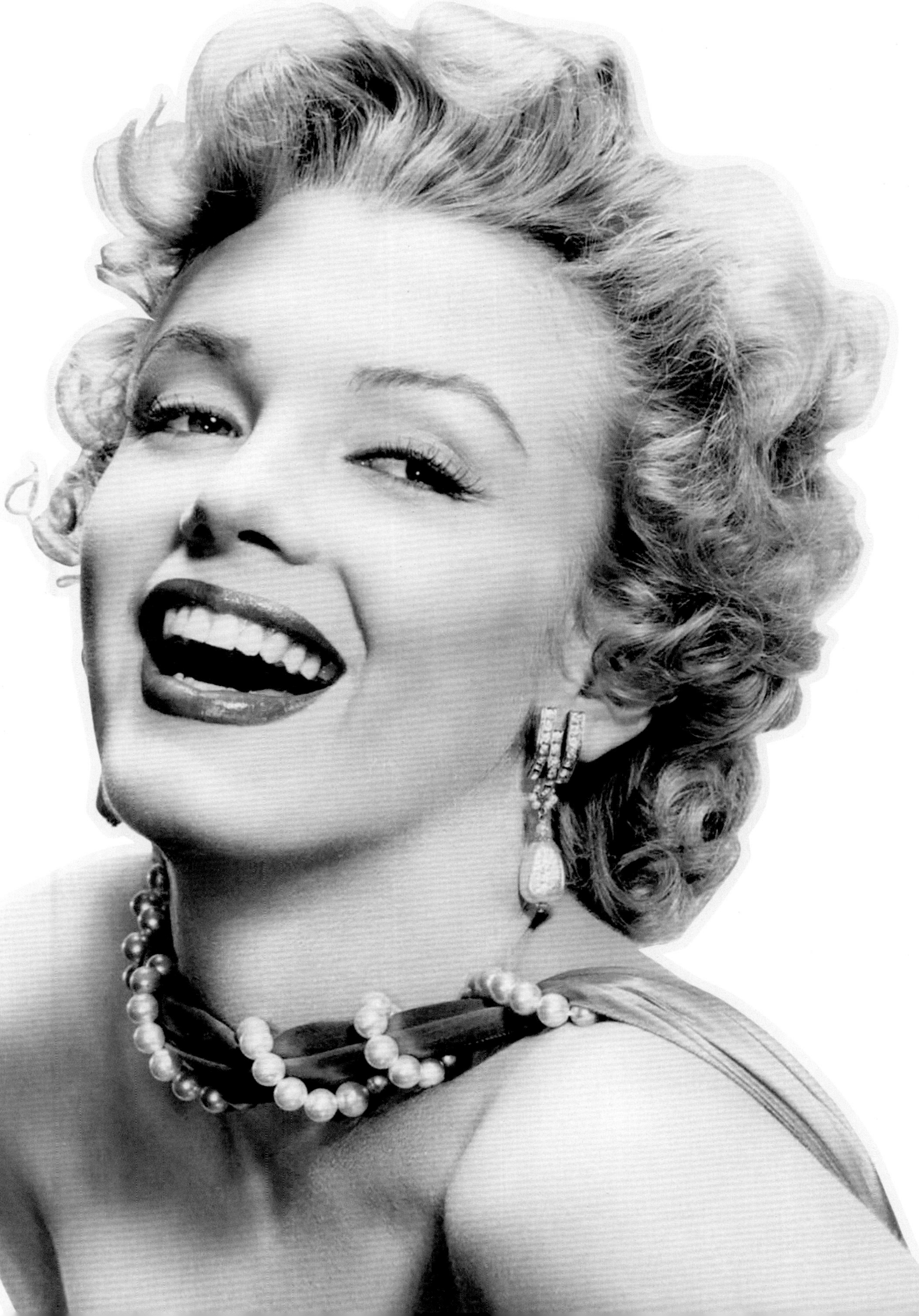

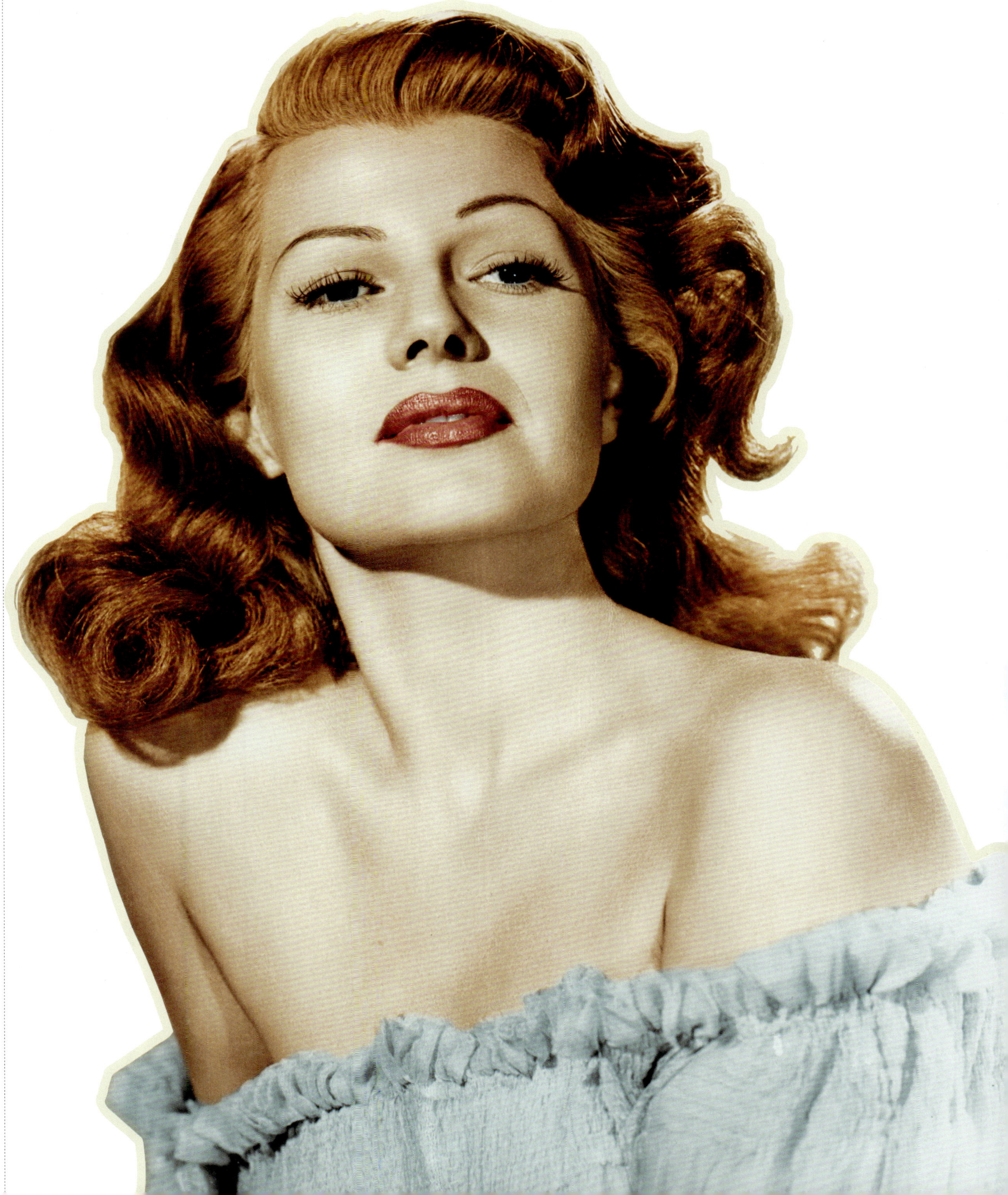

Bildnachweise

Autor und Verlag möchten sich bei den folgenden Personen und Institutionen für die Bereitstellung von Bildern für dieses Buch bedanken. Nicht für jedes Bild war eine Quellenangabe möglich, doch ein besonderer Dank geht an die Biodiversity Heritage Library für alte Illustrationen von Flora und Fauna, an die New York Public Library für Bilder von historischen Gebäuden und an die Wellcome Collection für anatomische Illustrationen und andere Kuriositäten. In allen Fällen wurden alle Anstrengungen unternommen, um die Urheberrechtsinhaber und Mitwirkenden zu nennen. Sollte es jedoch zu Auslassungen oder Fehlern kommen, ist der Herausgeber gerne bereit, sie in einer späteren Ausgabe dieses Buches einzufügen.

Art Institute of Chicago
Biodiversity Heritage Library
The British Library
The British Museum
Cleveland Museum of Art
Europeana Collections
Library of Congress (Prints and Photographs Online Catalogue)
Metropolitan Museum of Art, New York
NASA Images
National Gallery of Art, Washington
New York Public Library Digital Collections
Pxhere.com
Rijksmuseum, Amsterdam
Unsplash.com
The Wellcome Collection
Wikimedia Commons
Yale University Art Gallery

Titelbild © Maria Rivans, *Catzilla!*
Cover hinten © Maria Rivans, *Juno*
S. 4 © Maria Rivans, *Juno*
S. 6 © Maria Rivans, *Bette Davis Lives in a Tree*
S. 7 © Maria Rivans, *Baby Boom*
S. 7 © Joe Webb, *Stirring up a Storm*. 2016 Silkscreen print. 50x64cm. www.joewebbart.com
S. 7 © Bonnie and Clyde, *Welcome Home*. Giclee, silkscreen and glazes on Somerset paper. 75x105cm. www.bonnieandclydeart.com
S. 8 © Michelle Thompson, *Rainbow*. Print with archival pigment inks on Hahnemuhle Photo Rag. 59x84cm www.michelle-thompson.com
S. 8 Max Ernst, *Une Semaine de Bonté*, 1934. Book illustration. Private collection, London © ADAGP, Paris and DACS, London 2019
S. 8 Richard Hamilton, *Just What is it That Makes Today's Homes so Different, so Appealing?* 1955. Collage. 26x24.7cm. Kunsthalle Tübingen, Germany © R. Hamilton. All rights reserved, DACS 2019
S. 9 Peter Blake, *London: Piccadilly Circus – The Convention of Comic Book Characters*, 2012. Collage on paper. 50x50 cm. © Peter Blake. All rights reserved, DACS 2019. Image courtesy Waddington Custot Gallery, London
S. 9 Fred Tomaselli, *Organism*, 2005, leaves, photo-collage, acrylic, gouache and resin on panel. 243.6 x 195.5cm. Image courtesy James Cohan Gallery, New York
S. 9 Hannah Höch, *Schnitt mit dem Küchenmesser. Dada durch die letzte Weimarer Bierbauchkulturepoche Deutschlands*, 1919. Collage. 114x90cm. Nationalgalerie, Staatliche Museen zu Berlin © DACS 2019
S. 12 © Maria Rivans, *Handy City*
S. 16 © Maria Rivans, *Rose*
S. 17 © Maria Rivans, *My Mushroom and Other Animals; Fridge Friday*
S. 18 © Maria Rivans, *Sky Ranch Motel*
S. 19 © Maria Rivans, *Catzilla!*
S. 20 © Maria Rivans, *Babylon*
S. 23 Michigan Avenue, Chicago (couple in the street) Perry Riddle, Chicago, IL, Juli 1975. National Archives, Records of the Environmental Protection Agency
S. 27 Three women sitting on a rocket, Everett Collection/Shutterstock; Key West Cheerleader, Shirley Papy, 1947. Department of Commerce Collection/Florida Memories
S.29 Young women acrobats, posing on a bar in a photographic studio. Photograph by Hana Studios, ca.1899-1908. Wellcome Collection. CC BY; James Davis riding an ostrich, Saint Augustine, Florida, 1948. Department of Commerce Collection/Florida Memories; Louis Armstrong, Library of Congress Prints and Photographs Division, New York World-Telegram and the Sun Newspaper Photo Collection
S. 31 Jack Johnson, American Boxer, Science History Images/Alamy Stock Photo; Partially hatched plan, Everett Collection/Shutterstock; The Supremes (L-R) Cindy Birdsong, Diana Ross and Mary Wilson pose for a portrait circa 1967 in New York City, New York. Foto: James Kriegsmann/Michael Ochs Archives/Getty Images; Daisy and Violet Hilton, conjoined twins, performing with clarinets, wearing top hats. Fotografie, ca. 1927. Wellcome Collection. CC BY; Vintage photo of young girl with umbrella on beach (1950s), Elzbieta Sekowska/Shutterstock; Vintage photo of woman resting on beach in swimsuit with umbrella (1960s), Elzbieta Sekowska/Shutterstock
S. 33 Stretched Out, three women with bar bells, Everett Collection/Shutterstock; Women with basketball in the air, Everett Collection/Shutterstock; Cassius Clay/Muhammad Ali, Stanley Weston/Getty Images; Male tennis player jumping over net, Everett Collection/Shutterstock; Man in old-fashioned bathing suit diving into pool, Vyntage Visuals/Shutterstock; Female swimmer at edge of pool, Everett Collection/Shutterstock; Woman in sportswear jumping, Vyntage Visuals/Shutterstock; Slipper Slopes, woman skiing, Everett Collection/Shutterstock; Finish Line, male runners, Everett Collection/Shutterstock; Three young women, Lido Beach, Sarasota, Florida, 1948, Department of Commerce Collection/Florida Memories
S. 39 Isolated women's hands, Kaspars Grinvalds/Shutterstock; Hand gestures collection, photka/Shutterstock; Male Caucasian hand gestures, Iurii Stepanov/Shutterstock; Hand holding wooden chopsticks, Yellow Cat/Shutterstock; African American clenched hand, Prostock-studio/Shutterstock
S. 41 Anatomy illustrations, Wellcome Collection. CC BY
S. 53 Captain Costentenus, a man with many tattoos on his body. H.A. Thomas, Wellcome Collection. CC BY
S. 57 Leyland Titan London Bus, Lordprice Collection/Alamy Stock Photo
S. 77 © Morgan Doane and Erin Harding of House Plant Club
S. 79 Sleeping Siberian husky puppies, Dmitry Kalinovsky/Shutterstock; Jumping dachshunds, Eric Isselee/Shutterstock; Jack Russell terrier leaping, thka/Shutterstock; Beagle dog jumping, Master1305/Shutterstock; Two Chihuahua puppies playing, Vitaly Titov/Shutterstock; Running Sotar Rua, Iakov Filimonov/Shutterstock, White terrier jumping, Rebecca Ashworth/Shutterstock; Puppy licking lips, Susan Schmitz/Shutterstock; Belgian Shepherd dog, Erik Lam/Shutterstock; Boston terrier flying jump, Best dog photo/Shutterstock; Black standard poodle sitting, Svetography/Shutterstock; White corded standard poodle jumping, Eric Isselee/Shutterstock; Border collie in midair, Rob Hainer/Shutterstock; Black standard poodle standing, eAlisa/Shutterstock; Jack Russell terrier seated, Africa Studio/Shutterstock; Irish wolfhound jumping, Susan Schmitz/Shutterstock; Evil Chihuahua, Galina Kovalenko/Shutterstock; Dalmatian puppies, Eric Isselee/Shutterstock; Sitting black French bulldog, GPPets/Shutterstock; Jack Russell terrier standing, Alias Studiot Oy/Shutterstock; Labrador puppy pouncing, Clare McAdams/Shutterstock
S. 81 Striped Scottish tabby hanging from a rope, Inna Astakhova/Shutterstock; Adorable young kittens of different breeds, Susan Schmitz/Shutterstock; Funny cat climbing on white background, Andrey Kuzmin/Shutterstock; Ginger flying and jumping cats, Vikafoto33/Shutterstock; Purebred Don Sphinx standing, Kusnetsov Alexey/Shutterstock; Cat curiously peeking out, Lario/Shutterstock; Frightened black kitten, Eric Isselee/Shutterstock; Rapid jump of a kitten, yevgeniy11/Shutterstock; Five walking cats, cynoclub/Shutterstock; Sphinx on white background, Sergey Moskvitin/Shutterstock; Mixed breed cat looking at mouse, Eric Isselee/Shutterstock; Burmese kitten licking with tongue, Seregraff/Shutterstock
S. 165 Lovebird feather, nadtytok/Shutterstock
S. 173 Brussels Atomium, Belgium, Trougnouf (Benoit Brummer)/Wikimedia Commons; Yellow Tower crane, Nikolai Tsvetkov/Shutterstock; Oil and gas refinery, Tonton/Shutterstock; Battersea Power Station, Tadeusz Ibrom/Shutterstock
S. 175 Open cockleshell, Ailisa/Shutterstock
S. 177 Bowl of soup, Margouillat photo/Shutterstock
S. 179 British Shorthair cat, Eric Isselee/Shutterstock
S. 185 Open hand, Kaspars Grinvalds/Shutterstock; Dry branch, arka38/Shutterstock
S. 181 Wavy water surface in a fishbowl, r.classen/Shutterstock
S. 183 Human skull anatomy illustration 1866, DigitalVision Vectors/Getty Images
S. 189 *Carnegiea gigantea*, Frontispiece Joseph T. Rothrock: *Report Upon United States Geographical Surveys West of the One Hundredth Meridian*. Botany. Government Printing Office, Washington 1878
S. 191 *Lake Tahoe*, Albert Bierstadt,1868
S. 193 *The Great Wave off Kanagawa*, Hokosai, 1829–32
S. 197 Elizabeth Taylor, cineclassico/Alamy Stock Photo
S. 199 Audrey Hepburn, SNAP/Entertainment Pictures/Alamy Stock Photo
S. 201 Dorothy Dandridge, Bettmann/Getty Images
S. 203 Marilyn Monroe, Donaldson Collection/Michael Ochs Archives/Getty Images
S. 205 Rita Hayworth, Bettmann/Getty Images

Dank der Autorin

Ein großes Dankeschön geht an:

Das wunderbare Team von Laurence King, das verständnisvoll, freundlich und enthusiastisch war und mit dem es eine wahre Freude war zu arbeiten. Vielen Dank für all die fachkundigen Ratschläge, die Anleitung und das echte Engagement bei einem so großen Unterfangen. Besonderen Dank an Zara Larcombe, die mit diesem Projekt an mich herangetreten ist und für ihre inspirierenden Ideen, und an Gaynor Sermon, die mir bei jedem Schritt zur Seite stand.

Allen meinen Galeristen und Sammlern danke ich für ihre ständige Unterstützung meiner Kunstpraxis.

Ein großes Dankeschön an meine Atelierkollegin und beste Freundin Steph Burnley, die immer für mich da ist und die besten Melodien spielt.

An meine wunderbare Studioassistentin und gute Freundin Grace Wilmshurst, du bist die Beste! Danke für all die Tassen Tee und die Ermutigung ...
Und danke an Emma McEwen für deinen Glauben, deinen Optimismus und dein Lachen.

Danke an meine ganze Familie; ihr habt immer an mich geglaubt und das bedeutet mir so viel. Ich liebe euch alle.

Ein besonderer Dank geht an meine Schwester, du bist wirklich die beste Schwester der Welt.

Die Autorin

Maria Rivans ist eine zeitgenössische britische Künstlerin, die für ihre Surrealismus-meets-Pop-Art-Ästhetik bekannt ist. Sie verwebt Fragmente von Vintage-Ephemera, oft mit Bezug auf Film und Fernsehen, um bizarre und traumhafte Geschichten zu spinnen. Ihre Kunstwerke wurden in vielen Galerien auf der ganzen Welt ausgestellt, von Saatchi in London bis zur Galerie Bhak in Seoul, und reichen von großformatigen Auftragsarbeiten für Hotelwände bis hin zu limitierten Drucken. Maria lebt und arbeitet in Brighton, Großbritannien.
www.mariarivans.com